科学图书馆

科学新文

魂灵

——死后生命的科学探索

[美] 玛丽·罗奇 著　谭琪 译

《纽约时报》畅销书《尸体：人类遗体的离奇生命》的作者

上海科学技术文献出版社

图书在版编目(CIP)数据

魂灵:死后生命的科学探索/(美)玛丽·罗奇著;谭琪译. —上海:上海科学技术文献出版社,2011.1
ISBN 978-7-5439-4645-3

Ⅰ.①魂… Ⅱ.①玛…②谭… Ⅲ.①灵魂-研究
Ⅳ.①B921

中国版本图书馆 CIP 数据核字(2010)第 255777 号

图字:09-2006-598

责任编辑:刘红焰
美术编辑:徐　利

科学新文献
魂　灵
——死后生命的科学探索
[美]玛丽·罗奇　著
谭　琪　译
*
上海科学技术文献出版社出版发行
(上海市长乐路 746 号　邮政编码 200040)
全国新华书店经销
江苏昆山市亭林彩印厂印刷
*
开本 787×960　1/16　印张 12.25　字数 226 000
2011 年 1 月第 1 版　2011 年 1 月第 1 次印刷
ISBN 978-7-5439-4645-3
定价:20.00 元
http://www.sstlp.com

内 容 简 介

死亡是永远的终结,还是另一段生命的开始?永生是否存在?这是长久以来困扰人类的难题。在本书中,作者玛丽·罗奇记述了历史上人们对灵魂的探索历程,并亲自进行了长达一年的探索,从印度农村到英国灵媒学校,从剑桥大学图书馆到杜克大学医学院,从劳伦森大学意识研究试验室到北卡罗来纳州的乡村,再到弗吉尼亚大学手术室。作者以极大的智慧和不倦的好奇心将读者带上了一段奇异的旅程。

《纽约时报》畅销书《尸体:人类遗体的离奇生命》的作者

目　录

简介 ………………………………………………………………… 1

第一章　又是你

造访轮回之国 ……………………………………………………… 3

第二章　精子中的小人，或大脚趾里的小人

通过显微镜和解剖刀来搜寻灵魂 ………………………………… 25

第三章　如何为灵魂称重

一个人（或老鼠、水蛭）死在秤上时会发生什么 ………………… 39

第四章　维也纳香肠事件

及其他想要看见灵魂的努力 ……………………………………… 59

第五章　难以下咽

眼花缭乱，令人厌恶的灵魂外质全盛期 …………………………… 69

第六章　灵媒的重大宣称

在亚利桑那大学实验室中接触亡者 ……………………………… 87

第七章　傻瓜帽中的灵魂

作者在灵媒学校登记入学 ………………………………………… 101

第八章 你听得见我吗?

与亡者进行电信通话 …… 109

第九章 在闹鬼盒子中

电磁场会让你产生幻觉吗? …… 131

第十章 倾听小精灵

一位心理声学家在英格兰闹鬼地扎营 …… 139

第十一章 查芬和穿大衣的死者

法律做出对灵魂有利的判决,作者找来专家证人 …… 149

第十二章 六尺之上

手术室天花板上的电脑正在等候记录下濒死经历 …… 163

后记 …… 180

感谢语 …… 182

译者感言 …… 184

简　介

我小的时候，妈妈很努力地想要给我注入某种信仰。她把我送去上基督教教理问答课。她还给我买修女纸娃娃，就好像用一个天主教修女的头巾去换一个本笃会修士的肚兜这点小乐子就会激发起我献身上帝的热情。印象最深的是她给我读《圣经》。每天晚上我入睡前，她都会坚持给我读上一两章，适时地把书递到我眼前，让我欣赏那些寓言和圣迹的彩色插图。耶利哥(Jericho)破旧不堪的城墙，耶稣掌心向上，行走在雾气弥漫的大海上。有一幅插图画的是拉撒路(Lazarus)慢慢起身。画中的拉撒路好似鲍里斯·卡洛夫(Boris Karloff 著名恐怖电影演员。代表作是摄于 1932 年的恐怖片《科学怪人》——译注)的翻版，身上缠着木乃伊裹布，僵直地慢慢坐起。我无法相信这些事情真的发生过，因为还有另一个上帝的存在。这个上帝带着实验室眼镜，知道如何使用计算尺。这个上帝还想要知道这些事情在科学上怎么可能发生。信仰是站不住脚的，因为科学不断地将其置于尴尬的境地。真的是喇叭把墙吹倒了，还是牧师吹喇叭时碰巧发生了地震，墙被震倒了。耶稣之所以能够在海上行走，有没有可能是因为他利用了离岸的环礁。环礁的顶部一般位于水面下几英尺，很容易就可以踩到。拉撒路是不是还没死去就被埋葬了？我并不是说《圣经》上讲的事情都没有发生过，只是觉得如果有一些证据能够证明它们确实发生过，我会觉得舒服些。

当然，科学告诉我们的不一定都是真理。科学和研究科学的人一样是会犯错误的。科学能给任何一个有意义的问题提供答案，然而，如果有新的信息资料出现，科学保有改变答案的权利。科学第一次背叛了我是在 20 世纪 80 年代。我当时得知雷龙(brontosaurus)是生活在干枯的、多岩石的沙漠地区。但是，我初中科学教科书中描绘的雷龙是生活在含盐的水域中，嘴边还挂着潮湿的水草。教科书上还描述暴龙(tyrannosaurus)像社会名流一样直立站立，走起路来像哥斯拉(Godzilla)一般缓慢沉重。我们后来才得知，在现实生活中，暴龙跑起来脊部放平，尾部翘起，像走鹃一样快。科学已经使我们相信放血的疗效，相信用砒霜治疗忧郁症，用鹅粪治疗癫痫病都是有疗效的。这一点今天也没怎么改变：荷尔蒙替代疗法一夜间从奇迹变为灾难。脂肪背着魔鬼营养的恶名 15 年后，毫无征兆地将恶名传给了碳水化合物。我曾经写过一个小专栏，叫“第二意见(Second Opinion)”，我的主要工作是浏览医学著作，寻找其中记录的研究成果，比如说烧焦的汉堡肉饼对健康的益处，用芦荟来治疗伤口的坏处。类似这样的研究数不胜数，因此我从来都不缺少写作的素材。

虽然科学有着种种缺点，但它是我最可信赖的上帝，所以我决定问问它是如何看待死后生命这个问题的。因为我很熟悉宗教在这一问题上的观点，但是它的观点让我困惑。宗教没能给出一个唯一的、连贯的、有科学意义的、可以证明的事例。宗教说人死了之后，灵魂将进入天堂，或者很可能到达七重花园，或者你的灵魂会借由一个新的身体而重生，或者你躺在棺材里直到第二次生命的到来。当然，以上几种情形中只能有一种是真的。这意味着，对于成百上千万人来说，宗教不能够很好地解释人死后灵魂的生存，而科学在这方面好像胜算更大些。

科学很可能会说：就是嘛，如果一个人真的能够脱离躯体，独立于大脑而存在的话，我们科学家一定会知道的。已故的英国生物物理学家弗朗西斯·克里克(Francis Crick)是DNA双螺旋结构的发现者之一，也是《惊人的假说——对精神的科学探索》一书的作者。他曾说过："你，你的快乐和你的悲伤，你的记忆和你的抱负，你的自我意识和自由意志，事实上只是无数神经细胞和与之相联系的分子的行为而已。"

但是，克里克博士，您能证明吗？如果不能的话，这一观点对于我来说与上帝在《旧约》中所宣称的观点没什么两样。如果不能证明，那么这只是一个白发苍苍的博学老头儿的观点而已，而我要的是证据，或者说是根据，但是不管怎么样，我需要证明人死后，某种不依赖于肉体的意识存在，或者不存在。

证据是一个能够给人巨大安慰的东西。我小的时候曾担心有一天那些将我拉向地球的力量会突然凭空消失，我就会像氢气球一样飘入宇宙。我越飘越高，最后结冰凝固，或爆炸或窒息而死，或者这三种情况同时发生。后来我知道了万有引力，它是大物体对小物体的一种可靠的吸引力。当我得知这种力量的存在是经过科学证明的，我就不再担心自己会飘走了，而是开始烦恼其他的事情，比如说我鼻子上的黑头，或者我喜欢的男生会不会梦见我。科学可没办法帮我解决这些问题。

因此，如果我知道我的问题一定会有答案，我将无比欣慰。我们死去的时候会发生什么呢？是不是光线突然消失，然后我们就陷入永久的沉睡？或者我性格的一部分，自我的一部分还会继续存在？如果存在的话，那会是一种什么样的感觉呢？我每天都做些什么呢？有没有地方可以给我的笔记本电脑插上电源？

本书中所收录实验项目都是已经进行的或正在进行的科学项目。我的意思是说人们是在著名的大学或科研机构运用科学方法进行这些研究的。科学技术和定律都有可能帮助找到答案。我对从哲学的角度讨论魂灵问题并不感兴趣(可能是因为我理解不了),也不会在书中收录个别人所遭遇的灵异事件。这些灵异事件是很有趣,有时也很吸引人,但是没有证据能够证明其真实性。另一方面,这本书也不是为了证明某种观点是错误的。这是无神论者和揭露假象的人的事。但是,他们在工作中或多或少都会假定一个结果的存在。而我在书中尽力不做任何假设,不带有任何的目的。

简单来说,这本书是为那些非常愿意相信灵魂,相信死后灵魂依然存在的人所写的。但是对于那些不太接受这类观点的人,这本书是对人类最为乏味难懂,未被解答的问题的一种痴傻随意且不切实际的攻击,是把魂灵当作是作物科学来对待。如果你在书店的"新世纪"图书专柜看到了这本书,那么这本书一定是被放错了地方,你应该马上放下这本书。如果你在园艺或船 & 游艇图书专柜发现了这本书,这本书也没被放对地方,不过你还是会从中得到很多乐趣。

1978 年 8 月 6 日,星期天,主显圣容节。这天晚上,教皇保罗六世躺在寝室,奄奄一息。伴在他左右的是他的医生和两个助手——巴斯奎尔·马吉(Pasquale Macchi)阁下和神父约翰·马吉(John Magee)。晚上 9 点 40 分,严重的心脏病使教皇陛下停止了呼吸。就在这一时刻,教皇床头的闹钟突然铃声大作。在有关这一事件的记载中,这个闹钟被称作"心爱的波兰闹钟"。教皇于 1924 年在华沙购买了这个闹钟,之后一直把它带在身边。教皇似乎非常喜欢这个小闹钟,就好像农民喜欢动作缓慢的老狗,或者像孩子们喜欢他们的毯子一样。每天早上,包括他去世的那天在内,闹铃都会被设在清晨 6 点 30 分。

我是在一本容易让人轻信,令人喘不过气的书中第一次读到这个故事的。这本书据说是一本能够证明死后灵魂存在的证据汇编。书的名字我记不得了(虽然我还记得有一章是关于灵魂沟通的,名字叫"与死者对话")。书中收录了这个故事是为了证明在教皇去世后,他的灵魂在离开他的身体时影响了闹钟的运作①。《罗马教皇》(*Pontiff*)是一本有关保罗六世的畅销传记,书中提到教皇去世的那个片断的时候也添油加醋地写道:"闹钟的闹铃一贯设在早上 6 点 30 分,没有人给它重新上弦,也没有人重新设过闹铃。然而就在那一刻,那个古老的闹钟突然尖叫起来……。"

① 教皇闹钟事件的现代版 11 个电子闹钟的奇怪行为。这个闹钟的主人是家住佛罗里达州的琳达·G. 拉瑟克(Linda G. Russek)夫人。那时,拉瑟克夫人的丈夫亨利刚刚去世,她很想知道她丈夫是否尝试通过闹钟和她交流。作为一个超心理学家,拉瑟克夫人进行了一个实验,她让亨利在日期为偶数的日子里将闹钟调快,在奇数日子中将其调慢。唉,可惜这些资料都没有意义了,因为实验刚进行了不久,闹钟出了问题,无法指示上午/下午(AM/PM)。这样一来,拉瑟克夫人从实验中只总结出一点,那就是她该换个闹钟了。

在彼德·荷博斯维特(Peter Hebblethwaite)的《保罗六世:第一个现代教皇》一书中我们发现了有关这一事件的另一个版本的记录。教皇去世的那天早上在睡觉。他醒来后询问时间,然后被告知是早上 11 点。书中写道:“保罗睁开眼睛看了看他的波兰闹钟,闹钟显示时间为早上 10 点 45 分。教皇说:‘你们看,我的小闹钟和我一样疲倦,都走不动了。’马吉想要给闹钟上弦,可是他将设闹铃与上弦的发条搞混了。”所以,根据这本书所写,闹钟之所以在教皇去世的时候响了是因为马吉阁下不小心将时间设在了那个时间。

我倾向于相信荷博斯维特的叙述,原因有两点:第一,作者在这本书中标了大量脚注;第二,荷博斯维特在他的叙述当中没有夸大美化教皇的生活。比如在最后一章中有一个场景是教皇保罗六世躺在床上看电视。世界上位列最高的天主教徒,最为神圣的教皇竟然在看 B 级西部片,而且还不太看得懂。荷博斯维特引用了当时在场的马吉神父的话:“保罗六世对故事情节毫无所知,他不断地问我:‘哪个是好人?哪个是坏人?’只有在电视中出现马的画面时,他才会兴奋起来。”荷博斯维特在书中都是照实叙述。

为了确认事实的真相,我决定找到巴斯奎尔·马吉(Pasquale Macchi),他要么弄混了闹钟发条,要么没有。我于是打电话到美国天主教教会的代言人——美国天主教主教集会(U.S. Conference of Catholic Bishops)。我的电话被转给当时这个机构的图书管理员安妮·勒维格(Anne LeVeque)。安妮性格随和,乐于助人,她知道很多与天主教相关的小事,包括一件非常惊人且奇怪的事:在教皇刚刚去世的时候,有人会用一个特制的银锤子在教皇的额头上敲 3 下。教皇去世后不久一群牧师曾见过马吉,安妮认识一个美国天主教主教集会中的人,他曾和这群牧师聊过。她给了我那个人的电话号码。那个人同意告诉我事情的经过,但是不愿意透露他的姓名。他说:“我最好还是只当你的‘深喉’。”(“Deep Throat”(中文名:深喉)是 1972 年的一部世界著名色情电影,本意是线人。——译注)这使我总会把美国天主教主教集会与色情电影联系在一起,我想他们不会喜欢我这么联系。

“深喉”证实了故事的基本内容:“据我所知,闹钟并不是在教皇停止呼吸的那一瞬间响起的,而是大约过了几秒钟才响。”那群牧师告诉他,不论别人是怎么说的,事实是教皇的闹钟并没有被设定在教皇去世的那一刻。他说:“这种感觉就好像闹钟在昭示教皇的灵魂离开了他的身体。”然后,他在他所谓的“教皇电话簿”中帮我查到了马吉的地址。我很想问那个电话簿中是否包含“教皇黄页”,能否查到教皇的清洁工或随从服务的电话。但我还是没问出口。

马吉现在是一名退休的大主教。通过我朋友的一个在意大利的朋友的帮助,我给马吉写了一个纸条,询问闹钟事件。我很快收到了马吉大主教的回复。他非常有礼貌地称我为“亲爱的学者”，而我在纸条上却只是称他为“大人”(只是对枢机主教的尊称)，事实上他应该被称为“阁下”，用 Your Excellency 或 Your Grace 都可以，不同的讲尊称的书可能用不同的讲法(顺便说一下，“陛下”只能用来称呼教皇本人，这一称呼比其他所有称呼都要尊贵。除了在我的家乡，“尊敬的旧金山巨人队(旧金山巨人队是旧金山最受欢迎的棒球队——译注)”可能是最尊贵的称呼)。马吉还给了我一本他自己写的《保罗六世传》。他在第 363 页夹了一个书签。他写道：“那天早上，我发现教皇的闹钟停了，我想要给它上个弦，可是一不小心移动了闹铃指针，将其设到了晚上 9 点 40 分。”看起来，我的“深喉”被他的深喉们引入了歧途。

令人恼火的是，我偶然得知了这个闹钟事件的第三个版本。这个版本来自一个对保罗六世心怀憎恨的牧师。这名牧师认为这个闹钟事件是梵蒂冈编造出来的，以证明教皇的死亡时间，而这个时间是假的。他们之所以这样做是为了掩饰教皇的失职，因为这些失职行为会使人们觉得教皇对上帝是不虔诚的。

这个故事的寓意是要说明寻找证据困难重重，特别是当你试图证明一件无形的东西时尤为如此。我已经能够确认当教皇停止呼吸的时候闹钟确实响了，而且并不是因为明显的机械原因，但这也不能证明是教皇的灵魂引发了整个事件。我甚至无法使闹钟自己告诉我们真相。

当你就类似这样的一个问题做越深入的调查，你就越会发现自己难以坚守立场。以我自己的经验来看，大部分坚定的观点都是基于无知或者被普遍接受的教条，而不是经过仔细认真的证据搜集而得出的。你越多地了解整个事件中错综复杂的细节和真相，你就越难做出清晰的判断。

但是我认为越是这样就越有趣。我会不会找到我所寻求的答案呢？我们只能拭目以待。但是我向你们保证不论我们最终停在哪里，这都将是一个有趣的旅程。

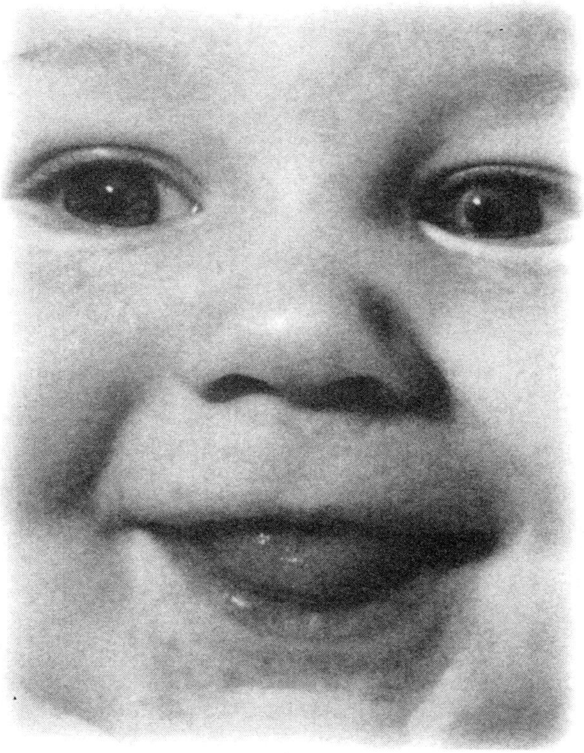

第一章

又 是 你

造访轮回之国

我不知道我出生的那天早上心情如何，不过我猜我应该有点心绪烦乱，因为我眼中的一切都那么陌生。人们凝视着我，发出各种莫名的声音，身上穿戴着各种奇奇怪怪的衣服佩饰。周遭一切都吵得要命，而且我完全不理解是怎么回事儿。

我现在的感觉差不多就是这样。两天前，我的舒适的中产阶级美国人的生活在印度新德里国际机场结束了。今天我好似新生儿一般：一无所知，手忙脚乱，无法独立觅食，连卫生间都找不到。

我现在是在印度，将用一周的时间与国际幸存（“灵魂幸存（survival of the soul）”中的“幸存（survival）”）与转世研究中心（International Centre for Survival and Reincarnation Researches）主任克提·S. 拉瓦特（Kirti S. Rawat）博士一起做一个实地调查。拉瓦特博士是印度拉贾斯坦大学（University of Rajathan）的一名退休哲学教授。有一些研究人员认为轮回已经超出了象征和宗教规则的领域，拉瓦特博士就是其中的一位。有些小孩子谈起在前世认识的人，发生过的事。这些研究人员非常认真地对待这些孩子所说的话。他们拜访这些孩子现在的家，如果可能的话，也拜访他们所谓的前世的家。研究人员采访这些孩子的家庭成员和熟识的人，搜集证据和矛盾，以试图给这个现象一个解释。而科学界对于这些研究人员的努力最好的态度是置之不理，而最坏的态度是讥讽嘲笑。

如果我不是通过一位美国医学博士伊恩·史蒂文森（Ian Stevenson）先生发表在专业期刊上的文章了解了这一领域的话，我对于轮回的态度可能会较为倾向于后者。史蒂文森在过去的30年中对约800个案例进行了调查。在此期间，史蒂文森是弗吉尼亚大学的终身教授，是一些如《美国医学会期刊》（*JAMA*）和《心理学报告》（*Psychological Reports*）这样同行评审刊物的撰稿人。弗吉尼亚大学出版社已经出版了4卷史蒂文森的轮回案例研究。普雷格出版社（Praeger）是一家学术性的出版社，他们最近出版了史蒂文森2 000字的作品《生物学与轮回》(*Biology and Reincarnation*)。我被史蒂文森博士的资历和高产而深深吸引。因此，如果史蒂文森认为灵魂转世是值得研究的，那么我相信他是有道理的。

史蒂文森博士已经80多岁了，现在已经很少做实地调查了。去印度之前我联系到了他，他向我介绍了他在印度班加罗尔(Bangalore)的一名同事。他提醒我，他的这位同事在见到我本人之前可能不会答应任何事。班加罗尔十万八千里远，如果就为了认识一下，跑那么远的路太不值得了。于是我给她发了一系列的邮件，但这些邮件全部石沉大海，这证实了史蒂文森的提醒是对的。在差不多同一个时候，我发邮件给克提·拉瓦特，他在20世纪70年代曾与史蒂文森一起研究过印度的轮回案例。拉瓦特博士碰巧在加利福尼亚看望他的儿子和媳妇，离我只有一个小时的车程。我驱车前往，与他们一家人喝了咖啡。我们聊得很高兴。拉瓦特博士和我相约一起去印度呆上一两个星期，和他一道研究他的下一个轮回案例。

我在机场见到了克提·拉瓦特，他比我上次见到他的时候情绪差多了。他在我们预定的那家酒店里为了客房服务一直在和管理人员争论。第二天早上，我们拿着行李，穿过整个新德里，来到了一家史蒂文森曾住过的阿尔卡酒店(Alka)(“奢侈的最佳替代品”)。房间的地毯湿冷而且黏糊糊的。厕所的马桶座圈在你起身的时候会狠狠地打你的屁股。电梯间只有电话亭那么大。但是拉瓦特博士喜欢这家酒店的素食晚餐，而且那儿的服务细致到荒谬的地步。当我们出大门的时候，穿着亮闪闪夹克衫和卷曲的脚趾向上的拖鞋的酒店侍者从侧面为我们开门，就好像我们是到巴黎购物，住在希尔顿酒店般的显贵。

现在是上午9点，我们的第一天调查开始了。我们有司机等在门外。这听起来好像挺奢侈的，可实际情况差远了。司机开的是一辆1965年的印度国产“大使”牌轿车，挡风玻璃上的刮水器只有一个好用。不过，拉瓦特博士看起来并不在意。我听到他对陈旧的“大使”牌轿车唯一的评论是“它们已经开始过时了”。他对这个车最满意的地方是司机。当车从路边开出来的时候，拉瓦特博士对我说：“他人很温顺。总的来说，我喜欢温顺的人。”

哦，天啊！

我们这个星期的案例集中在印度小镇钱德内(Chandner)的一个小男孩身上。新德里距离钱德内有大约3个小时的车程。拉瓦特博士用这3个小时向我讲解了这个案例的细节，但我发现自己很难集中注意力。我们刚出了新德里就堵车了。这里根本就没有真正的行车道，车辆只是嘈杂随意的来往穿行，仿佛它们是被从快艇游戏中舀起，然后被随意地放到沥青里面一样。每隔几英寸就会有一群牛仿佛被用图像处理软件添加到这一图景当中：它们在车道中间闲逛，或者在安全岛上安详、慵懒地穿着睡衣在开派对。我们进入了一个东歪西扭、千变万化的环形交叉路口。在这个漩涡的正中间有一个混凝土指挥台，一个交通警察在指挥台上挥舞着手臂。我无法分辨他是在指挥交通还是自己在那儿扇风呢。

我纳闷这些人都赶着去哪里？拉瓦特博士回答道："每个人都在赶往自己的目的地。"这是典型的拉瓦特博士会讲的话。拉瓦特两个硕士学位中有一个是哲学硕士，他还拥有哲学博士学位。拉瓦特对哲学有着强烈的热爱，同时他还热爱在印度宗教仪式上使用的音乐和诗歌。他是最为梦幻的科学家。昨天晚上，当我们的出租车穿梭在吵闹、炎热、受污染的街道的时候，他靠过来问我说："有没有心情听我朗诵一首我写的诗？"

拉瓦特博士告诉我，我们将要调查的这个案例很具有代表性。这个案例的主人公是一个叫艾许瓦里(Aishwary)的小男孩儿。他在大约 3 岁的时候开始谈到他前世的人物。在史蒂文森的研究中，有 95%的个案在 2—4 岁之间开始谈到前世，在 5 岁时开始忘掉一切。

"还有一点比较典型的是 P. P. 的突然暴死。"

"不好意思……什么的突然暴死？"

"前世人格(previous personality)。"被认为已经转世的死者。"我们简称为 P. P.。"也许他们不该用简称。

艾许瓦里的家人认为他应该是一个名叫维帕尔(Veerpal)的工人的转世。他住在几个村落之外，在艾许瓦里出生前不久意外触电身亡。拉瓦特博士打开他的公文包，拿出一些装在信封里的快照，那是他上个月开始研究的时候照的。"这张是艾许瓦里在参加他'儿子'的生日派对。"照片中艾许瓦里 4 岁，他"儿子"刚满 10 岁。仿佛唯恐这个年龄问题还不足以把大家搞懵似的，"儿子"的生日帽上的松紧带上竟然令人费解地装上了一个又白又长的胡子。今天早上，当我翻阅一叠拉瓦特博士的往来信件的时候，意外地在一封信中发现了这段文字："我真的很高兴你可以娶(marry)你的女儿。"我不能完全肯定，但是经过合理推论，我认为信上要说的应该是嫁(marry off)女儿才对。

"这张照片是艾许瓦里和瑞妮(Rani)。"瑞妮，26 岁，是那个工人的遗孀。如果你在印度花了很多时间和轮回研究者在一起的话，你几乎可以判断出照片中艾许瓦里怜爱地，甚至是色迷迷地凝望着他所谓的前世妻子。我突然觉得这是我所见过最为荒诞的事情。我把眼睛转向车窗外，看见一头大象沉重缓慢地走在德里拥挤的机动车道上。

生活在加利福尼亚，我所听说的所谓的轮回转世都是发生在皇室或贵族身上，一个轮回转世的劳动者对我来说可是件新鲜事儿。拉瓦特博士说，在印度这种情况非常普遍:“这里都是些普通人回忆起平凡的生活。”当然也有特例。拉瓦特博士曾遇到过6个假冒的尼赫鲁总理的转世和8个想要成为甘地的人①。

在艾许瓦里的这个个案中,艾许瓦里的家庭很贫穷,他所谓的前世人格是来自一个同样贫穷的家庭。拉瓦特博士认为这一点加强了这个个案的可信度,因为金钱利益不会成为欺诈的动机。有一些贫穷的家庭编造转世的故事是都以富裕的家庭为目标,希望“前世人格”的家庭会感到在经济上有义务帮助他们过世亲人的新家庭。拉瓦特博士给我讲述了另一个为了逃避不满意的婚姻而巧妙运用人造转世的事例。多年前,在他调查的一个个案中,一个生病的妇女声称自己经历了短暂死亡,活过来的时候身体中注入了新的灵魂。她称她自己已经重生为另外一个人,她已经无法和她从前的丈夫生活或者睡在一起了(离婚在印度社会仍被视为很大的耻辱)。拉瓦特博士采访了为这位妇女看病的医生。“他根本就不是什么真正医生,只是略懂一些医学知识。”准确地说是一个整骨大夫。这位妇女并没有死,整骨大夫告诉拉瓦特博士:“嗯,她的脉搏停止了。”

趁着拉瓦特博士小睡片刻,我翻阅他写的一本书《转世:有无强有力的科学证据?》(Reincarnation: How Strong Is the Scientific Evidence?)。让我们暂时先撇开“强有力”不谈,我们先来谈谈“科学”。大部分心理学和哲学理论认为转世无法在实验室中得到证明。你看不到它发生,也没有生物学框架能够解释转世是如何实现的。转世研究者所用的技巧和侦探差不多,就是费尽心力寻求能够独立得到证明的事实。研究者联络到声称转世的孩子的父母,然后拜访他们所住的村庄或城镇。研究人员请父母们准确回忆发生过的事情,请他们一字不落地重复孩子开始谈及与现在的生活毫无联系的前世人物和地点时所说过的话。研究人员寻找孩子说这些话时可靠的见证人,并对他们进行采访。

当研究人员赶到现场,孩子的家人们一般都已经找到了一个很有可能是孩子前世的人。大部分的印度村民都相信转世。孩子回忆起前世生活的话很快会传遍附近的村落。因为前世人格已经过世了,所以没有办法对他本人进行采访,但是可以采访他的家人。如果孩子已经认出了前世的家,或者描述出前世家人或他们生

---

① 一般来说,幻想自己是某人转世的人的文化和宗教与其幻想的人是相符合的。比如萨达姆·侯赛因(Saddam Hussein)声称自己是巴比伦国王尼布甲尼撒二世(Nebuchadnezzar)的转世;已经被逐出教会的摩门教领导人詹姆斯·哈姆斯顿(James Harmston)声称自己是摩门教创始人约瑟夫·史密斯的转世,等等。耶稣是一个大大的例外。如果你在Google中搜索“声称自己是耶稣转世的人”,你会发现有31个耶稣基督的转世候选人,其中包括文鲜明牧师(Reverend Sun Myung Moon)。有谣言说他在圣血中加了几滴自己的血。另一个候选人是日本一个让人难以理解的“脚底诊断”(foot-reading)教派的领导人福永先生。这位先生还声称自己是佛陀转世。这远没有听上去的那么好听,因为根据新时代作家凯文·威廉姆斯(Kevin Williams)的《耶稣转世索引》,耶稣就是佛陀的转世。

活的城镇的特征,研究人员会让孩子指认或描述当时在场的人士。

最有力的案例是孩子的父母在孩子开始谈到前世时就写下孩子所说的话。这个时候孩子还没有见过前世的家人。(这种情况比较少见。在史蒂文森的研究中,只有 20 个个案是有文字记录的。)没有文字记录,研究人员就只能从父母对孩子所说的话的记忆入手。这就使证据很难具有说服力。这并不是说村民不诚实,而是人类的记忆误差是很大的,靠不住,而且很容易被回忆者的信仰和愿望所左右。艾许瓦里是在他父母谈论维帕尔的死亡之前谈到电死的吗?还是他之前无意中听到了他父母的谈话?是他真的说了自己是被电流电死的吗?还是他妈妈得知事实后对艾许瓦里一些说的并不明确的话做了重新的解释?孩子说的是线(cord),他也许指的是绳子,而他妈妈知道了事实后,就认为他说的是电线(electrical cord)。我指的就是类似这种情况。

史蒂文森大部分的个案报告都包含一个图表,总结了声称转世的孩子的陈述和他们认出的前世人物。每一个陈述和指认,如果有见证人的话,史蒂文森都会写上见证人的名字和他们的意见。这个图表一般长 8—10 页。那些密密麻麻,长篇累牍的名字会逐渐消除你的怀疑。如果只从这些报告表面上来了解伊恩·史蒂文森的研究的话,你只能得出一个结论:转世是存在的。

怀疑论者一般倾向于事先就否定史蒂文森的研究,几乎没有人认真研究过他的个案,只有莱纳德·安吉尔(Leonard Angel)曾经尝试过对史蒂文森的研究进行分析。他当时是不列颠哥伦比亚大学道格拉斯学院的一名人文科学教授。他选择了史蒂文森认为最具有说服力的个案,是关于黎巴嫩一个名为伊玛德·埃拉沃尔(Imad Elawar)的德鲁兹(Druze)男孩儿。在所有确定前世人格之前就有案头记录的个案中,这是唯一一个史蒂文森曾写下自己看法的个案。史蒂文森的看法主要是说,在了解事实之后能够排除这一个案的欺骗性。安吉尔抱怨史蒂文森没有写明男孩儿本人和他父母的陈述。史蒂文森只是很简单地写道,孩子的父母"相信"这个男孩儿"是柯瑞比(Khriby)一个叫马哈穆德·布哈姆兹(Mahmoud Bouhamzy)人的转世。这个人的太太叫亚米勒(Jamileh)"马哈穆德和亚米勒这两个名字是小男儿最早和最经常提到的名字"。马哈穆德是与一名卡车司机发生口角之后被卡车撞死的。

这家人第一次去柯瑞比拜访马哈穆德的家人的时候史蒂文森和他们一起去了。他找不到符合条件的马哈穆德·布哈姆兹。四处打听之后,他发现有一个人叫伊卜拉希姆·布哈姆兹(Ibrahim Bouhamzy),此人有一个名为亚米勒的情人。这个人的确是被卡车撞死的,但是他的亲戚赛德(Said)说他并没有和卡车司机发生争执。史蒂文森认为,这个男孩儿的父母根据孩子的话做出了错误的推断。但是由于史蒂文森没有记录下男孩子所说的话，所以事实是否如此我们就无从知晓了。无法解释为什么小男孩儿会随口说出马哈穆德这个名字，但灰姑娘的水晶鞋刚好适合伊卜拉希姆，因此史蒂文森就由此得出了结论。

史蒂文森在柯瑞比做调查时我不在场，莱纳德·安吉尔也不在场。但是可以肯定的是，一定有什么事情使得史蒂文森确信伊玛德·埃拉沃尔的案例能够强有力地证明轮回转世的存在。我不知道是由于案例本身的事实还是他被偏见蒙蔽了双眼。

所以我来到了印度，来寻求答案。我想深入到一个个案当中，拜访个案中涉及的家庭，倾听他们的话，注视他们之间的互动。

在印度，我渐渐发现，答案和问题并不是总能对上。今天早上在酒店，我问侍者马沙拉煎蛋卷中放的是什么奶酪。

"切片的，"他回答道。

我希望我能比他做得好。

交通堵塞终于结束了，我们的司机总算能按照他喜欢的方式开车了。他把车开得飞快，直到前面车的尾部几乎冲到他嘴里了，才停下来猛按喇叭，直到前面的车转到了其他的车道才肯罢休。如果那辆车不肯转车道的话，他会突然转向，并入对面开来的车的车道——单纯为了增加戏剧性，最好对面开来的是一辆小卡车——然后调回车头，在距离前车稍远的地方停下。突然间，牲畜和弹坑大小的涡穴不知从哪儿一下子冒了出来，迫使我们的司机作出了神探邦德式的转向和刹车。我感觉仿佛生活在电脑游戏中。

"为什么他不把车开到快车道呢？"

"这里没有什么快车道，"拉瓦特博士说。他平静地望向车窗外，羊群和雷莱克索牌(Relaxo)鞋子的广告牌一闪而过。"这里所有的车道都是一样的，开得慢的车就开到路边。"拉瓦特博士是用一种中立、叙述性的口吻说这番话的，就好像在描述一种安全文明的道路交通准则。激烈的按喇叭和闪车灯都被认为是有礼貌的行为：你只是在警告前车的司机而已。（后视镜很显然是用来照发型的。同样，司机的侧镜现在是用来清晰无障碍的观看仪表板的。）大部分的卡车后面都漆着"请按喇叭"，"使用车灯"之类的激励标语，所以就算是最懒散的司机在开着车的时候都不断地按喇叭，闪车灯，就好像他支持的球队刚刚赢了世界杯一样。在这样的环境下，我觉得很难放松。

在印度，你到处都可以看到人们很自然地做一些事情，而他们的这些行为举止在美国却被认为是非常危险的，就像是在用闪光和扩音器在求死一样。身穿莎丽服(Sari)的妇女不戴安全帽,双腿合拢横坐在在高速公路上快速行驶的 Vespas 牌摩托车后座上。人们骑着自行车穿梭在拥堵的城市交通中,呼吸着含铅的柴油烟雾。人们坐在卡车出租的顶上或者挂在车两边,就好像一群杂技演员叠在同一辆自行车上一样。卡车超负荷装载着顶部仿佛又圆又胖的松饼似的货物,这些货物看起来很容易倒下来把附近的摩托车司机埋在超出法定重量的花椰菜和土豆下面。(路旁的指示牌上写着"事故多发区",仿佛这一地区不知为何要自己对发生的事故负责似的。)这里人们对待生活似乎不像我们那样总是诚惶诚恐,厌恶危险。我开始明白为什么,抛开宗教学说不谈,这里的人们如此相信轮回转世。在印度乡村,失去生命似乎是件很容易的事情——事故、童年疾病、贫穷、谋杀等都可以夺去人们的生命。如果你死后能再活一遭,那为什么还要因为死亡而惴惴不安呢?

一辆汽车对我们狂按喇叭,司机冲我们骂骂咧咧的。

这让拉瓦特博士感到不安,对司机叫道:"麦迪! 不要往那边看!"

我们整个早上都在争吵。拉瓦特博士告诉我,他在他的故乡为我安排了三次露面的机会,其中包括在印多尔狮子俱乐部(Indore Lion's Club)的一场题为"教师欣赏"的演讲。他让我在印多尔停留 4 天,而我原本只打算待两天。我试图以我没有足够的衣服穿为借口不待那么久,可他建议我穿他太太的莎丽服。在我还在犹豫的时候,他说:"莎丽服是女性最为高雅的服饰,你穿衣服不是为了取悦自己,而是为了取悦他人。"你可以想象这个对话是如何结束的。克提真可怜,他本想要香草,而最终只得到了墨西哥胡椒。

我们今天的计划是先去钱德内跟踪采访艾许瓦里的妈妈,然后和他们一家人一道驱车赶往两个村落。艾许瓦里所谓的前世人格的家人就居住在那里。

在去往钱德内的路上,拉瓦特博士总结了一下艾许瓦里家人的陈述。孩子的爸爸穆尼(Munni)说,维帕尔的叔叔阿姨们到钱德内时,艾许瓦里认出了他们,而且他能够叫出维帕尔相册上很多人的名字。艾许瓦里的爸爸进一步声称,艾许瓦里曾说过他原来有 3 个孩子,他的家人住在卡马尔普尔(Kamalpur),他的世袭阶层是 Lodh,这些都符合维帕尔的情况。当穆尼要去给维帕尔的遗孀瑞妮买莎丽服的时候,艾许瓦里坚持要他买绿松色的。瑞妮说,维帕尔以前就经常给她买这种颜色的莎丽服。穆尼又提到他曾看到艾许瓦里用一个小棍子击打电线杆,一边打一边骂。穆尼的妻子拉姆瓦提(Ramvati)说她曾见到艾许瓦里试图和瑞妮接吻,而且还看到他爱抚瑞妮的胸脯。

拉瓦特博士说,类似这种性早熟在转世的案例中鲜有发生,但也不是没听说过。"这没什么,我听说过在一个案例中,丈夫对妻子说:'我死了之后将转世为你的儿子,不过我不会吮吸你的乳汁。'"当然,这个故事后来的发展就是这个丈夫在妻子怀孕的时候过世了，孩子出世之后拒绝喝妈妈的奶水。“据说她既是他的妈妈，也是他的妻子。”

“这就是你们男人想要的。”说完，我想起我曾和一个男人聊天，他妻子每天早上都会为他把要穿的衣服摆好。“这当然也没什么错啦。”

艾许瓦里家种植玉米和甘蔗。我们穿过积了雨水的庭院，看见水泥地上晒着刚刚收获的坚果仁。两头牛闲散地躺在泥水里，他们头上螺旋状的犄角好像卷曲的丝带。走上屋子外的楼梯，穿过屋顶，我们来到了这家人唯一的卧室。卧室陈设简单，只有 3 张藤编木床和一台画面闪烁的黑白电视。

艾许瓦里的妈妈蹲在屋角的小电炉旁为我们烧水泡茶。拉瓦特博士挨着艾许瓦里坐在床上，给他看上个月生日派对的照片。博士指着照片中粘着胡子的小男孩儿问艾许瓦里：“这是谁？”他将艾许瓦里的回答翻译给我听：“是我儿子。”一些其他照片中的人艾许瓦里就都不认得了，甚至当博士给他看维帕尔的照片时，他摇摇头，把目光转向他妈妈。“看起来，他现在已经记不得太多东西了。”拉瓦特博士说。

艾许瓦里的爸爸穆尼向我们介绍了这个案子的新进展。和他的妻子一样，穆尼有着灿烂的微笑和看起来很舒服的俊朗面庞。他告诉拉瓦特博士，在维帕尔的家乡，艾许瓦里走到一个小男孩儿面前对他说：“你父母曾到医院看望过我。”这个孩子的父母证实，他们的确在维帕尔出事之后去医院探望过他。穆尼还说维帕尔的姨妈和艾许瓦里一起玩耍之后告诉他说，艾许瓦里跟她讲：“姨妈，你的老毛病还是没改。”维帕尔生前也讲过一模一样的话。拉瓦特博士把它记录下来了，因为我们这天下午要去拜访维帕尔的姨妈。

在我们动身去维帕尔姨妈所住的村庄之前，我们拜访了住在小镇另一边的另一个声称自己记起了前世的小男孩儿。印度的村庄里到处有人声称自己是轮回转世的。拉瓦特博士说：“你到这儿来是要调查一个转世案例，结果你走的时候带了 4 个案例回去。”

在其他并不相信有转世存在的村落或城市中就没有这种现象。在美国，很少有孩子声称自己轮回转世。2001 年的一项盖洛普调查（Gallup Poll）显示，只有 25％的美国人相信轮回转世。这一事实也许最能够降低整个轮回转世的真实性。有一些文化社会相信或者更确切地说，期望轮回转世的存在，和这些文化社会中出现的重生案例相比，在宗教信仰不包含转世的文化社会中出现的重生案例要更具说服力。如果一个西方国家的孩子提到一个陌生人的名字，他的父母很可能会认为那是孩子想象出来的人物。在印度教，在德鲁兹教派穆斯林文化中，或在阿拉斯加 Tinglit 族中出现同样的情况，孩子的父母很可能认为那是孩子前世所认识的人。那这些的案例成不成立呢？弗吉尼亚大学精神病医学教授吉姆·塔克(Jim Tucker)认为："这是转世研究受到的最常见的批评。"塔克研究美国的转世案例，史蒂文森对他的研究比较认同。塔克教授曾对 *Inside UVA* 记者说："我没办法很好地解释这一情况。我对此比较担忧。"史蒂文森和拉瓦特都认为这种差异可能是源于父母的态度。在相信转世的文化中，孩子的父母会鼓励自己的孩子讲述前世发生的事。而在不相信转世的文化中，父母不会注意孩子所讲的这些事情，甚至会认为是不正常的，所以对此不持鼓励态度。

拉瓦特博士对钱德内的这个案子很是兴奋，因为这是一个印度教的男孩儿回忆起自己前世是一个穆斯林。同样，如果一个穆斯林男孩儿回忆起自己前世是印度教，那会更有趣。我们还没到，人群就已经聚集起来了，很多是孩子。看来好像是我们经过他们家门时把他们吸引出来了。因为，我觉得在这个地方孩子没什么事情可做。我们走进村子的时候，看到一个手拿风筝的小男孩儿。这天根本就没有风，他只是拽着风筝线在空中画圈儿。我们是继通电之后村里发生过最有趣的事情了。

拉瓦特博士正告诉我另一个案子。这是几年前一个穆斯林转世为印度教徒的个案。"他说他记得割礼的过程。"博士一边说着，一边在泥泞的路上踢开挡路的砖头。"更奇特的是，他转世出生的时候他的阴茎没有包皮！"

我正想问拉瓦特博士，他是否认为这个男孩儿阴茎的特殊状况激发了他或他的父母的想象。我的人字拖鞋就陷到了泥里。我试图把鞋拉出来，它像弹弓似的突然从泥水中弹出来，我裙子的后面溅的都是泥水。路边的男孩儿女孩儿在那儿窃笑，还尖声叫着："哈哈，太有趣了。"

当我们到达那个孩子的家时，我们身后已经跟有 50 多人。拉瓦特博士不喜欢当着一堆人的面做访问，以免被访者会迫于压力给出并非他们真实所想的答案。他把一个皱巴巴的，脆弱的如锡纸一般的门关上了，将人群隔在外面。人们挤靠在门上，使门板嘎吱作响，渐渐弯曲，好像马上就要掉下来，仿佛那些廉价悬疑片中小姐的闺房门一样。我们坐在门廊上与那个自称自己前世是穆斯林的小男孩儿的祖父母聊天(他父母不在)。对街的建筑物上挤满了观望者。他们蹲在屋檐上盯着我们，好像高瘦笨拙，有着棕色眼睛的怪兽。墙上的单层架子上铺着一张报纸，报纸边缘被剪裁成锯齿状，像是在模仿拉瓦特博士这样中层阶级人士家里都会用到有着锯齿形流苏的台布。报纸上一个数码相机广告的广告语是："欢呼吧！未来已经召唤我们了！"

这家的小男孩儿今年 7 岁，他称他记起了自己前世是一位穆斯林首领，名叫伽登(Guddin)，住在一个离这里 70 千米的名为德汉普尔(Dhampur)的小镇。拉瓦特博士将男孩儿的话翻译给我:"我杀了两个警察,然后他们杀了我。"随后就此进行了讨论。我头顶上晾着的衣服直往下滴水。拉瓦特博士解说到:"也有人说是12个警察。孩子的祖父母还说这个孩子一直都害怕警车。男孩儿说他妻子名字叫德汉亚塔(Dhamyanta),但这不是一个穆斯林名字。后来让我们看一些他阴茎照片。"他想确认这个孩子是否也有一些先天缺陷而假装是经过了割礼。"我们会核实一下他的阴茎包皮。"

拉瓦特博士,我,小男孩儿还有他的祖父走进屋子把门关上。祖父抱起孙子,把他放在桌子上。孩子脱下短裤,然后把脸扭开不看我们。他看起来对于被要求脱裤子这件事并不恼火,只是很尴尬。他的包皮很正常,但是拉瓦特博士还是用相机拍了照。这是台新相机,拉瓦特博士还不太习惯用它。他举着相机好几秒,好像在等小男孩儿露出微笑似的。我指了指相机背部的一个按钮,一个红灯就亮了。这下子可好了,我们启动了相机的防红眼功能。如果真的存在一个我们迫不及待地想马上过去时刻,那现在就是那个时刻。最后,闪光灯亮了,男孩儿终于可以把裤子穿上了。

对于先天缺陷和胎记,我想再说两句。在相信轮回转世的社会中,人们普遍将先天异常看作孩子前世的线索。这些异常与孩子假定的前世人格的死亡相关。伊恩·史蒂文森的《轮回转世与生物学》一书中包含10个相关个案。那些孩子的胎记或先天缺陷所在的位置对应了他们所谓前世人格被枪击的地方或他们的致命伤口处。

胎记这一问题是历史上心理学上母性印记(maternal impressions)理论的直接推论。在16—17世纪,绝大多数的内科医生认为孩子的胎记和异常是因为母亲在怀孕期间受到惊吓而导致的。例如,一个新生儿出生时少了一只胳膊,他妈妈回忆在怀孕期间曾受到只有一只胳膊的乞丐的攻击。再如,一个孩子皮肤出现鱼鳞症状——这一皮肤问题现在被称作鱼鳞癣——归咎于母亲害怕海蛇等等多种情况①。在1903年版的《美国产科学教材》中,从普林尼(Pliny)到希波克拉底(Hippocrates)所著的医学课文中到处都有关于母性印记理论的论述。文中认为

---

① 也有些说法认为母亲怀孕期间受到惊吓不是导致新生儿不健全的唯一原因。母亲如果长久地注视一个地方也会引起同样的问题。一个很著名的案例是杰恩·邦德松在他的《医学奇事汇编》(*A Cabinet of Medical Curiosities*)一书中所写到的一个案例。在13世纪的罗马,一位贵族妇女生了一个有毛和爪子的男婴。权威专家认为这是由于在她的卧室中挂了一幅熊的油画。这一事件使得教皇马丁四世就像个歇斯底里的孩子似的毁掉了所有与熊有关的画和雕塑。

一些聪明的妈妈试图将这种现象为已所用。邦德松写到在19世纪早期,非常普遍的一个现象是怀孕的妇女坐在轮椅上被推进罗浮宫,花上一个小时左右的时间凝视往昔英俊的伯爵或大公的画像,希望能够对她们还未出世的孩子形成良性的影响。

母亲印记是导致如“象人”(“Elephant Man”)约翰·梅里克(John Merrick)这种畸形的原因。还有没有那么有名的旅游景观“龟人”(“Turtle Man”)畸形也是由母亲印记导致的。

在《轮回转世与生物学》一书所记录的很多胎记案例中,史蒂文森假定一个妇女看到了一个被杀的男人的尸体,后者的灵魂潜入到了她尚未出生的孩子的身上。史蒂文森并不相信所有的胎记都是由母亲印记造成的,但是他对于其可能性始终抱有开通的思想。

母亲印记说的支持者认为皮肤很容易受到情绪铭记的影响。史蒂文森描述大概有五六种皮肤病被认为是受精神影响而产生的。这里包括一些相对主流的观点(认为情绪导致皮肤长水泡(wheals and blisters))和还远未被科学接受的观点(认为红斑(stigmata)和疣(wart)是由情绪波动所引起,而且催眠能够导致乳房增大)。我想,如果你能相信催眠能够增大乳房的话,那么要相信极度恐惧能够影响尚未成形的胎儿的皮肤应该不是件难事。

那么,那个阴茎没有包皮的男孩儿又是怎么一回事儿呢?难道是因为他的前世人格的阴茎受到了致命伤害吗?不大可能。这更有可能是一种暗示性的相似(suggestive similarity)。史蒂文森与他拜访过的家庭也在孩子和其所谓的前世之间的生理和心理相似的基础之上做出两者之间有联系的判断。史蒂文森认为,用遗传学和环境影响来解释我们人类先天在医学上和心理上的怪癖和缺陷是不充分的。他指望前世人格的怪癖和缺陷能够提供遗传学提供不了的解释。这种概念有着某种直觉吸引力。一个孩子前世是第二次世界大战中一名士兵能够解释他为什么害怕日本人。前世是一名著名音乐家正解释了为什么在一个五音不全毫无天赋的家庭中会出现一个音乐神童。但是这样一来,你解开了一种神秘却又制造了另一种神秘。一个死人的技能、恐惧或者对某物的偏爱如何能够不依赖遗传因素而传递到另外一个有机体中呢?这是怎样的一个过程?对于这个问题,我们甚至连不可信的母性印记的一小部分那么多的根据都没有。

不受生物学的束缚,史蒂文森可以任意扩展他的理论。认为前世的方方面面能够解释今生的很多现象,包括面部异常、强壮、性取向、3个乳头、白化病、姿势、步态、惧怕女性、喜爱玩具飞机、兔唇、丘疹、语言障碍、两个上门牙间距过大和“喜欢鳗鱼、方头雪茄和酒精”。如果透过如此高倍的显微镜来看待这个问题的话,那么认定轮回转世实在是件容易的事情。试想一个孩子身上有几百种独有的特征,要找出一、两个特征与一个已知的死人联系到一起能有多难呢?

如果深入思考一下史蒂文森的案例,你会发现这种观点尤其不可靠。在很多案例当中,孩子回忆起自己的前世都是自己的近亲。这种情况下为什么还推定是轮回转世呢？遗传学就可以提供完美的解释。甚至连伊恩·史蒂文森的妻子似乎都有点难以接受她丈夫整个轮回转世的理论。史蒂文森在《轮回转世和生物学》一书致谢部分写道："在写作本书的过程中，我太太给予了我大力支持，但同时她也非常委婉地表达了她对这本书最后所得出的结论的怀疑。"

我们已经走回了艾许瓦里家，接一家人去拜访维帕尔住在卡马尔普尔的姨妈。艾许瓦里在换衣服。一直都格外关注胎记和疤痕的拉瓦特博士正弯腰检查男孩儿胸前在正中间的半圆形突出物。

"你认为这是什么东西？"他问我。

"我认为是块胸骨。"

我们到达卡马尔普尔的时候刚过下午两点。我们到来的消息不胫而走。那个男孩儿来啦！未来前来召唤啦！司机还没来得及把发动机关掉，我们的车周围就围了一群人。拉瓦特博士惊呼："真是比苍蝇扑向糖果的速度还快啊！"其实比苍蝇扑向任何东西的速度都要快。我们的车停下的一瞬间，一群笨笨的小黑虫就落在了我的胳膊上、裙子上和旁边的车座套上。虽然车座套上的图案是小蜜蜂，也没能把小黑虫吓跑。

我们走下车，朝维帕尔的姨妈莎尔巴缇（Sharbati）的家走去。街上很多妇女的脸上都谦恭地挂着莎丽面纱，但她们的腹部几乎都露着，这一点让我觉得很奇怪。

拉瓦特博士将行进队伍停在了一棵树旁，树下有一个小神龛。穆尼说他儿子曾说他姨妈家的房子后面有个神龛。树下这个神龛据说就是他认出来的那个。"那儿，"拉瓦特博士转了180°，指着半个街区以外的一扇已经褪色的蓝色的门说："就是维帕尔姨妈的家。"所以说，这个神龛是在房子前面的。换句话说，我们视线所及的大多数房子离神龛的距离都比那所房子要近。

印度的村落彼此很相像，这使得这些转世案例中孩子们的话很难令人信服，比如"地板是用石板铺的"，"那个家庭有公牛和奶牛"，"房子有两个房间"。在任何一个村庄，符合类似描述的房子都有十几个。当然，各种记录案例的书中还有很多真实的、细节化的描述。如果这些描述是孩子们编造的，或者这些孩子们的家人从来都没有去过前世所生活的村落的话，那这些描述就没有合理的解释。比如说"他有一个木制的大象，一个克里什纳神（Lord Krishna）玩偶，还有一个拴着皮筋儿的球"和"他有一台黄色小轿车"。知道这么详细可不容易。

维帕尔的姨妈几周前去了艾许瓦里家所住的村落，但这是拉瓦特博士第一次见到她。她家是标准的两室设计。和这里大多数的房子一样，前面的房间只有三面墙。我们走过这间屋子的时候，这个房间景致就好像陈列在鞋盒子里的模型一样。一个刚学走路的孩子在玩弄着一根玉米棒，想让人认为他是在吸雪茄。一位妇女在堆着干牛粪，一个男人在刮胡子。

虽然旁边围着一群人，拉瓦特博士还是开始用摄像机拍摄维帕尔的姨妈。有什么办法呢，房间又没有门。我数了一下，周围一共有55双脚，大部分脚上都没有鞋。卡马尔普尔这个村子比钱德内还要穷。我瞥见坏了的裤子和用管道做带子修补的莎丽服。拉瓦特博士又受到了鼓舞：怀疑者总说这些所谓的重生都是捏造出来的，都是有金钱动机的。而在艾许瓦里这个案例中，两个家庭之间互赠礼物的数量差不多。艾许瓦里现在的家给维帕尔的遗孀买了莎丽服，维帕尔家向艾许瓦里的口袋里猛塞百元卢比钞票。

厚密的人群使房间的湿度变得又厚重又黏稠，皮肤好像被上了釉似的。艾许瓦里打着哈欠把头放在了他妈妈的大腿上。维帕尔姨妈有着烟熏般的嗓音，一只眼睛往里陷。她站着，把一只手放在突起的臀部上。总体上来说她就是那种你平时上街遇到要躲着走的人。拉瓦特博士反复请她讲一下她亲耳听到的艾许瓦里曾说过的话。他向她询问穆尼提到的那句话：“姨妈，你的老毛病还是没改。”她说艾许瓦里的确说了这个话，不过维帕尔没这样说过。艾许瓦里说的这句话只能证明他确实相信自己是维帕尔的转世。考虑到本地文化和艾许瓦里父母很显然相信这一点这一事实，这并不令人感到惊讶。

更难解释的是我们下一个访问对象，维帕尔的叔叔扎吉哈吉(Gajhaj)所讲的话。他是村子里的一名老师，一个忧郁的秃头男人。他穿着白色的腰布长裤和束腰外衣。“告诉我你亲眼看到和亲耳听到的。”拉瓦特博士说这句话的时候，有人端了茶和糖果进来。扎吉哈吉的屋子也是有两间房子，我们在前屋。门口上方挂着一副好像剑一样交叉叠放的羽毛球拍。我旁边有个年轻的男孩子拿着一把硬硬薄薄的扇子在给我们扇风。

“我那时刚从农场回来。”扎吉哈吉开始了叙述，“我一进村子，人们就跟我说：‘维帕尔来了！’我吃了一惊。维帕尔怎么会来呢？在场大约有两三百人。那孩子那次什么都没说，然后，有人把莫科士(Mokesh)叫来了。”莫科士是维帕尔生前的好朋友。“村长赶来询问那个孩子认不认识莫科士，男孩儿什么也没说。村长又问‘他叫什么名字啊？冲着我的耳朵说’。小男孩开口了。我们能听到他说‘莫科士。’”

“你亲耳听到了？”

“是的。”

“还有别的吗？”

“他指着我说：‘你是我叔叔。’”

“他说出你名字了吗?”

“没有。”

他补充说男孩儿也认出了维帕尔的姐姐。“他说:‘她是我姐姐芭拉(Bala)。’”扎吉哈吉和维帕尔其他家庭成员毫无表情的脸孔和平淡声音很是令我费解。这些和艾许瓦里的交谈和会面对他们来说好像和在市场接受肥皂购买习惯调查没什么两样,都无法引起他们情绪的波动。这个小房间唯一的生气就是扇扇子的男孩儿。他很用力,身体被夸大成八字形[我还是觉得热,不过却觉得好像得了印地500(Indy 500)赛事的冠军]。如果我失去了我的兄弟或侄子,几个月后,他在邻近的村子重生为一个小男孩儿。我在讲述这一切的时候一定会是带着感情和敬畏的。也许是摄像机使他们不太自在,况且,公平点儿说,我又没看见他们第一次见到艾许瓦里时的表情。不过我一会儿就会见证一个第一次会面的真实场景。我们下一站要去布兰德沙哈尔(Bulandshahar)村子,在那里艾许瓦里将第一次见到维帕尔的父亲。

在访问的最后,我们问扎吉哈吉是否相信这个男孩儿是他侄子的转世。他说他相信,而且补充说这已经不是他第一次遇到转世事件了。“在我教的班上,有很多孩子都是经过一次又一次转世的。”

我们接着采访了扎吉哈吉的两个兄弟。他们不是特别相信艾许瓦里是他们侄子的转世。他们都说艾许瓦里没认出他们。

“你怎么看?”拉瓦特博士在访问进行到最后问维帕尔的三叔:“你相信这个男孩儿是维帕尔吗?”这个穿着白汗衫,上面还有层汗渍的叔叔有些不知所措:“我说不好。”

我们说印度教徒相信轮回转世,这本身是没什么意义的。天主教徒“相信”他们在食圣餐的时候是在吃基督的身体,但是究竟有多少人是真的相信这一点呢①?我曾以为印度人相信轮回转世与基督徒相信天堂存在是一样的:这种信仰或多或少都比较抽象。绝大多数基督徒都不期望他们死了之后真的会住在云层里,但是他们在某种抽象意义上相信真的存在来生。一个人在来生中的舒适或匮乏都是今

---

① 我们是否应该相信呢?因为我是在一个天主教的氛围中成长起来的,我对此不太确定。我参阅了《弥撒庆祝》(*The Celebration of Mass*)一书。这是一本在梵蒂冈之外所能找到的最为详尽的天主教仪式指南。这本书中没有说圣体(consecrated host)就是基督,而不过是1/4盎司未经发酵的小麦粉。例如,不新鲜的圣体并不能被简单地扔到垃圾桶里,牧师必须要将它吃掉,除非它已经发霉了不能被食用。如果真的发霉了,圣体应该被焚烧,或者悄悄地“在神龛中处理掉”。最后,“如果任何人将圣体吐出来,呕吐物会被收集起来,放在某个合适的地方。”

生所作所为的结果。换句话说,这种信仰使人们有了一种模糊的、笼统的感觉,那就是今生做了应该做的事情,来生就会得到回报。

我花了整个下午拜读了《摩奴法典》(*The Ordinances Of Manu*)之后,态度就有所转变了。这是建立在吠陀梵语经文基础上的一本法典,可以追溯到公元500年。摩奴时代的立法涵盖从刑法(如果一个出生卑微的人朝出身名门的人吐了口痰,"国王应下令将此人的两瓣嘴唇割下来;如果出生卑微的人在出生名门的人身上撒尿,他的阴茎会被割掉;如果出身卑微的人朝出生名门的人放屁,那么他的屁股就会被割掉")到健康和卫生法典("任何被鸟啄过的,被母牛闻过,……被头上的虱子对着打了喷嚏和污染了的东西都应被土掩埋来净化")的一切法律。

在摩奴那个时代,轮回转世并没有被当做一个抽象的宗教原则,而是一个具体的法律结果。也就是说,现代的犯罪分子可能会在鹈鹕湾(Pelican Bay)监狱服刑,而摩奴时代的犯罪分子的刑罚可能是变成一个真正的鹈鹕(pelican)。《摩奴法典》第十二章第六十六条规定:"一个人偷火就确实会变为某种苍鹭;如果偷家居器皿就会变成黄蜂;如果偷印染衣服就会变成一种叫做 *Jivijivaka* 的家禽。"类似的,一个人如果偷了丝、亚麻布、棉花、一头奶牛或者糖浆,就会分别重生为鹌鹑、青蛙、麻鹬、蠹蜥或是一种名为 *vagguda* 的鸟。会得到最严重的因果报应惩罚的是那些"侵犯宗师床榻之人"。我不太清楚这个确指什么。但是我想应该不是指我们今天所说的室内装潢用品,因为这个不幸的犯罪者被判轮回"几百次到小草、灌木、蔓生植物的发源地或凶残成性,食用生肉的动物的子宫中。"同样不明智的是"放弃了正确的权利规则"的婆罗门人,因为这样一来,他们必须转世成为"吞食呕吐物的鬼魂药叉持明焰口药叉(Ulkamukaha)"。

我对于摩奴的信仰感到非常困惑,我在这里提到这一点是要说明,在摩奴时代轮回转世被认为是生命中确实存在的一部分而不是虚幻的寓言。这个星期我所拜访的村民并不怀疑死人会重生,就像我们不会怀疑人死了尸体会腐烂一样。那么,既然维帕尔的灵魂必须要进入某个人的身体里,这个人为什么不可以是艾许瓦里呢?我并不是说这些案例中所发生的事情是不真实的,我只是说没有一个村民会用批判性的思维来看待这些事情,而且"任何人不得主动站在用过的药膏旁边。"(《摩奴法典》第四章,第一百三十二条)

通往维帕尔父母所居住的布兰德沙哈尔村子的路上有一个杂乱的户外集市。在这里到处都能看到轮回转世。8岁的维帕躺在机修工棚外面的土地上休息,等着新电机的到来。鞋底儿被换了,电扇被拆开了重装。一个男孩儿推着一辆脏兮兮的自行车,车座已经破旧不堪,露出了金属架。他把车推到一个修理车胎的摊位前。摊前银色的车圈被用绳子穿着挂在两棵树中间,好像挂着面包圈一般。这里卖的东西除了水果、成捆的平底锅和一排超级质朴的瓷制坐便器,其他的都不是新的。外在不停地被更换,内在却始终不变。

维帕尔的父母所住的村庄距离卡马尔普尔 20 千米,艾许瓦里的父母曾在附近住过。拉瓦特博士说:"从科学上来讲,两个家庭住得这么近是这个案例的一个不足。"在轮回转世的案例中,如果一个案例中的孩子知道一个住得很远的陌生家庭的事情。而另一个案例中的孩子所熟知的家庭住在一个他父母非常熟悉的村落。前一个案例相较后一个案例便更具有说服力。最没有说服力也比较常见的案例是孩子是他自己家庭某一过世的成员的转世。史蒂文森的案例汇编书中就记载了很多这样的案例。在经常出现轮回转世的文化中,人们都期待家庭成员之间会出现轮回转世。在印度农村中,一个人死了之后,他的灵魂一般都离家游荡,但很少有离家 100 英里(1.6 千米)以上的。

我问拉瓦特博士为什么人类的灵魂如此恋家。根据我的了解,如星星般在空中旅行应该又快又容易,这会使人们认为灵魂也许被迫要不时地在各大洲之间跳来跳去。拉瓦特博士耸了耸肩:"你在熟悉的环境中觉得更自在,更容易重新融入其中。"我想他说得有道理。

我原本想要看看艾许瓦里第一眼见到那个被认为曾是他父亲的马坦·辛格(Mathan Singh)时的表情。但不知道怎么回事,我落在了人群后面,错过了那个时刻,拉瓦特博士也是。我们走进屋子的时候,艾许瓦里正坐在那个男人的大腿上。辛格先生有一张俊朗的、线条清晰的面庞。他很害羞,而且特别瘦,瘦得让你都可以透过束腰外衣看见他的两个膝盖骨夹在一起。

"看见那孩子是怎么坐在他大腿上的吗?"

"克提,他把孩子抱起来放到自己腿上的。"

"那孩子看起来多舒服啊。"

"他看起来和昨天我抱他坐在我腿上时一样。他是一个很乖的孩子。"

我正要把自己调整到一个吹毛求疵的怀疑状态,但是随后出了点事。我一直盯着马坦·辛格看,想着为什么他不深深地看着孩子的眼睛,试图确认这是不是真的,试图通过什么方式与自己死去的儿子的灵魂进行沟通。我想我在等待的是一个黛咪·摩尔(Demi Moore)在《人鬼情未了》中所演出的片断。她不知怎么(在上帝的帮助下)察觉到她死去的丈夫的灵魂栖息在胡比·戈德伯格(Whoopi Goldberg)身体里。而我看到,马坦·辛格坐在那里双臂抱着孩子,聊着天,看起来非常安心。我突然意识到,对于他来说,这个男孩的身体中是否栖息着他死去儿子的灵魂并不那么重要。如果马坦·辛格相信他死去儿子的灵魂在男孩儿体内,如果这种相信能够抚平他失去儿子的哀伤，那么，这才是最重要的。我还想到我不懂印度语，所以我根本不知道这个男人在说什么，他的感受和信仰是什么。他可能在说："这个什么轮回转世纯粹是扯淡，我从来都不相信。"

我拽了拽拉瓦特博士的袖子："你能不能问问他对这一切的感受？"

拉瓦特博士问了，翻译给我说："他说他很高兴。他说：'我的儿子又活了，所以我很高兴。'"这就是前世疗法。

同时，在后门外，艾许瓦里的两个母亲在一起谈笑风生，喝着茶。我曾认为两个母亲可能会互相嫉妒，互相对立。可是拉瓦特博士说他极少见到这种现象。轮回转世是一个开派对的快乐借口。自从艾许瓦里现在的妈妈和他的"妻子"见了面，他们已经聚在一起5次了，包括一次长达3周的拜访。

一群穿着西装的年轻人刚刚赶来，其中的一个介绍了自己，他名字叫内森(Nathan)，是从新德里来的。因为印度城市人不那么相信轮回转世，我于是问他怎么看待这个问题。

他环视了一圈，笑着说："夫人，这太不可思议了。"

我第一天走在新德里的街上，就有一只老鼠从我头上方某处掉了下来。它不是被扔下来的，因为它是在我面前垂直落下的，差点儿就落在了我的鞋上。这只老鼠好像是在一刹那间突然失去重心，跌落而下的，而命运恰巧安排我在那个时刻走到人行道的那个地方。就差一点儿，那只可怕的老鼠就会令人作呕地扫过我的头，造成我头皮开裂。这是一个险些发生的恐怖事件，暴露了公共卫生的缺陷。

"噢！"拉瓦特博士惊呼起来，他和我一样惊讶，但我们俩对这事儿的反应可不一样。"你受到了祝福！这只老鼠是吉神甘内什(Lord Ganesha)派来的使者！"

这一事件唤起了我的思考。一个印度教徒能把老鼠从天而降看成吉利事儿，他一定是很虔诚的。那么就算事实告诉他轮回转世是假的，一个虔诚的印度教徒也应该很难摒弃轮回转世的信仰吧。我很想知道拉瓦特博士能否保持一个客观的态度。他说他的工作让他钟情，令他上瘾。我们刚刚见面的时候他就告诉我："我沉溺于我的案例，就像酒鬼钟情于酒瓶一样。"他平均每年进行10—15次的实地调查，没有分文入账。但是，他究竟是在调查轮回转世的真实性还是在为轮回转世搜集证据？他如何才能保证在工作中不带有任何偏见呢？

我想要就这个问题问问他。我们现在是在一个朋友新的轮回转世电视节目启动的招待酒会上。在这个电视节目中，主人公一次次地被朋友和嫉妒心强的爱人所谋杀，这使她不断地获得重生的机会。我被提名在首播剧集中演出(是的，我穿着莎丽服)。现在他们在拍摄开头的戏。导演放了一段录好了的画外音，这是一段快速的，非常清晰的英文：作为人类，我们丢开破旧衣衫，换上新衣衫。同样的，脱离了肉体的灵魂也会摆脱残败的躯体，进入到新的肉体当中……。

“作为一个印度教徒，”我小心翼翼地开始问，“你相信轮回转世。这是否会令你很难保持一个研究者的客观公正？”

“我出生在一个相信轮回转世的家庭，”拉瓦特博士承认道，“而且，在我的家里据说就有一例轮回转世。我很清楚，不管我是否意识到了，我的脑中一定存在着某种偏见。”他坚持说这一点使他在研究的时候更加谨慎。“这样，我的个人信仰，我的个人经历就不会影响到我的科学追求。当我研究这些案例的时候，我扮演的是怀疑者的角色，而非信徒。”我试图想象我是在就进化论进行调查。我努力使自己相信进化论这个概念有可能是毫无根据的。我发现很难做到。

拉瓦特博士坚持说他没有完全接受印度教的学说。“我信仰一切的宗教，也不信仰任何宗教，”他一边拨着盘子里的炸蔬菜(pakora)，一边这样告诉我。他在所有宗教中都找到了意义和指引，但是同时也发现了他所唾弃的东西。他对印度教所规定的繁多冗长的宗教仪式和义务表示不满。“认为在某一条特定的河中沐浴就能洗净你所有的罪恶，这绝对是无稽之谈。善待他人的人就是最虔诚的人。”

我们的谈话被一个气喘吁吁的小女孩儿打断，她把一个签名簿递给我说：“夫人，我喜欢您演的所有电影！”早些时候，一个男人问我见到布什总统的感觉是什么。很明显，这个电视节目的制作人所发出的新闻稿中充满了对我的职业过分的虚假陈述。

拉瓦特博士将他对宗教教条的不信任归功于他父亲。“他告诉我们，一个人不应该仅仅因为一个东西被写进了经文就相信它。”当克提还是一个青年学生时，他非常喜欢哲学，可是他父亲却把他推向医学。超心理学(parapsychology)是一个妥协的产物。

我信任拉瓦特博士，不会夸大案例中的事实。我也不认为我们今天受访者捏造事实，但这是否就意味着我相信维帕尔·辛格(Veerpal Singh)的转世是真的？并非如此。

我会告诉你我认为可能发生的事情。拉瓦特博士一次又一次地在采访中打断被访者，提醒他们只说自己亲眼所见，亲耳听见的事情。他承认要做到这一点几乎不可能，再加上村民们所讲述的事情很可能在传播的过程中不可避免地被加以修饰。这仿佛是一个令人兴奋的大型印度电话游戏。也正是这个游戏把我变成了与布什总统亲切交谈的电影明星。没有人从开始就想说谎，可是事实真相还是被歪曲了。

就艾许瓦里这个案例，拉瓦特博士同意我的意见。“这个案件中存在一些恼人的矛盾。"他一边说着,一边耐心地把鹰嘴豆放到一块烤面包上,"有一些事穆尼说艾许瓦里记得,而事实上可能他根本就不记得。而且就算有些他记得,也很有可能他是从父母的谈话中听来的。这个案子中有一些类似于这样的重大缺陷。"

我问他对于这个案例的总体观点。他把餐巾在嘴上压了压,靠在椅背上:"我认为这个案例根本就没什么说服力。"他提到案件涉及的3个村落离得很近的这一事实。"它们离得太近了,我们不知道信息在这些村落之间一般是如何传播的"——与通过非正常渠道传播不同——"从一个人到另一个人,特别是通过艾许瓦里的父亲传出去。"

穆尼的热情降低了整个案子的力度。"这是非常负面的一点。在一个案例中,如果主要人物非常积极地要证明这个案子是真实的,那么就构成了案子的负面因素。"而且这种现象确实经常出现。拉瓦特博士拜访过的村民倾向于将模糊不明的陈述当作证据。正像拉瓦特博士所说的:"他们发现任何事都会不顾一切地扑上去。"

弗吉尼亚大学一位心理学家吉姆·塔克(Jim Tucker)研究美国的轮回转世案例。他认为一个家庭的热情程度并不重要。他制作了一个案例力度衡量表。这个表会依据一些因素为转世案例加分。比如说,孩子所作的正确陈述的数量减去错误陈述的数量;"前世"家庭和现世家庭住址的距离;有提示作用的胎记等。塔克发现家庭成员对转世的态度与整个案例的力度并没有太大关系。

那天晚上,克提和他的妻子还有两个制作人的孩子送我到火车站。他们送了我很多礼物和在路上吃的大包松软的印度小吃。克提和他妻子在我脖子上挂满了花环和万寿菊,好像我是神而不是和他们呆了一周的脾气不好的忘恩负义的家伙。我紧紧拥抱了克提,花被压得太狠了,在我裙子上留下了污渍。"关于那个,实在对不起。我不是很温和的人。"

"没关系,你只昏头了两次而已。"

不是只有没受过什么教育的村民才会相信像艾许阿里这样的故事而失去理性。大约10年前,我在爱尔兰的乡村也有过类似的经历。我搭便车穿越威克斯福特郡(Wexford)。在那个地方,寇弗(Colfer)是一个很普通的姓氏。我祖母就姓寇弗。我非常热心于寻找我在爱尔兰的根。一天,我路过一个肉店,看到橱窗外挂着一个牌子,上面写着:寇弗肉。我走进店里问屠夫:"你姓寇弗吗?""是的。"他说。3个小时后,我和9个姓寇弗的人坐在一个酒馆里。在一堆容量为一品脱的杯子中间,摊着我的家谱的副本。一些名字是重复的,都是典型的爱尔兰名字:凯瑟琳(Catherine)、约翰(John)和玛格丽特(Margaret)。甚至有一个叫玛格丽特的人移民到了芝加哥，而我父亲刚到美国的时候就住在芝加哥的玛格丽特姨妈家。

我现在还记得我当时觉得这些情况和我家的不太相符，但推杯换盏之后，这种感觉逐渐被兴奋所代替了。在结束的时候，我拥抱了我失散多年的叔叔米克(Mick)，而且保证会和他保持联系。新的亲戚总是新鲜而有魅力的。它其实毫无意义，但你就是想向它投降。

6个星期之后我回到了家，收到了从都柏林登记总办公室(Dublin General Register Office)邮来的我祖母的出生证明。她真实的出生日期比我想的要早大约10年。这意味着我在酒馆里认下的爱尔兰“亲人”不过是些陌生人罢了。我当时一直都沉浸在发现新大陆的喜悦当中，只专注于符合的情况和日期，而忽视了不符合的部分。

在那些重生的维帕尔们和失散多年的米克叔叔们之间当然有可能存在着真实的联系，也可能存在着过往的灵魂。如果你能够耐心地读完伊恩·史蒂文森庞大的案例汇总，还是会有很多的东西让你深深思索：有些叙述太细致了，不可能是巧合，而且没有明显的欺骗动机。也许我们都曾活过，但是只有几个人能够从玄学的后门向内窥探。

我不禁思考玄学和胚胎学这种难以理解的融合是如何实现的。突然无家可归的灵魂是如何找到新的依附之所的呢？灵魂，也许该找个更确切的词，是如何将自己融入到那些在子宫壁上悄悄繁殖的大片细胞中的呢？怎样才能进去呢？

过去的科学家和哲学家给这个几乎不可能存在的时刻取了个名字。他们将其称为灵魂附体，并就这个问题进行了几个世纪的辩论。如果国家科学基金会(National Science Foundation)在17世纪就存在了，那它一定会出巨资建立一个灵魂附体研究所，来研究人类繁衍的秘密，研究生命最初火花是在何时怎样绽放的。大部分本书所记录的科学研究都将重点放在研究一个人的身体在达到终点之时和之后所发生的事情。不过稍微花点时间来研究一下人生旅程另一端——人的形成，也是有意义的。

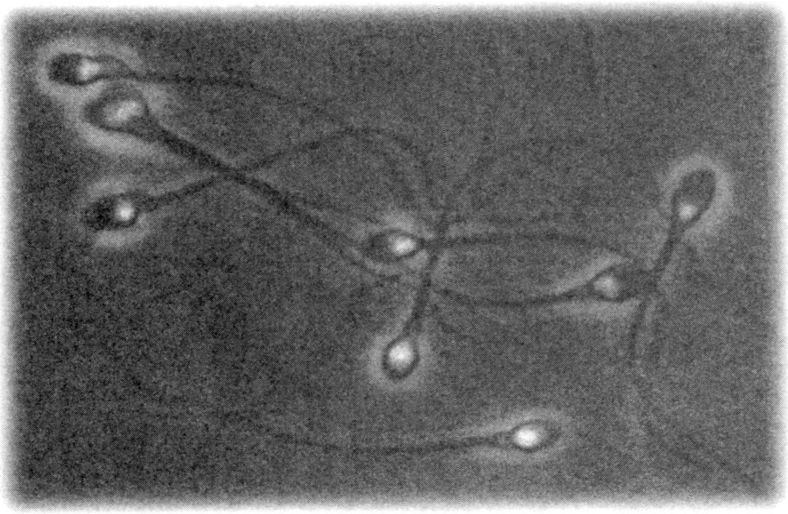

第二章

精子中的小人，或大脚趾里的小人

通过显微镜和解剖刀来搜寻灵魂

你很可能低估了海胆①的重大历史意义。在 1875 年，一位名为奥斯卡 · 赫特维格(Oskar Hertwig)的生物学家在他的显微镜下看见了一个海胆精子钻进一个海胆卵子，并与之融合成为一个细胞核。文明开化的人类花了 6 000 年时间，才搞懂生命是如何开始的，而这归功于谦逊的奥斯卡和他多情的棘皮动物。

科学家早就怀疑人类生殖可能与卵子有关，几乎所有养过鸡的人都持有这一观点。科学家还知道，人类的生殖与性交和精液有关，但除此之外，他们对于细节一无所知。主要原因在于他们无法看见细节。海胆卵有两个优点：一、它们是透明的。二、它们在母体外繁殖，也就是在海里，有时候则是在某个德国佬的显微镜下。

这意味着 6 000 年来，关于人类如何创造新生命有很多非常有趣的推测。一些最早且最透彻的推测来自亚里斯多德。这位学识渊博的希腊人——我发现很有趣的一点是他终生口齿不清——认定人类精液会为新的个体提供灵魂。在那个年代，灵魂被视为一种烟雾或气息，这很好理解，因为呼吸显然和生命有关。亚里斯多德将灵魂命名为“纽玛(pneuma)”，这个词在希腊语中的意思是“风”。他相信正是精液中所携带的这种纽玛物质创造了人类的萌芽。纽玛一旦进入子宫，就会马上开始工作，用手头现有的物质建造新生命，更确切地说，就是用经血，这么说可能不太好听。亚里斯多德很贴切但不太优雅地用乳酪制造者用来凝固牛奶的凝乳素来做类比，将这一过程描述为一个凝固的过程。新实体“凝固”要花 7 天的时间，在

① 你可能几乎低估了有关海胆的一切。比如说，《大英百科全书》(*Encyclopedia Britannica*)告诉我们，一些海胆用吸管嘴一般的脚将一片片的海藻像打遮阳伞一般举过头顶来乘凉。它们还龇出几颗牙。这可不是一般的牙，这些牙能够钻岩石，还可以给它们的主人挖出一整个客厅呢。这些牙很难看到，因为海胆是用嘴坐着，而不是屁股。也许它们对于“被称作亚里斯多德(Aristotle)灯笼的复杂的牙齿设备”还有点害羞。有一种海胆的脊椎可以当铅笔用。不过很遗憾，不是海胆们自己用。

此期间，纽玛会将3个最终灵魂的第一个注入其中。这个灵魂被称为无性灵魂(vegetative soul)，这是一个起始的灵魂，它是真正成为人的一张通行证。此时的你是个能吃、在生长的东西：比马铃薯要高级，但还未达到人类的水平。

亚里斯多德推测，在第四十天，人类的原体开始形成另一种灵魂，他将之称为觉魂(sensitive soul)。“感觉”是指“与感官知觉有关的”，因为40天大约是胚胎的感觉器官开始出现的时候。再过一段时间，这个时间的长短是不定的，纽玛会让新生的觉魂升级为智魂(rational soul)。这是成为人的黑带阶段，即最高阶段，这种灵魂超越了兽欲和少女的情绪，而且毫不在意那些嘲笑精液一词发音的人们。

人类信奉亚里斯多德的这一观点近2 000年。直到17世纪，英国医生威廉·哈维(William Harvey)才将卵子提升到整个繁殖过程的领导地位。哈维最为人所知的成就是通过解剖尸体(包括他姐姐的尸体)发现血液是在由动脉和静脉所组成的封闭系统中进行循环的。他在生殖领域的开创性工作中放过了女性同胞，这一点会使大家备感欣慰。取而代之，他研究了小心翼翼奔跑在英王查理一世的土地上的鹿群。身为亚里斯多德学说的信徒，哈维期望在解剖鹿的子宫时，能找到人类形成所必需的凝固块。然而，他惊讶地发现了小鹿的雏形。他看到包裹在囊袋中的胚胎和胎儿，而他却错误地将其认作是卵。哈维认为，卵包含了“所有活体”形成所需要的成分。精液被贬为“传染病”。这一转变使得人类的繁衍就好像病毒引起感冒一样。

然而，人类生命动力的灵魂是如何进入到卵子当中的呢？科学在此抛弃了哈维，而他则退回到宗教：“那是……天神，或太阳，或万能的造物主所赐予的。”

和那个时代大部分的生物学家一样，哈维受到了设备的限制。他无法看见在细胞一级发生了什么。他虽然有放大镜，却看不见精子，他需要的是显微镜。所以，下一个里程碑落在安东尼·凡·列文虎克(Antonie van Leeuwenhoek)身上就不稀奇了，因为他是个热爱显微镜的人。列文虎克并没有发明显微镜，他也不是受过训练的科学家。这个荷兰人原本是个裁缝商的会计，后来，他成为戴夫特(Delft)皇室管家，这是夸张说法，他只是负责整理房间而已。这个职位给了他很多时间来发展爱好，不过他的爱好只有一个，那就是为制造显微镜磨制镜片。列文虎克所制造的显微镜，比当时主要制造者制造的显微镜要精良得多，于是很快“伦敦皇家增进自然知识学会(The Royal Society of London for Improving Natural Knowledge)”的成员指名要购买他做的显微镜，这个组织类似于今天的国家科学基金会。不久，皇家学会也开始出版列文虎克的书信，上面记载了他的新发现。列文虎克走上了成为显微镜创始者的道路。这项事业虽然没有分文进账，但颇具历史意义。

1675 年，列文虎克在庭院集雨桶里的静止水滴中发现了一个当时还不为人知的生物领域，这一领域中大部分是细菌和原生动物，他称之为微生物。这个发现的奇特与不可思议，实在是难以言喻。这就好像当今的科学家发现火星生命一样。列文虎克对自己的发现也是心存敬畏："在我所发现的存在于自然界的奇妙的事物中，我觉得这一发现最为神奇。我不得不这样说，在我看来，没有什么比这一滴水中成千上万的生物更令我高兴的景象了。"

列文虎克勇敢地把仪器转向了自己。"我的牙齿不太干净……"他写道："但是黏附或生长在我的门牙和臼齿间的东西……一些白色物质，像面糊般浓稠的东西是什么呢？"他将这种面糊和新鲜雨水混合，然后透过显微镜看着涂片。他发现微生物了吗？你可以拿你的集雨桶打赌他一定看到了。"住在全尼德兰联邦（United Netherlands）的总人口，"他总结道："数量都没有我自己口中的生物多。"他对齿渣中细菌的描述是"非常美丽动人"。这证明了列文虎克对生物的爱。

为了进一步探索口腔动物群以及配偶耐性的极限，列文虎克探入了妻子可内莉亚（Cornelia）和女儿玛莉亚（Maria）的口中。"我检验了……一些从她们齿间用针挑出的物质。"接着他找来了一个"一辈子都没刷过牙"的老人，发现他的唾液中微生物数量正常，但齿间物质中却含有"不可思议的大量活生生的微生物"。日复一日，现代口腔卫生的基础就在列文虎克的镜片下成形。他注意到"口臭"和"齿渣生物"之间的关联。在里斯特林（Listerine）漱口水问世 300 年前，列文虎克就发现借助酒醋可以杀死唾液中的微生物，但"只能杀死了白色物质最外层部分的微生物，而无法穿透所有牢牢附着在门牙和臼齿间的物质。"

皇家学会的会员对列文虎克的口腔之旅给予了礼貌性的关注，同时还鼓励他继续探索人体其他部分的黏液，他们尤其希望他研究精液。说不定最终真的能够看到人类灵魂的原料！但列文虎克拒绝了。"他质疑就精液和性交进行写作的正当性"，鲁斯托（E. G. Ruestow）在《生物学史期刊》（Journal of the History of Biology）的一篇文章中这样写道。几年后，一个医学院的学生送给列文虎克一个装有一位淋病患者的精液的小瓶子（嘿，谢啦！）。学生说他在里面发现了有尾巴的小动物，认为那可能和淋病有关。但列文虎克怀疑这一点，于是他动手检查自己的精液。他在 1677 年的一封书信中，描述了自己的发现，列文虎克小心地指出他所检验的精液是"夫妻性生活的残留物"，而非"罪恶地亵渎自己"的产物。

在那封信中，列文虎克给出了关于精子的第一次科学描述：那微生物小到"100 万个精子加起来都没有一大颗沙粒大……"。他描述了在精液中游泳的明显困难，他观察到那些动物必须"摆动尾巴 8—10 次，才能前进相当于一根头发的宽度那么远的距离。"他附上了 8 张"精液中的小动物"的图画，有些动物的尾巴看起来像帽针一样直，其余动物的尾巴是蜿蜒的正弦波形，显然正在与那浓稠的浪潮搏斗。

然后他迈向了事业生涯中最大的错误。他宣称在精子体内看见了血管网络，并想象那正是人类有朝一日能够拥有的所有器官的雏形。这一被称为预成论的论调大受欢迎，也为今天的胚胎学教科书中出版商们在最具历史意义的篇章中提供了无法抗拒的图像：其中有画着精子的古老的木版画与雕版图，精子里有微小的人形，头朝下，膝盖蜷在胸前，像是被限于狭小空间的打瞌睡的偷渡客。其中有一幅图像可能影响了列文虎克。他曾收到一位名为弗朗索瓦·德普朗塔德(Francois de Plantade)的法国贵族的信，信中附了两张迷你人类在精子中的图画。在那幅画里，人类被画在精子外头，站立着，双手交叉很庄重地覆盖私处。他们头上似乎是个小帽子或钩子，令他们看起来像是可爱的人形手链饰坠。

列文虎克有一次试图用一把潮湿的刷子把给精子去“皮”，尽管他本人从未能在精子内找到预成型的人类，但他开始相信它们的确存在于精子中。他认为每一个精子中都存在着一个有可能变为人类生命的灵魂，而且他还认为妇女在生殖过程中的作用就是接受和滋养那个完全成形了的迷你人类。(列文虎克不是第一个支持这一观点的人。希波克拉底(Hippocrates)从早餐中得到启发，坚定地认为卵子(和鸡蛋是同一个词)就是要被发展中的人类食用。他进一步推测一旦卵子被吃光了，婴儿就会被孵化出来：生育的过程就好像是去购买生活用品一样。

列文虎克就是我们后来所称的精原论者。这一名称本身就意味着他们与卵原论者在饭桌上会有一番争论，事实的确如此。我在一本非常精彩的《夏娃的卵巢》(*The Ovary of Eve*)一书中读到了两者之间的辩论。作者是克莱拉·品多-科雷亚(Clara Pinto-Correia)，她在文学上取得了巨大成就，同时也是一名受人尊敬的发展生物学家。我不知道克莱拉是从哪里孵化出来的，但肯定比孵化我的东西要好。

卵原论者指出卵子的球形结构非常适合完成它崇高的使命。球形是行星和恒星的形状，是上帝创造的完美形状(然而精子看起来就像虫子)。列文虎克有着不同的观点。他不认为卵子是球形的，他认为它们是小球体。“我们在人类或动物的排泄物中不就经常看见这种小球体么……？”他这样写道。“而且……我们看到脂肪，脓汁和马尿的一部分也含有这种小球体。”这些话都出自一个不愿意写精子的人之手。

卵子作为人性载体的主要缺点是它源于妇女，而妇女在那个年代被普遍认为是一种二等有机物。“如果卵子是真正的繁殖系统，那么上帝为我们传递了一个混淆不清的信息。”克莱拉这样写道，“他先将我们锁在了完美之中，又将完美锁在了不完美之中。”

精子优越性的另一个论据是精子能够移动。它们好像拥有某种活动的灵性。另一方面,如果精子是动物,那么是否就意味着它也会像动物那样吃东西、排便、性交?克莱拉的书中有一张由一位具有超级想象力的法国胚胎学家绘制的详细图画。作画者声称这幅画显示了人类精子微小的消化系统。但是如果是精子孵化了人类,那么是谁或者是什么东西孵化了精子呢?对于精子的功能有着对立的理论,这一点都不稀奇。一些人认为精子与生殖毫无关系,并且猜想精子是睾丸疾病的一种症状。另一些人认为这些扭动的物质的作用大概就是通过造成某种生理渴望或不适来刺激男性发生性行为。而我喜欢将其想象为一种伍迪·艾伦(Woody Allen)式的团队行为,其中夹杂着微小的扩音器和鼓励的呐喊声。

这一辩论一直持续到奥斯卡·赫特维格揭示出真相。妊娠被发现之后马上又有新问题出现了:灵魂是什么时候进入到男性与女性合成的新生命中的呢?妊娠,这种卵子和精子的神秘融合,是一个合乎逻辑的选择,很快就代替了亚里斯多德的灵魂进化说。

当代就堕胎和肝细胞研究道德性的辩论再次激发了人们对人类灵魂附体时间的兴趣。我所读过的就这一问题进行讨论得最好的书是剑桥大学出版社出版的由诺曼·福特(Norman Ford)所著的《人之初》(*When Did I Begin?*)。福特是一位道德哲学家和撒肋爵天主教(Salesian Catholic)牧师。他在书中就人格做出了清楚而高雅的论述,"人格"一词与灵魂附体相比更加世俗化。他认为人是在同卵双胞胎不可能出现之后而形成的。在那儿之前,受精卵是可能变成两个同卵双胞胎的。如果灵魂在妊娠后降临的话,接下来会发生什么呢?灵魂会一分为二,双胞胎每人保留灵魂的一半吗?不,福特认为在这之前,受精卵有可能变为两个截然不同的、单独的个体,但还不能说就是成为了人。"我主张细胞群最好应该被理解为人类生物物质而不是统一的人类有机体,"他写道。"没有灵魂命令这一细胞群组成受精卵。"

还有一些事实更能证明了姗姗来迟的灵魂附体理论。在受孕的最初几天中,成长中的细胞还没有达到人们可以分辨出哪个细胞能够形成胎盘,哪个能变为胚胎的程度。这与注视着一个未被组装的宇宙飞船模型没什么两样,有盒子,有塑料包装,组装说明书等等一切东西。福特认为在可能成为人体的物质中所包含的东西只是最终能够成为人体组成部分的细胞之前,它还算不上是真正的人。

至于第十四天之后确切在何时人格开始形成却不得而知。一些人认为,第十四天和第十五天,最初的条纹,也就是神经系统的早期痕迹便显露出来了。但是,没有人能够至少在科学层面上确认灵魂何时注入或者注入的整个过程是怎样的,或者灵魂中包含什么,灵魂在哪里,甚至灵魂是否存在都无法确知。这使我们又重新回到了对最基本问题的探索阶段。

笛卡尔(Decartes)成了阿姆斯特丹肉店的常客。他经常去购买刚刚宰杀的动物肉。如果访客提出要参观他的藏书室,他就会把他们带到他存放处于不同解剖阶段的尸体的房间。

“这些就是我的藏书。”他会这样说。

以上这段摘自科学书籍作者卡尔·基默(Carl Zimmer)的《灵魂创造肉体》(*Soul Made Flesh*①)一书。这本书记载了笛卡尔鲜为人知的实验:探究人类这一机器的运行。笛卡尔研究的尸体的目的之一就是找寻灵魂。他猜想灵魂一定位于大脑的某个位置,因此他最受赞许的“藏书”就是一些奶牛的头颅。在所引用的这段的上一段,基默写道,笛卡尔在他生命那个时期花了大量时间来自我放逐,“渴望孤独”。那些动物尸体当然帮了大忙。

在早期的哲学家或科学家中,笛卡尔是为数不多的真正打开人的身体,从生理上找寻灵魂的人。他最终为豌豆大小的球状腺命名。对于那些知道腺体是用来抑制褪黑激素(Melatonin)产生的人来说,这似乎是一个不可能的选择。腺体位于大脑的中心,凭借这一有利位置,它成为了大脑中少有的不成对存在的结构。笛卡尔受到这一看法的影响。他不认为这个丑陋的腺体本身(per ce)就是灵魂;他认为那只不过是一个中枢,是感官信息和执行自我更高级功能的流动着的灵魂之流交汇的地方。

笛卡尔空想出一个连满线、阀门和小风箱神经系统模型。据他描述,灵魂在神经中游走(他把神经想象成管状),进入肌肉中,并通过使肌肉的一部分膨胀而促使肌肉收缩。在一篇名为《灵魂之所在:中世纪及其后期的大脑定位理论》(“On the ‘Seat of the Soul’:Cerebral Location Theories in Mediaeval Times and Later”)的论文中,神经学家 O.J.格拉瑟(O.J.Grusser)写道,笛卡尔的神经系统模型是一个器官,而且它在壮年时期是一种流行乐器。格拉瑟补充说,15 个世纪之前,希腊医生加伦(Galen)在罗马公共浴室供热系统地基础上建立起他的灵魂流动系统。同时,哲学家阿尔贝图斯·马格努斯(Albertus Magnus)在蒸馏白兰地的仪器中找到灵感。随着不断发展,到了 21 世纪,录音机和计算机成为意识的运转模型。

几年前,我和一位名叫贝蒂·品克斯(Betty Pincus)的电脑专家通信。她已经在这个领域工作了约 40 年。“一些同事习惯用技术词汇来描述他们大脑的运作情

① 基默的书中描述的是神经系统科学的破晓,讲述了首先打开头颅,研究大脑运作的人们。基默曾为《发现》(*Discovery*)编辑过我写的一个故事。他现在可能还没从那件事中复原。他是我所认识的最聪明的人。如果你能把他的头颅打开,他的大脑会像安全气袋一样冲出来。

况，这让我觉得很有趣，"她写道，"在 60 年代，他们谈论'磁带用完了'，或者'她的蓄电池泛滥了'等等。随着科学技术发生变化，他们所用的技术词汇变为'磁盘空间不足'或'多重任务'。我总是纳闷是这些机器的创造者们在想象自己大脑运作的过程中创造了机器，还是在创造出机器后将它和大脑联系在了一起。"

我只找到了其他两个有关科学家检查尸体，搜寻灵魂的参考资料。一个来自米德拉西（Midrash）。这是对古代犹太教士对犹太律法（Torah）的注释总集。注释中提到了一个不能被毁灭的骨头，名叫鲁兹骨（Luz），它的形状好似鹰嘴豆（或者是杏仁，这取决于你是听从哪位犹太学者的说法）。这块骨头位于脊骨的顶端（或是底部，这也取决于你听从哪位犹太学者的说法）。注释一书中写道，人死后就是从这块骨头上被重新创造。这就是灵魂之骨。米德拉西上收录了一个犹太律法中所记载的实验。这个实验是来证明鲁兹骨是不可被毁灭的。罗马皇帝哈德里安（Hadrian）对犹太学者哈纳尼亚（Joshua ben Hannaniah）说："证明给我看。"于是学者就进行了这个实验。"他差人拿来一样东西……"（仿佛他刚刚朝一个部下大喊："你！快给我拿个鲁兹骨上来！"）"他将骨头投入火中，但是它没有被烧掉。将它放入一个磨盘，但是它没有被磨碎。将它放在一块砧骨上，用一个铁锤敲打。结果是砧骨裂开，锤子坏掉，而鲁兹骨却完好无损。"

不用说，之后的几个世纪，有关鲁兹骨的讨论喋喋不休。直到解剖学在中世纪得到发展，解剖人员开始试图找到这块骨头。他们在所有骨头当中取出尾骨，骶骨，第十二条脊椎骨，头颅中的骨缝间骨和大脚趾中小籽骨来做实验。当然，这些骨头都是很容易被毁灭的。这些解剖学家最终决定这个问题最好留给哲学家。著名的文艺复兴时期的解剖学家维萨里（Vesalius）用了整个下午的时间研究一套籽骨后，最终或多或少地将这个问题告一段落。他在《人体结构》（*De humani corporis fabrica*）一书中写道："右脚的大脚趾内的小骨被认为拥有不可思议的玄妙力量，但无论如何我们也不应该重视这种力量。"

当代犹太律法中有关鲁兹骨的论述是更难得。在"询问拉比（Ask the Rabbi）"这个网站上，一位来自巴黎的犹太教割礼执行人（mohel）贴出了一封电子邮件，询问有关鲁兹骨的信息。拉比（The Rabbi）的回答证实了这块骨头所谓的不可毁灭性，并补充说这块骨头被描述为"其中具有很多相互纠缠的蜘蛛网一样的血管"。他将这位割礼执行人引荐给了巴黎的埃里·坦姆斯泰（Eli Temstet）博士，以获取更多信息。我给这位割礼执行人发了邮件，问他有何发现。"巴黎的坦姆斯泰博士已经到一个更美好的世界中了，"这是他的回答。"现在，他肯定已经知道鲁兹骨为何物，在何处了。"我给"询问拉比"网站发了一封电子邮件，询问有没有关于鲁兹的蜘蛛网一样的血管的研究论文，但没有得到回答。我查阅了一本有关犹太法典《塔木德经》(Tamudic)中医学资料的书，但书中也没有提到灵魂之骨的蜘蛛网血管①。

第一个在人类的尸体中找寻灵魂的是公元前3世纪亚历山大大帝的医生希罗菲勒斯(Herophilus)。他被认为是历史上第一个为了科学启蒙而解剖人类尸体的人。他还获得了大量解剖学的发现。其中一个发现是人的大脑有4个脑室。他认为灵魂位于第四个脑室中。为什么希罗菲勒斯会在死人体内寻找灵魂呢？特别是当埃及人相信死后灵魂会归于一个后世(afterworld)②。我无法确切告诉你答案，但是我可以告诉你，有谣言称希罗菲勒斯也曾经解剖过活人。他的两个同事曾指责他对上百名罪犯进行活体解剖。也许他对灵魂的热望能够解释他可怕的餐桌礼仪。

如果你的目的是查明灵魂所在，很显然在活人身上做实验比在死人身上做实验要有意义得多。最简单的实验计划就是混淆、训练可能存在灵魂的结构，或者使这些结构丧失能力，以此来看看生命之光是否就熄灭了。实验差不多就是这么做的。与笛卡尔一样，大多数科学家将注意力集中在了大脑。从很早的时候开始，人们就发现大脑受到损伤之后性格会发生变化，这就表明大脑和自我(self)之间一定有着某种联系。加伦是最早的活体解剖者之一，他在邻居家的猪身上做实验，他切断了猪的神经(当然引起了猪的不安)。基于这个实验，他得出结论，那就是灵魂位于大脑的某种物质中而不是希罗菲勒斯所称的存在在脑室中。

达芬奇进一步将这个问题细节化。在1996年，麦吉尔大学(McGill University)的一位神经外科教授马耶斯托(Rolando Del Maestro)举办了一场名为“达芬奇:探寻灵魂”的展览。在这场展览的资料中，马耶斯托描述了一份达芬奇于1487年写就的手稿。在手稿中，他提到他在一本关于迦太基战争(Carthaginian War)的书中读到的一段。这段描述了杀死或弄伤一头大象最快的方法:用蛇在大象脊柱顶部的两耳间猛烈敲打。达芬奇对这个方法产生了兴趣，他用同样方法敲打了青蛙。“脊骨骨髓穿孔后，青蛙立即死亡了。”马耶斯托引述了达芬奇所写的话。而且在此之前，青蛙失去头、心脏和任何内部器官或肠子和皮肤，但都能够存活。因

---

① 我的失望并没有持续很久。因为这是一本非常棒的书。这里有犹太法学博士就如下问题详细的观点。“如果一个养牛人的牛用它的阴茎撞击某物而造成破坏，养牛人应不应该对此进行赔偿”；不应该“用狗嘴”来清洗肛门；“一个妇女将一片掉下来的动物的肉放入另一个妇女的阴道中的不正当行为”。这本书当中还有对“多毛心脏”的描述和治疗慢性子宫出血的治疗方法(在酒中煮3份波斯洋葱，让妇女喝下煮过的酒并对她说:“停止出血!”)

② 据我所知，这个地方非常贫瘠。埃及人经常到家族土地上为离开的灵魂提供食物、衣服和厨房用品。据克莱拉·品多-科雷亚称，一些坟墓甚至为ka(灵魂)配有厕所设备。很显然人们普遍认为人死后在后世会有第二次生命。科雷亚引述一个葬礼片断，这个片断显示了一种担心，担心当食物贮藏用光后，灵魂也许会转为食用它的排泄物。

此,这说明了脊髓中存在着青蛙运动和生命的基础。(我想他的意思是说去了皮的、没了内脏的、少了头的、短了心脏的青蛙还是活了一小会儿。)

只有一位寻找灵魂的科学工作者随便在活人身上做实验。作为国王的外科医生和法国皇家外科学会(France's Royal Academy of Surgery)的创始人,拉佩罗尼(Gigot de La Peyronie)做事可以随心所欲。1741 年,他发表了一篇题为《对灵魂在大脑活动之部位的观察》(Observations by Which One Tries to Discover the Part of the Brain Where the Soul Exercises Its Functions)的论文。实验对象是一个 16 岁的男孩。他的颅骨被石头打裂了,而且症状越来越糟糕。这种情况持续 3 天后,男孩失去了知觉。拉佩罗尼"打开了他的头",在男孩大脑内部连接左右大脑半球最大的联合纤维——胼胝体中发现了一个正在化脓的肿块。拉佩罗尼将脓汁吸出,小心地对吸出物进行了测量,发现它达到了"一个鸡蛋的体积"。胼胝体中的脓汁[①]被清理出之后,男孩马上从昏迷中醒了过来。拉佩罗尼发现,如果在吸出了脓汁的肿块中装满软泥,男孩又再次陷入昏迷。他将软泥取出,男孩又一次苏醒了。于是他得出结论,胼胝体一定就是灵魂所在之处。为了进一步确定这一点,拉佩罗尼决定再做个小实验。他将一个注射器装满盐水,从刚刚取出软泥的伤处注入。正如他所预料的那样,男孩再一次失去了意识,并且在拉佩罗尼将水排出后醒来。

拉佩罗尼在另外 3 个病人身上证实了他的结论。这 3 人都因大脑受伤而失去意识后死亡。解剖后,在他们大脑的胼胝体附近也发现了脓肿。其中一人是士兵,他是被自己的马踢中头部,他头内脓肿的大小又被描述为"大小和形状都与鸡蛋相当",显然在那个年代意思是"比面包盒还要大",也就是很大了。

尸体解剖使拉佩罗尼排除了笛卡尔所认为的灵魂位于松果腺内这一观点。拉佩罗尼解剖过没有松果腺或松果腺石化的病人尸体。他宣布:"灵魂不在松果腺内。"我发现拉佩罗尼的作品和行为中充满了相当程度的傲慢自大。真希望他能知道,今天在美国人所熟悉的法国历史名人中,他的名气远远比不上红磨坊(Mulin Rouge)中的"小屁艺人"派多曼[②](Le Petomane),而派多曼的名气就是无人能及。

---

① 我很好奇地发现法语中的"pus(脓汁)"这个词是"*le pus*"。甚至 18 世纪的贵族也这样说。

② 我觉得在文中只用一句话将派多曼带过是不对的。我过去一直认为他的管乐演奏中包含着流行歌曲的元素,但是我在"The Straight Dope"这个知识网站的专栏作家赛西欧·亚当斯(Cecil Adams)那里得知,事实上派多曼原名是约瑟夫·皮若尔(Joseph Pujol),如果没有洋埙的帮助,他本人只能唱 4 个音。这不是要贬低他的直肠才华。皮若尔抽烟可以一直把烟蒂抽完,可以同时吹灭多支蜡烛,还能够将喷泉中的水喷到空中几英尺。

拉佩罗尼是最后一个通过解剖来寻找灵魂的人。大部分早期神经解剖学家逐渐认识到自我意识是复杂和多面的,不能只存在于单一的生物实体中,也不能仅由单一的生物实体来控制。与戈尔巴乔夫(Gorbachev)后的苏联一样,曾经广博而貌似同一的灵魂开始分裂成几十个小的共和国。科学工作者给活着的动物大脑打烙印,将大脑切除或砍掉,这些实验非常残忍,并时常互相矛盾。他们还对动物进行解剖研究以期将大脑的异常与主要的性格特征联系到一起。通过这一系列的实验和解剖,科学家们开始了对大脑结构的专门研究,并一直持续到了今天。

在大脑结构图的绘制者中,维也纳医生弗朗兹·约瑟夫·加尔(Franz Joseph Gall)是最为细致的。他声称已经找到人类大脑的 72 个独特"器官",每一个器官都对应着一种特性和本领。加尔是一位公认的天才医生和解剖学家,他成功地锁定了脑部语言中心和文字记忆区。而他找到的其他的"器官"就很有问题了。比如说:"诗歌才能器官","形而上学器官"还有我最喜欢的"拥有财产本能器官"和"囤积食物器官"。加尔的器官学说触怒了教会。他们给加尔贴上了异教徒的标签,认为他鼓吹人类有多个灵魂,而加尔否认了这项控诉。

加尔不依据传统的方法论,因此有些步入歧途。由于大脑腐烂速度很快,无法对大脑进行长时间的研究,加尔因此开始研究头骨,活人和死人的头骨都有。他推论:如果大脑的某个器官格外发达,它会给头盖骨施加压力,导致头盖骨上隆起,透过头发能够看到或感觉到(颅相学是加尔的理论中备受欢迎的一部分,它令人们探索人类头颅,由此对加尔怨恨了几十年)。加尔收集了 221 个头骨,并带着这些头骨到各地进行巡回演讲,这激怒了行李搬运工,吓退了爱管闲事的旅店侍者。根据最后一次统计,他还拥有 102 个石膏制成的人头像,很多都是他自己做的。这些石膏头像都是以他旅途中遇见的人为原型浇铸的。这些人的性格都明显地受到一个或两个强烈的特性所控制,而且他们头骨在合适的部位都有凸出物。他将这些看作他理论的证据。比如说,第 5491 号头骨属于一家便携式氢气发电机①公司的主管魏拉曼先生(Mr. Weilamann)。他的头盖骨在大脑的"机械感知、施工和建筑器官"处有一个凸起。

加尔对他的收集工作尽心尽力。比如说,为了给大脑的"谋杀与食肉倾向器官"寻找例子,他走遍了监狱,寻找耳朵上方呈山脊状的杀人犯。疯人院是加尔和

① 我在 google 上查找"便携式氢气发电机",发现了一项名为"运用便携式氢气分析器探测肠胃胀气"的研究。这很显然是这个装置的一个新用途。作者将机器取样管粘在手术后患者的屁股上,用来监控患者的放屁情况,放屁是一个良好的信号,说明患者的肠胃功能恢复正常了。氢气是肠胃胀气的主要组成部分,因此你和我实质上就是一种不便携的氢气发电机。

他的石膏手艺的另一个收获颇丰的地方。加尔的收藏有几十个 5494 号这样的目录，是“一个大傻瓜[1]头骨的石膏复制品”。

为了给“诗歌才华器官”搜集证据，加尔求助于伟大诗人的大理石雕像。至于“相信上帝存在器官”所在位置的证据，加尔引用了一系列拉斐尔的画作。画中的基督看起来在头骨的顶端有一个非常明显的凸起，仿佛他的死对头撒旦用三叉戟狠击了他的头部。加尔是不是疯了？很有可能。下面是他为“本能繁殖器官”搜集的证据。他认识一个制表工，这个人在“手淫射精”时会瞬间失去知觉，同时他的头部会突然痉挛，背部和颈部会感觉到巨大的疼痛。“这种想法总是在我脑中挥之不去，”加尔在《论大脑功能》(*Sur Les Fonctions du cerveau*)一书中这样写道，“生理性欲功能和后颈脑部之间一定存在着某种联系。”同样的，也许头部剧烈的痉挛运动真的和脖子痛有关。

作为另一个本能繁殖器官的证据，加尔引用了一位年轻寡妇的事例。这位年轻的寡妇承认从孩提时代开始，她就感到“无法抗拒的强烈欲望”。而且在出现这些欲望瞬间，她的脖颈后部就会有灼烧感。加尔描述有一次这位寡妇遭遇了欲望瞬间，他将手放在了她的脖颈后部，发现了“一个非常大的圆形凸起”。也许这是那时房间里发生的几件事之一。

加尔的收集的第 19.216 号颅骨是根据他自己的颅骨浇铸的。加尔的门徒 N. J. 奥丹(N. J. Ottin)记录说：“在后头部枕骨处，性倾向非常明显。”

加尔之后，灵魂开始慢慢离开解剖和神经学领域进入了一些更为空灵的领域：宗教，哲学，超心理学。所有的医学工作者都已经对灵魂问题感到了厌烦，不过有个非常奇怪的例外。

---

① 1959 年之前在英格兰，“傻瓜”和“疯子”都是可以被接受的诊断术语。同样的，“痴呆”和“迟钝”是 1913 年《神经缺陷法案》(Mental Deficiency Act)中列出的法定门类。英格兰在摒除针对弱势群体的过时用语方面总是要稍稍落在美国后面(我 1980 年的时候在英格兰还是在当地脑麻痹商店(Spastic Shop)能够买到旧衣服)。而在美国，一个诊断委婉语成为谈话禁忌只需要大约 25 分钟。

第三章

如何为灵魂称重

一个人(或老鼠、水蛭)死在秤上时会发生什么

这是一个美丽的地方,在这里死去会不错。这座位于蓝山大道的房子是马萨诸塞州多切斯特县(Dorchester, Massachusetts)的房产精品,被称作树林大厅(Grove Hall)。房子共4层,有一个圆柱形的门廊,门前是一排映着树阴的懒洋洋的大树。这座房子曾经的主人是富有的对华贸易商人 T. K. 琼斯(T. K. Jones)。1864年,一位名叫查尔斯·卡利斯(Charles Cullis)的医生将房子买下,他同时还是一名用信仰医病的治病术士。卡利斯将这座宅子变成了一个为肺结核晚期患者而建立的慈善场所——肺病患者之家。抗生素在那之后60年才被发现,因此那个时候肺病无异于绝症,所有的治疗都和向上帝祷告的疗效差不多。一般来说,肺病患者都会被送到疗养院,表面上好像是去那里接受"治疗",而实际上就是把他们关起来以防传染他人。

如果你在1901年4月拜访了肺病患者之家,你也许会看到一件奇怪的事情。一个身材发胖,面容温顺,头发稀疏的34岁男子带着金属框眼镜弯着腰站在一台华丽的费尔班克斯(Fairbanks)秤旁边。他是用一个木质支架对这台秤进行改良,这个支架看起来好像是军队用的小帆布床。这台秤是一台特大号的用来称量丝绸的商用秤,无疑是琼斯经商留下来的。

很显然这个男子是在为一个不同寻常的事情做着准备。尽管在肺病患者之家,人人体重都会减轻,可也用不着拿台商用秤来跟踪体重下降情况。

这个拿着锤子的男子是邓肯·麦克杜格尔(Duncan Macdougall)。他是一名受人尊敬的内外科医生,住在附近哈弗里尔市(Haverhill)。麦克杜格尔和肺病患者之家的医生都很熟,但他自己却不是其中一员。他在那儿出现不是在为患者进行治疗,甚至也不是在为他们祷告。而恰恰相反,他是在等待他们死去。

在此之前的4年,麦克杜格尔一直在研究一个能够证明灵魂存在的方法。如果正如大多数宗教所认为的那样，人死之后离开肉体，以灵魂的形式继续存在，那么，这个灵魂难道不会占用一定空间吗？“如果人的性格和意识都属于一种不占用空间的东西”，麦克杜格尔写道，“这就太不可思议了”。他认为如果灵魂占用空间，那它一定有重量。“我脑中突然产生这样一个想法：为什么不在人死的时候测量一下人体的重量呢？”他推论：如果秤的指针移动，哪怕人体的重量只少了一点点，这点重量也许正说明了人死后有灵魂出窍。

麦克杜格尔找来斯普劳尔（Sproull）和格兰特（Grant）两位医生来协助他完成这项实验。他们俩选择不在研究论文上署名（也许麦克杜格尔也没想署上他们两人的名字）。实验计划在秤上放置一张小帆布床，将一个将死之人放到床上。肺病患者的整个死亡过程是很安静的，这正符合了马克杜格尔所设想的“精确”标准。正如他所说：“肺病患者在长期患病期间耗费了大量的体力，他们死去的时候纹丝不动，不会影响指针变化。而且肺病患者的体重很轻，在他们去世前几个小时我们就能够判断出他们将要死去。”我突然觉得他的这种热情惹人喜爱，却也令人不安。我想象当时他在病房中发表讲话，招募志愿者的情景。（麦克杜格尔在《美国精神研究学会会刊》（Journal of the American Society of Psychical Research）上发表的文章中提到他在实验对象去世前几个星期就征得了他们的同意。）他可能会说：“你们诸位非常适合这个实验项目，一是因为你们很轻，很容易抬；二是因为你们去世的时候已经毫无知觉了……”天知道那些肺病患者理不理解他所说的话，或者他们根本就不知道他要干什么，就糊里糊涂地答应了。

1901 年 4 月 10 日下午 5 点 30 分，一号病人就要死了，宣告马克格尔所谓的“我的机会”就要来临了。这个病人是一个中等体型“标准美国人面貌”的男子。他像一卷用尽了的丝一样被推出病房，抬到秤上。麦克杜格尔叫来伙伴。在接下来的 3 小时 40 分钟的时间里，几个医生看着病人的生命渐渐枯萎，他们脸上没有在垂死病人床边常有的哀伤和惋惜，而却带着一丝紧张而热切的盼望之情。我猜宇宙飞船升空倒计时的时候你一定在美国宇航局（NASA）的工程师的脸上，或者在秃鹫的脸上看到过相同的表情。

一个医生注视着病人的胸膛，另一个注视着他的面部变化，麦克杜格尔自己则盯着秤的指针。“突然，在病人死去的瞬间，”麦克杜格尔写道，“指针回落，清脆地敲击了下面的刻度线，然后停在那里没有反弹回来。可以确认减少的重量是 3/4 盎司”。是的，也就是 21 克。好莱坞提到这个重量的时候用了公制计量。原因很简单，“21 克”更好听点儿。有谁愿意去看一个名字叫《0.75 盎司》的电影呢？

几年中，麦克杜格尔先后在 5 个病人身上重复了这个实验。一篇总结他所有科学发现的论文刊登在 1907 年的《美国医学》（*American Medicine*）上。在那之后的数月中，对此抱有怀疑态度的医学博士们将写满他们批评之词的封封长信寄到了杂志编辑手中。麦克杜格尔与这些批评一一进行了对质。一位来信人指出人死时，其括约肌和骨盆底肌都会松弛，人体减少的重量可能是尿液和/或粪便。另有人认为，垂死病人呼出的最后一口气可能导致体重减轻。为了证明这种观点是错误的，麦克杜格尔自己爬到帆布小床上，然后“尽可能用力地”向外呼气。与此同时，斯普劳尔在一旁观察称上指针，没发现任何变化。

最可能的原因是所谓的“无感性流失(insensible loss)”，意思是说人体重量会通过汗液和呼吸中水蒸气的蒸发而不断减少。麦克杜格尔称他已经把这一因素考虑在内了。据他所写，他的第一个病人体内水分流失速度为每小时 1 盎司(28 克)。因为这个速度太慢了，所以不能用无感性流失现象来解释他在死亡时为什么会突然减轻 3/4 盎司(21 克)的重量。

历史上在无感性体重减少方面的专家是一位名叫桑克托里斯(Sanctorious)的意大利生理学家，被誉为“新陈代谢平衡研究之父”。桑克托里斯于 1690 年在非常有趣的《医学统计》(*Medicina statica*①)一书中创造了“无感性排汗”(insensible perspiration)这一术语。为了对研究有帮助，桑克托里斯自制了一台实验秤。他在一个很大的杆秤上挂了一个秤盘。秤盘上放了一个中间打孔的长凳，凳下放了一个桶，在秤盘的前面放了一张餐桌。桑克托里斯坐在秤盘上享用了一餐后又在秤上坐了 8 小时，需要的时候就在桶里方便一下。8 小时后，他称量了桶中他所谓的“内脏排泄物”的重量。桑克托里斯发现桶中排泄物的重量略少于他吃下的食物的重量。他认为这是汗液和呼吸气体蒸发所致，并把这种现象称作无感性排汗。

桑克托里斯通过计算得出结论：人体进食 8 磅(3.6 千克)重的肉和饮品，在一天之中能够产生 5 磅(2.25 千克)重的无感性排汗，或者平均每小时产生 3 盎司(84 克)的汗液和呼吸气体。这是麦克杜格尔计算出的数值的 3 倍。桑克托里斯曾描述过“8 磅重的晚餐②”的消化。很显然，桑克托里斯那个年代的食者食量很大，和麦克杜格尔那个时候的干扁的肺病患者一点儿都不一样。我直接跳到书的第六部分，这部分是关于不适当的性交对无感性排汗的影响。桑克托里斯有一个很有趣的习惯，他将他的发现以格言的形式表达出来，如“格言 39：这种类似于小

---

① 在桑克托里斯那个年代，医学论文是很容易读懂的。这本《医学统计》(*Medicina statica*)各部分的题目非常奇怪，如“多么有偏见性的黄瓜”，“为什么秋季是放血最佳季节”，还有“跳跃的后果”。甚至还有一整页是讲什么人体刷。

② 令人震惊的是，据说桑克托里斯身材短小。他的工作习惯也许能够解释为什么在一个人们一顿饭要吃掉 8 磅(3.6 千克)食物的年代，他还能保持苗条身材。他说他在 25 年的时间里在一万个人身上做过实验。

狗在性交中的人体运动比单纯的射精更具损伤性。因为后者劳损的只是内部器官，而前者还会倦怠肠子和神经。”或者再如“格言 40：在饭后用站立姿势进行性交是有害的。因为饱餐过后，这样会影响肠子的工作。”桑克托里斯认为不适当性行为会阻碍无感性排汗，从而导致包括“眼部急速跳动”在内的一系列症状。我猜这就是所谓的“手淫会使人瞎眼”这个荒诞说法的来源吧。桑克托里斯所倡导的这种肉欲适度的原则看起来似乎很煞风景，就好像他在书中将牡蛎奉为“最重要的营养源”一样。

为了弄明白无感性体重减轻这一难题，弄清楚每小时的无感性体重减轻究竟是麦克杜格尔所计算的 1 盎司(28 克)还是 3 盎司(84 克)，我致电给有美国现代桑克托里斯之名的艾瑞克·拉夫辛(Eric Ravussin)。拉夫辛现就职于巴顿鲁治(Baton Rouge)的潘宁顿生物医学研究中心(Pennington Biomedical Research Center)。他曾经在美国国家健康中心(National Institute of Health)领导新陈代谢室研究。他在新陈代谢室中的秤上放置了一张床，并让志愿者躺在这张床上睡觉，以此测量人们在睡眠期间产生的无感性水流失。他的实验结果与麦克杜格尔的很相似：约为每小时 1 盎司(28 克)。麦克杜格尔是对的，但我们还是很难将无感性水流失想象成导致体重称上瞬间少掉的 3/4 盎司(21 克)的原因。

拉夫辛不明白是什么导致了体重的突然下降。他推荐我看看由马克思·克雷伯(Max Kleiber)所写的《生命之火——动物热力学入门》(*The Fire of Life: An Introduction to Animal Energetics*)一书。虽然这本书对于我这种人来说有点太公式化了，不过它和桑克托里斯的书一样有趣。比如说，在书中我们得知“印度奶牛巨大的阴道是一个有效的散热器官”。类似地，施密特-尼尔森(Schmidt-Nielsen)等人“发现一天中骆驼的直肠温度能够从 34.2°上升到 40.7°”。严格说来，我怀疑这个实验本身就有问题。有时你必须身体力行，克雷柏本人在 1945 年就这样做了，他计算“草原上奶牛的无感性体重减轻，方法是给奶牛带上口套来阻止它们喝水进食，然后搜集奶牛所有的粪便和尿液。”我浏览了整本书，寻找一些有关死亡时体重突然下降的信息，但一无所获。一个人所能做的是有限的。克雷柏曾说过：“如果我们坚持通过食用鸡蛋来提供身体所需的所有能量，我们将很快到达生命的终点。”

那么我们应该如何解释麦克杜格尔那令人迷惑的发现呢？我这里有几点意见供您参考。

第一点：麦克杜格尔是个疯子。我最早是支持他的理论的，很大程度上因为他当时是马萨诸塞州顺势疗法医学协会(Massachusetts Homeopathic Medical Society)的成员。他的医学院毕业论文写的是顺势疗法的根本原则——同类相治原理(Law of Similars),其基本意思是“相同者能治”。我不知道今天的顺势疗法医师学者们都在忙些什么,但是顺势疗法运动在初期是很疯狂的。《实用医药词典》(*A Dictionary of Practical Materia Medica*)是顺势疗法学家的圣经。这是一部三卷纲要,包含动植物、矿物质以及吸入这些矿物质所产生的症状。大部分症状都是顺势疗法学家亲身实验的结果,这也许就说明了整个疗法在那个时候的疯狂状态。顺势疗法的中心理论是,一种药物在健康人身体上产生的症状,用同一药物可以用来治有相似症状的病人。早期的顺势疗法学家们花了数年时间亲身服用他们所能找到的所有物质,同时也在他们的病人和朋友身上做实验,并且仔细记录出现的症状。我无法证明这一运动对治疗术的贡献如何,因为没有对照组或宽心丸,而且它们的研究以现代研究标准来衡量的话也毫无意义。但我必须要赞扬他们的语言本领。比如说,氧化铝会导致“梦到马匹,争吵和苦闷”和“面部麻刺,就好像脸上敷了一层干了的蛋白”。洋牡荆(Agnus castus)能够使“鼻子闻到类似于青鱼或麝香的味道”并导致“无力的勃起”,而且毫无疑问是“巨大的悲哀”。甘菊会导致产生“无法对医生有礼貌”的症状。

但是在麦克杜格尔上医学院的1893年,顺势疗法还未被认为是一个边缘医学分支。美国几乎一半的医学院,包括麦克杜格尔的母校波士顿大学(Boston University),教授仍然通过顺势疗法来治愈疾病(波士顿大学在20世纪20年代停止了顺势疗法的教学)。重点是,在麦克杜格尔那个年代,有很多的主流医生也采用了顺势疗法。

与他独特的医学理念相反的是有大量的例子能够证明麦克杜格尔一贯是一个中规中矩,甚至有些无聊的人。他在波士顿大学是年级主席和演说家。一篇发表在1907年的《波士顿周日邮报》(*Boston Sunday Post*)上的文章指出,麦克杜格尔既不信仰唯心主义,也不相信灵异事件。《哈佛山晚报》(*Haverhill Evening Gazette*)撰文形容麦克杜格尔“顽固而实际”。哈佛山公共图书馆历史室主任格雷格·莱恩(Greg Laing)回忆起当他还是个小男孩儿时曾随父母拜访过麦克杜格尔一家。我于是问他是否察觉出这位优秀的医生有某种疯狂的潜质。(那个时候麦克杜格尔已经过世了,但是他的遗孀和儿子仍健在。)“哦,没有,”莱恩说。“他们都是严肃而刻板的人。真的,他们并没有什么神秘倾向。”我打电话给奥利弗·麦克杜格尔(Olive Macdougall),她是麦克杜格尔唯一的孙媳妇。虽然她的丈夫不了解自己的祖父,但是奥利弗证实麦克杜格尔家族没有任何神秘倾向。她的公公,也就是麦克杜格尔的儿子,是一位银行家和律师。

麦克杜格尔讣告的作者想要在讣告中给死者添加点快乐的特质,但效果却差强人意。他写道:“他在病房中的时候总是神采奕奕。他对病人的一些鼓励的话语仍挂在大家嘴边。他在病房中常说的话有:‘朋友,别担心,一切都会好的’和‘别担心,你很快就会好起来的。’”

麦克杜格尔既不是疯子也并非喜好幻想。我猜他仅仅是一个需要得到人们关注的妻管严小男人而已。格雷格·莱恩将麦克杜格尔的妻子描述成“悍妇”(也许她还喜欢喝甘菊茶)。“我觉得她对她丈夫的研究没有一丁点的尊重和兴趣。”麦克杜格尔只有在工作中才能找到尊严。据我发现,他习惯于打电话给当地的报社以争取荣誉。“麦克杜格尔医生成了诗人”当麦克杜格尔做出几首蹩脚的打油诗,报纸的标题就如此夸大其词。另一个标题是“麦克杜格尔医生获此殊荣”。原因其实是英国海军同意皇家海军军乐队演奏麦克杜格尔的勉强之作“英国焦油之歌(The British Tar's Song)”(麦克杜格尔的侄子将这首歌的 1 800 份拷贝塞给了他在英国海军部认识的一个人)。

第二点:麦克杜格尔的实验手段和他的诗一样蹩脚。让我们仔细看一下他的发现。

麦克杜格尔共给 6 个病人称重,但只有我在之前描述的给第一个人称重有点说服力。麦克杜格尔将第六个病人的资料扔掉了,因为大家刚把他放在秤上,还在调整秤的指针,他就死了。第四号病人的资料也被麦克杜格尔否定了。他在《美国医学》中这样写道:“我们的秤没有完全调试好,而且反对我们这项研究的人给了我们很大的干扰。”麦克杜格尔几次提到“政府官员的阻力”,而且他认为只有第一个病人的称重过程是在比较理想的条件下完成的,没遇到任何阻力。他没有详细说明是何种方式的阻力,但是如果这种阻力能够严重影响到实验过程,使得一些数据不得不被放弃的话,那么我们能够合理地认为在实验的时候有官员在场威吓麦克杜格尔,或者试图阻止他进行实验。这样一来实验者就无法全神贯注,房间也不够安静,无法听到被实验者的心跳,而安静的房间,全神贯注的实验者都是实验的理想条件。

就剩下 4 个病人的实验资料了。除了一号病人的实验进行得比较顺利,其他 3 个都有问题。二号病人在早上 4:10 分停止了呼吸,但是秤的指针在 15 分钟后才移动(显示病人减少了半盎司的体重)。“这些普通的证据令我们非常疑惑。”麦克杜格尔在《美国医学》上发表的论文中这样写道:“我们很难判断出病人确切的死亡时间。如果你不能够确定病人是何时死去的,你就不能十分确定地说他死去的瞬间体重少了半盎司。”

三号病人的体重减少是分两个阶段发生的:死去的时候体重下降了半盎司(14 克),几分钟后,体重又下降了整整 1 盎司(28 克)。麦克杜格尔解释说,第二次体重减少可能是他的同事在上前探听病人心跳时不小心碰到了秤所以引起了指针变化。如果将听诊器放在病人的胸部能够破坏平衡，那么麦克杜格尔和他的同事在任何一个案例中是如何确定病人的死亡时间呢？

五号病人的资料受到了秤本身特质的影响。体重减轻 3/8 盎司(10.5 克)后，实验者在秤上加了重 3/8 盎司(10.5 克)的东西以使指针归零。但是有 15 分钟，指针丝毫不动。麦克杜格尔对此没做任何解释。他的秤会不会骗人？费尔班克斯产的秤到底能不能让人放心呢？真的能精确到 1/5 盎司(5.6 克)吗？当你需要一个研究费尔班克斯秤的历史学家的时候该到哪儿去找呢？

佩姬·珀尔(Peggy Pearl)管理着位于佛蒙特州圣约翰斯伯瑞(St. Johnsbury, Vermont)的费尔班克斯博物馆的历史馆藏。1830 年，弗兰克林·费尔班克斯(Franklin Fairbanks)正是在这个小镇上开始了秤的生产。馆藏包括约 30 个费尔班克斯古董秤、农耕工具、新英格兰北部地区气象中心过去 103 年的气象资料和卡尔顿·费尔奇(Carlton Felch)的日记。佩姬在电话中传递给我了一种活力，让我觉得历史馆藏办公室非常宁静。她告诉我费尔班克斯秤在 19 世纪 30 年代到 20 世纪中叶非常流行，到处可见。它们是台秤中的劳斯莱斯。我告诉她，麦克杜格尔用了一个最大称重能力为 300 磅(135 千克)丝绸用秤后，她将两页麦克杜格尔年代的费尔班克斯丝绸用称的目录给我传真了过来。

费尔班克斯产品目录上骄傲地写道："我们的台秤极具敏感性，同时称重能力不断提高，且外形十分俊朗。"确实是这样，正如麦克杜格尔所说，他的秤能够精确到 1/5 盎司(5.6 克)。我把麦克杜格尔和垂死的肺病患者的故事告诉了佩姬，期望她也许掌握一些费尔班克斯秤的细节信息，能够解释麦克杜格尔实验出现的 3/4 盎司(21 克)的减重。她起初怀疑麦克杜格尔的秤上是否真的挂了秤台，因为如果情况属实的话，你不可能在秤台上方放置一张帆布床而不影响秤的显示结果，她认为这个实验"很蹊跷"。但是图中所画的秤上的确有一个悬挂着的标准秤台。

"我能帮你的只有这些了，"佩姬说。我能在她的声音中听到遗憾之情。佩姬·珀尔能够告诉我 1901 年 4 月 10 日那天的天气如何，也能够告诉我卡尔顿·费尔奇那天做了什么，但她却无法告诉我麦克杜格尔的帆布床装置是否破坏了费尔班克斯秤著名的精确性。

麦克杜格尔似乎意识到他研究中存在不足。他鼓励其他人扩展和复制他的研究。他想自己多做些实验，但却遭到了之前提到的政府官员的阻挠。他给美国精神研究学会(ASPR)的 R. 霍迪森(R. Hodgson)写了一封信，在信中他对其他机构的"居高位的得到公认的科学权威"提出了建议，却遭到了回绝。他最好的选择其实就应该是美国精神研究学会本身。事实上,美国精神研究学会的科学官员希尔沃德・卡林顿(Hereward Carrington)得知了麦克杜格尔德研究后,在学会期刊上以极大的热情详细地讨论了给被判有罪的犯人穿上密封的玻璃斗篷,然后把犯人,电椅和一切行头都放在台秤上的可能性。

最终,麦克杜格尔只好在畜舍中搭起一台秤来称量狗的重量。由于要找到被疾病折磨得筋疲力尽、静止不动、垂死挣扎的狗非常不容易,因此他将狗固定住,并通过注射针剂的方法杀死了15只狗,但没有一只狗在死去的时侯出现体重下降的情况。通过这个实验,麦克杜格尔得出的实验结果与在人类身上实验所得出数据完全不同。这一发现正暗合了虔诚的基督徒的观点:动物是没有灵魂的。因此,这一实验结果不足为奇。

并不是每一个为灵魂称重的研究者都会同意麦克杜格尔的研究结果。麦克杜格尔在《美国医学》上的那篇论文发表10年后,洛杉矶工艺高中的一名物理老师出版了一本书,名字叫《灵魂的物理学原理》(*The Physical Theory of the Soul*)。他在书中详细记录了他在老鼠身上进行的为灵魂称重的实验。唐宁(H. LaV. Twining)是他在封面所注的名字。在书中我发现唐宁似乎并不太喜欢动物,但是他却认为动物同人类一样是带着灵魂降生到这个世界上的。他在书中写道:"我们能够合理地得出结论……所有的生命形式都伴有灵魂而存在……动物是最为合适的实验对象……因为它们可以在任何选定的条件下被杀死,而人类却不行。"

在接下来的4页中,唐宁运用学校中能够提供的所有条件,动用种种手段将30只老鼠送上了秤。他将老鼠放在封闭的化学试管中,并将试管放在本生灯上烤。老鼠窒息而死,但并没有发现老鼠体重减少。他把老鼠放在用橡胶塞和帕拉胶塞封住的烧瓶中,使它们窒息死亡,还是没有发现体重下降的情况。他在开口的烧瓶中用氰化物将老鼠毒死。这时他终于发现了老鼠体重出现一点点下降,"在最后蹬腿时"减少了1—2毫克。唐宁推论,毒药使老鼠"在死亡时大量排汗",减少的这几毫克是老鼠蒸发的汗液的重量。我在约翰・M.弗瑞德伯格(John M. Friedberg)博士的论文中读到过一点有关氰化物投毒的内容。这篇论文促使第九巡回上诉法庭(the Ninth Circuit Court of Appeals)裁定氰化物杀人是残忍和不同寻常的。氰化物致死时,被投毒者有缺氧症状,如:惊慌、呕吐、手脚乱抓、剧烈头痛、面部扭曲等。大量流汗并没有被特别列为症状之一,而大量分泌唾液却被列为症状之一。也许老鼠在手脚乱抓时,有一部分唾液流出了烧瓶。

一位同事认为,老鼠体重下降可能是老鼠垂死时肺里的空气被挤出所导致的。唐宁毫不怠慢,立即决定也对此做一下实验。他用他毫无人情味的性格特质这样描述了整个过程:"将一只老鼠扔到了水槽中。"然后他将一个试管滑到溺水老鼠的头部去捕捉老鼠死亡瞬间呼出的空气。试管中的空气经过称量后发现重量非常微小,可以忽略不计。

唐宁迅速转向处理更为棘手的问题,如一本有关蔷薇十字会(Rosicrucian)理论的书的作者错误陈述了唐宁的实验结论,而且拼错了他的名字。这位作者抗议道:“这是不可原谅的。”如果人类可以像老鼠一样被随意杀害,我很确切地知道我们在水槽里发现的头上罩着试管的那个人会是谁。动物权利倡导者们和这位作者一道,严厉谴责了唐宁的残忍行径。(地方报纸上曾刊登过他那本书的一部分内容)。这里是唐宁为自己虐待行为所做出的辩护:

“正在读这些文字的每一个人几乎都承受着牙痛,而这种痛苦比老鼠垂死时所受的痛苦要强烈 1 000 倍……

就算人们并未承受牙痛,为什么愚蠢的动物就不应该承受痛苦呢?人类终其一生,每小时、每天、每年都承受着心理上和生理上的痛苦,而这些痛苦被强加在人类身上并不是由于人类自己犯了什么错……

人类依靠死亡的产物而生存……我们食用动物和蔬菜,无论是哪种情况,都有生命遭到了破坏……如果杀戮是不好的,那么杀死较低生命形式和杀死较高的生命形式同样是不好的,因此大家完全不必对此歇斯底里。”

我们从唐宁的研究中得出的结论是如果将一只垂死的老鼠放进封闭的容器中——这样一来,湿气、呼气、口水等等就会被保存下来——老鼠的体重是不会发生变化的。因此,唐宁在老鼠身上做的研究和麦克杜格尔在狗身上所做的研究结果是一致的,没有证据能够证明有离开肉体的灵魂存在。

1998 年,唐纳德・吉尔伯特・卡朋特(Donald Gilbert Carpenter)出版了一本关于为灵魂称重的书,名字叫《为灵魂称重》(*Physically Weighing the Soul*)。这本书写得很长,却像灵魂一样轻,因为这本书只存在于网络世界中,需要在 1st Book. com 网站上下载才能阅读。卡朋特认为,之所以在对狗和老鼠的实验中没有发现体重下降,是因为它们的灵魂太轻了,低于秤所能测量的范围。麦克杜格尔说他用来称狗的秤能够精确到 1/6 盎司(约为 1.8 克),但是一只狗灵魂的重量要低于 1.8 克。狗的灵魂的重量是怎么得出的呢?卡朋特为此做了计算(我爱死这个家伙了!)。卡朋特运用麦克杜格尔所测量的人类灵魂的重量,约为 20 克,计算出人类灵魂重量与人类初生时体重之比是 1∶140。他将一只刚出生的典型小狗的体重套用这一比率,得出的结论是狗的灵魂平均重 1 克,大约是体重秤 1.8 克精确值的一半。唐宁对老鼠灵魂称重的实验中也存在同样的问题——老鼠的灵魂太轻了,根本无法称量。(但耶稣的灵魂是特例。在第 17 章中计算出耶稣脱离肉体的灵魂重量是 364 克——接近一磅重!)

卡朋特还计算了人类灵魂的体积。为了纪念麦克杜格尔,卡朋特将人类灵魂的体积称为"麦克(Mac)"。他得出结论的过程如下:新生儿要想存活下来,其体重至少要达到 10 盎司(280 克),体积是 3/10 夸脱(约 0.4 升,我不知道他是如何计算出早产儿体积的,也许他雇了唐宁把婴儿放进量筒,然后测量了其排出的水的体积。)根据卡朋特的观点,婴儿灵魂的体积应当与其出生体积相等,因为"如果……'麦克'大于婴儿的出生体积的话,它就会从婴儿身体里伸出来。"这里,耶稣又是一个例外。他的灵魂体积为 5.25 夸脱(约 6 升),也就是说他出生的时候,有近半夸脱多余的灵魂伸出体外了。我们也许会将这种伸出体外的物质想象成类似于甲状腺肿或疝气的东西,但是卡朋特猜想多余的伸出体外的灵魂是以光芒的形式呈现的,而不是我们想象的有形的东西。

卡朋特指出,爱尔兰民间传说中的矮妖精的体积和人类灵魂体积相当。他写道:"这使我怀疑矮妖精……很可能就是离开肉体的人类灵魂。"反过来,这也使我怀疑卡朋特很可能并不如他的资料所显示的那样是一名沉着冷静的科学家(卡朋特的简历上说他是当今能够用物质手段研究灵魂的权威,但却没提到他的学历和安身立命的工作)。

在他的书出版之时,卡朋特自己还没有进行灵魂称重实验,不过他已经有了一些有趣的想法。他认为把垂死的人放到秤上去量,还不如在孕妇身上做实验,在"麦克"进入胎儿体内的一瞬间测量孕妇突然增加的体重。孕妇怀孕到第 43 天,胎儿的脑电波就能够被检测到了,卡朋特认为灵魂就是在这个时候进入胎儿体内的。他列出了一系列能够运用孕妇所做的实验。在第 77 页,他告诉我们:"为房子驱鬼神的一个好办法是让一个刚刚怀孕的女性在'麦克'正式进入胎儿体内之前搬进这所房子。"

小路易斯·霍兰德尔(Lewis E. Hollander, JR.)是俄勒冈州班德地区的一位牧羊主。由于对麦克杜格尔的研究很感兴趣,他在 2000 年的夏天成为历史上第二个在畜舍中为灵魂称重的人。他为托莱多 8132 号电子数码指示器配备了一个 7 英尺×3 英尺(约 2 米×1 米)的秤台,还准备了 4 个测压元件和一台电脑。他的实验对象是 8 只绵羊,3 只羔羊和 1 只山羊。所有的羊都被注射镇定剂,施行了安乐死,并被用塑料包好。霍兰德尔这样做是为了使动物的尿液不外流。这种做法非常重要,一是因为尿液流失会造成虚假的体重下降;二是因为要尽量避免测压元件沾上羊尿。

他的实验目标与唐宁是一致的，这是两者之间唯一的相似之处。霍兰德尔是一个温和亲切，说话柔声细语的人，而且他特别喜爱羊。他告诉我说："羊很容易照看，它们让人觉得温暖。"霍兰德尔并不想要扼杀这种温暖。"我不知道你有没有杀过什么动物，这是一件令人非常痛苦的事。你就坐在那儿，眼睁睁地看着这些动物……"这就是为什么他把实验对象的数量控制在12个。（实际上，他曾联络过当地的医生，询问有没有可能用医院垂死的病人来做实验。但伦理道德问题始终是无法逾越的。）

奇怪的事情发生了。霍兰德尔实验的所有绵羊在死亡的时候都出现了暂时的增重现象——大部分增重在30—200克之间。有一只母羊增重780克，几乎是两磅的重量。这种增重现象持续了1—6秒钟后就消失了。然而，3只羊羔和1只山羊却没有增加任何重量。我打电话给霍兰德尔，问他是怎么看待这个结果的。

"我也不知道是怎么回事，"他困惑地说。他承认增重现象有可能是他所用的设备出现故障所造成的人为现象。但他本能地认为这个短暂的现象是真实的。"如果你当时在场，你会看到整个过程，看到那个时刻……这太奇怪了，那个时刻一定发生了什么。"

到底发生了什么呢？霍兰德尔觉得这一变化与他所谓的通向天国的入口有关。"我认为在死去的一瞬间，有一扇小窗打开了。我想我们都与某种更高级的东西联系在一起。"

我可以理解这个观点。只不过为什么开小窗会导致有机体增重呢？难道那个小窗是DQ冰激凌的外卖窗口？卡朋特在他的书中有一部分专门介绍了霍兰德尔的实验。卡朋特认为突然的增重是来拜访的"麦克"的重量（据他计算，一个重70千克的人在一个站立空间内会附着约280个"麦克"，一个"麦克"是控制人体的，其他都"角色不清"）。他注意到绵羊的神秘增重一只多过一只。"就好像每死亡一只羊就会吸引更多的'麦克'前来。"他这样写道，但却说不清为什么它们在6秒钟之后都离开了，而它们又为什么没有去拜访山羊。这时卡朋特第一次被问住了。他在这一章的倒数第二行写道："还有很多问题都没找到答案。"这个你说对了。

我的下一位客人并不相信爱尔兰矮妖精，你对此一定会感到安心。他在斯坦福大学获得医学博士学位，在耶鲁大学获得化学工程学士学位。他对热力学和信息理论颇有兴趣。他没有给灵魂起一个友好的绰号，而是正好相反，他把灵魂称作"（强制性）负熵（negative entropy），它对于活着的/有意识的生物系统保持非平衡亚稳的物理'准稳定状态'非常必要。"而且，他还计划称量灵魂的重量。

格里·那鸿(Gerry Nahum)是杜克大学医学院教授①。他在一幢叫贝克房子(Baker House)的大楼里工作。在这幢大楼中办公的人员组成很奇怪,我猜应该是被从其他的医学中心挤过来的。那鸿教授的办公室在二楼。和他同在二楼的还有脑瘤中心的利文古德(C. H. Livengood)医生,牧师服务办公室和内分泌科。那鸿本人还教授妇产科和妇科课程。我刚知道他还教授这些课程时,我就想也许那鸿和卡朋特一道策划了整个实验,说不定哪天我们就能看到他们两个将怀孕43天的孕妇送到杜克大学非常精确的体重秤上,然后查看"麦克"或"(强制性)负熵"降临时体重秤上读数的变化。当然,这种情况几乎是不可能发生的。

那鸿靠在椅背上,下意识地拨弄着领带,听着我一股脑地说出我想知道的东西。他的领带上绣有学校标志,这与他办公室的摆着的31个用相框裱起来的学位、学历、获奖证书极为相称。

我向那鸿描述了麦克杜格尔的实验,希望他能给些专业意见来解释为什么会出现神秘的体重下降现象。那鸿的面部闪过一丝忧虑。在我去见他之前,我们曾通过几次邮件,但是我没能让他完全了解我有多么的无知。我的无知不仅表现在知识的深度上,还包括广度。一个当代灵魂理论家必须掌握的知识就好比海洋,其中涵盖了化学、物理学、信息理论、热力学等很多方面。那鸿称麦克杜格尔的实验很"愚蠢"。他认为这个实验所需要的不仅仅是一台秤,而且是一个完全隔离的系统。

那鸿想要建立起来的这个系统类似于一个与外界完全隔绝的盒子。将这个盒子放在一个精确度超乎想象的秤上,在盒子的四周插上数排电磁能探测器。这些探测器能够测到离开盒子的所有已知的辐射能。现在我们假定盒子里面有一个有机体——草履虫、树袋熊、人。只要是有机体,放什么进去都行。这个有机体在盒子中死去②。如果电磁能探测器探测出有能量从盒子中释放出来,那么盒子内有机体的重量一定会相应减少。这是为什么呢? 这是物理定律,体重下降通常与能量消耗有关。我并不是在谈论困扰着野心勃勃的减肥者们的倦怠情绪,而是在说能量守恒定律 $E=mc^2$ 。从物理实验室做的实验看,如果能量发生了变化,质量也

---

① 这里是说我采访他的时候他的职位。那之后他离开了杜克大学,到马里兰州洛克威尔的食品药品管理局工作了。

② 这种将灵魂关在封闭盒子中的实验构想应该归功于13世纪的西西里国王,同时还是神圣罗马帝国君主的弗雷德里克二世(Frederick II)。国王曾经的年代记录者的日记中描述了弗雷德里克"将一男子活活装入木桶中直至他死去,希望借此证明灵魂完全毁灭了。"尽管弗雷德里克这种探求科学方法的热情值得赞扬,不过他的实验的残酷性大大超出了实验的科学价值。他曾经"让两个人都饱餐一顿,他让一人饭后直接去睡觉,让另一个人去打猎。当天晚上他命人当着他的面将两人的肠子取出,只是为了知道谁消化得更好"(结果是直接睡觉的人消化比较好)。至少这个实验还有点意义。

会跟着发生变化。因此，如果有机物死去的时候，减少的质量比根据能量变化推算出的质量减少要多的话，就说明有某种东西以某种无法探测到的方式离开了盒子。这种东西很可能就是灵魂，或者说是意识。它离开盒子朝向某个更高级的空间，也就是霍兰德尔所说的窗子外面的世界飘去了。

像那鸿这样的理论家把意识看作信息，而对于一个量子物理学家来说，信息有一个被接收的能当量(energy equivalent)，因此信息也是有(非常非常小的)重量的。那鸿说："每流失1比特的信息量，热量的变化约为3×10^{-21}焦耳。"

他说这番话的时候，我脸上一定露出了某种不解的神情，那鸿说："我已经尽可能说得简单了。"像那鸿这么聪明的人是注意不到周围人的无知的。比如我们刚开始谈话的时候，他就说："很多人都把微管看成是在亚细胞水平进行分子计算的算盘。"后面还加了一句："我肯定你也意识到了这个问题。"我可不知道他在讲什么。

为了对他的解释稍微懂一点，我们先要接受显赫的物理学家们的决定：当一个单位的意识信息被破坏，就会损失3×10^{-21}焦耳的热量。然后，我们就可以请那鸿医生继续说了："如果你运用爱因斯坦的能量守恒等式，如果这个公式正确的话，你就可以说了：'这些热量代表了3×10^{-38}千克的重量。'"因此组成人类意识的信息的基本单位，1比特的重量是1千克的10亿分之一的十亿分之一的十一分之一的十一分之一。"是非常小的"，那鸿说。这个，我听懂了。

但一个意识中包含多少比特呢？或者说一个念头中包含多少比特呢？我对此百思不得其解。那鸿说："一个念头中含有10亿个比特？还是100亿个？我们并不知道。一个意识中包含着什么？有多少比特？我们也不知道。"不过这些都不重要，我们的目的是要确定灵魂是否存在，因此重要的是我们能够探测出变化。从理论上说，灵魂飘出窗口时流失的能量可以被看作是一种体重流失。

费尔班克斯公司出产的秤并不能让那鸿实现他的目的。那究竟有没有符合要求的秤呢？很有可能。从麦克杜格尔那个年代至今，秤已经得到了长足的发展。今天称的精确度能够轻而易举地称量几微克重的物体。1微克是1克的百万分之一。甚至还可能称出1克的十亿分之一，即1毫微克的物体，只不过那个成本太高了。"那1微微克呢？"那鸿沉思着。1微微克是1克的1万亿分之一——1千克的10^{-15}。"我们能够称量出如此小的重量吗？是的，我们可以。还记不记得我说过10^{-38}这个数字？"我记得我们在讨论1比特信息重量时他提到了这个数字。"我告诉过你我能够称量出这个数值的15个数量级。问题是，下面的20个数量级，我还能不能称出来。"也许他根本用不着称了，因为假定意识中含有大量比特，他用一个精确到微微克的秤也许就够用了。

那鸿说，秤本身还好办，更棘手的问题是安插在盒子周围的电磁场。没有一个感应器能够覆盖整个电磁频谱，所以那鸿必须在实验中随机应变。除了这一点，那鸿觉得这个实验还是可操作的。

但是如果我们的感应器无法测到灵魂，或者说是剩余能量/信息没跑出盒子到别处去，而是灵魂突然消失，停止存在了，我们该怎么办呢？这一直是我自己的担忧，而那鸿告诉我那是不可能的。根据热力学第一定律：能量不会被创造，亦不会被消灭，它一定是跑到了其他地方。那鸿说他 5 岁时就相信意识也可以套用这一定律了。在你我都还在为系鞋带而苦恼的年龄，那鸿就已经在“思考灵魂是如何守恒的”了。他把脸转向我说：“现在的问题是，灵魂去了哪里，而不是它是否存在。因为它一定存在。”

我们静静地坐了一会儿，让我能够消化一下这颇为高深的量子理论。在天花板的一角，一盏荧光灯闪了一下，然后灭了。根据热力学第一定律，与此同时，在宇宙的某处，一定有一道微弱的节能光出现了。

尽管那鸿研究灵魂问题很久了，可他不信仰宗教，不过他与天主教会打过几次交道，还挺有意思的。“多年前，为了得到资助，我很天真地去了天主教会。我向他们描述了我的实验计划，就像我跟你描述的那样。”我脑中闪过这样的画面：主教们坐在高高的靠背椅上，那鸿在那儿不紧不慢地长篇大论，中间不时夹杂着“阁下”一词。

那些神职人员不太理解那鸿实验计划的细节，但是他们所理解的部分已经令他们非常紧张了。“他们有一套信仰系统，能让他们确知答案在哪里。他们不需要任何的证据来证明。而且如果‘实验结果’与他们所知的不一致，那将是一场灾难。他们不想冒这个险。”那鸿第一次宣讲完便被请了回去。这一回，整个气氛变得肃穆了。一些有宇宙哲学和物理学背景的神学家也被请去了。他们不仅拒绝为那鸿提供资金，还竭力劝说那鸿放弃实验。他们提到有一个“神圣的设计”在对不同世界进行分割，试图说明那鸿的实验会威胁到这些世界的一个分割界限。他们警告说实验的结果会是可怕的，而且深不可测。“他们预想实验可能会开启一道黑色‘裂缝’，将某种迄今为止还不可知的‘力量’释放到我们一直以来所捍卫的世界中。”天窗这一比喻就这样出现了。那鸿被指控“打开了一扇也许无法合上的窗”。

但是一有东西死去，这扇窗便似乎自己打开了。为什么他们认为那鸿想要撬开那扇窗？为什么他们认为那鸿的实验会阻止窗子关上？为什么灵魂不能像我们使用门一样自由地使用这扇窗？

最后一次会面，主教们试图向那鸿敞开教堂的彩色玻璃窗。“他们建议我认真考虑信仰天主教，这样我才能放弃实验。最后，我只好告诉他们我只是‘开个玩笑’，根本就没有兴趣进行实验。”

现在，那鸿到处为亚利桑那州人类能量系统实验室这样的物理院系和机构筹集资金。他尽可能多地去参加各种意识科学和量子理论会议，希望能够找到潜在的合作伙伴。不过进展缓慢。“大部分人都没你这么耐心听我讲这么久。”我说也许是我更有耐心，但他们应该比我理解得更为透彻。那鸿回答说：“你说的也对也不对。我的这个想法涉及多个学科，所以很难找到合作者。工程师和信息专家对生物学毫无所知，而且没人懂宇宙论……或者多维宇宙物理。他们都是很智慧的人，但却没有足够广博的知识，并将这些知识融为一体。”

那鸿就像儿童书中画的小动物。书页被截成 3 部分，小动物们的身体也被截成了 3 部分，动物们的身体都被搞混了，鸵鸟长了袋鼠脚，河马成了长颈鹿的一部分。那鸿什么都懂一些，但却没人能与他志趣相投。

与他最为志趣相投的人是帕特里克·鲁伊(Patrick Lui)。他在斯坦福大学直线加速器中心负责研发合作，研究生阶段学习过热力学。我从杜克大学回来之后就找到了鲁伊。鲁伊告诉我，他曾试图说服包括前理论物理系主席在内的其他几个斯坦福大学的物理教授“和那鸿一起思考”。鲁伊和他的同事们都认为尽管这个实验的概念是正确的，实验本身在学术上也成立，但是将会遇到很大的困难，甚至无法完成，因为测量如此少量的能量会面临巨大的挑战。但鲁伊很快又加了一句：“但这并不意味着不应该从事这种工作，这虽然是个曲线球，但不管怎么说也是个真正的球。”

在非学术界，那鸿的想法也很难让人接受。正如他自己所说：“人们要么就认为自己已经知道答案了，不需要任何外部确认，要么就认为根本就不可能得到答案。他们的背景知识还不够，不懂得他们是能够知道答案的。

预算限制也是个问题。那鸿估计他至少需要 10 万美金来完成这个实验。“人们总是对我说：‘我们要仔细考虑一下再做决定。’而对于一个主流的，足够重要的想法，他们会说：‘来吧，让我们投资吧。’”

杜克大学物理系的态度如何呢？“我总是遭人白眼。”

我开始为眼前这个被误解的人感到难过。他的远见卓识被人误解了，也许人们只是还没理解。

“你的妻子理解你的计划吗？”

“前妻。一点都不。”

那鸿接到了一个叫艾尔的生意伙伴的电话。“艾尔，你错了！”他和蔼友善地朝着听筒叫道。“艾尔……艾尔！你大错特错了，艾尔！”

我收起了对这位孤独哲学家简单的田园式描述。那鸿是一个高大、迷人、师出名门的妇科医生，有着健康的自尊心。终有一天，他将得到他所需要的支持来进行实验，他会得到杜克大学物理学家的尊重，他还会拥有一位了解量子理论的妻子。希望如此。

现在是下午两点，那鸿的大脑得到了饥饿指令，我们便一起去吃午餐。少了那些学术问题，而且那鸿似乎很喜欢他的意大利小方饺，我终于有机会可以问一些我早就想问的低智商问题了。

你认为成为在陌生的维度空间中游荡的灵魂，会是一种什么感觉？那鸿用电脑来做类比：他将人类意识的基本核心想象成电脑的操作系统。在此基础上，电脑还有文字处理和制表程序，而人还有感知、语言、推理、记忆。人死后，大脑也关闭了，所有的附加功能都会消失，只剩下了操作系统：一种原始的、自由漂移的意识。在那鸿的想象中，存在就是"我们现在的样子减去所有浅薄的附属品"。

正是他的这种想象引发了我的思考。如果一个人不能用文字思考，或者听不到看不到，这个人会是怎样呢？陷入昏迷？成为植物人？那鸿耸了耸肩。这只是个类比，是一种猜测。那个星期的晚些时候，我问了鲁伊同样的问题。他对于人类意识的信息内涵以某种有组织的形式离开人体的可能性表示怀疑。他说："衰减的热量并不是有序信息。"我想他的意思是说，以你人格形式而存在的能量在你死去之后也许确实会继续存在，但存在形式就会发生变化了，不会再以你能成为的某种形式或能够使用的某种形式而存在了。

后来我把鲁伊的话告诉给了那鸿，并请他评论一下。我在邮件中写道："请记住，给我写回信的时候，假装你是对着一个七年级的学生在说话。"那鸿不同意鲁伊的观点。他的回复长达千字，而且一个熟悉康德、洛克、知道负平均信息量和谜语加密机器的七年级学生才能看得懂。我看懂得只有这部分："能量可能采取的物理形式是可延展的，是变化的……没有哪种形式是'首选的'"。

"首选的"一词好像是在说，作为一个能思考、能记忆的灵魂要比一个黑洞或静止电流要有趣多了。不过我不想再深究它的意思了，就这样吧。

那鸿叫了拿破仑香蕉作为饭后甜点，我们之间又多了一个永远无法互相了解的地方。我们又重新开始谈论那鸿实验计划中的那个盒子和系统。我突然想到我忘了问他准备在盒子中放什么有机物。这时他的甜点来了，硕大的奶油蛋羹覆盖在垂直的薄饼上。

"你究竟会放什么进去呢？"我猜应该是小老鼠。

"大部分都是香蕉布丁吧。"

当我回到家，翻看那鸿长达 25 页的《意识热力学测试计划及其物理学基础》（"Proposal for Testing the Energetics of Consciousness and Its Physical Foundation”)，我想象那个盒子里装着一盘香蕉布丁。

从理论上来说，那鸿可以用细菌或是类似的所有东西来做实验。他倾向于用水蛭。“我研究水蛭很久了，它们身子细长，吸人血，是非常糟糕的有机物，我恨死它们了！”在我们旁桌用餐的一对夫妇转过来看了看这个痛恨水蛭的人。

最后一个问题：他认为结果会如何呢？自由飘移的意识能量真的存在吗？“我的观点是它一定存在”，那鸿说。“但是我永远不会说我知道这个结果”，他放下了甜品匙，“直到我证明了它的存在。”

第四章

维也纳香肠事件

及其他想要看见灵魂的努力

这一年是1911年。麦克杜格尔非常确信自己已经证明了灵魂的存在(通过为灵魂称重)。下一步,他计划亲眼看看灵魂的样子。他在1911年的一份报纸上发表文章说,他想要看看灵魂的颜色①以及灵魂与人体的大小比例。他想知道灵魂是从哪里离开人体的,心脏还是头顶呢?还是像打哈欠和动画人物讲的话那样"从嘴唇"中跑出来的?为了找到答案,麦克杜格尔不顾医院和收容所管理委员会的不满,又找了一些肺病患者来做实验。

这一次,垂死的肺病患者们躺在一间漆黑屋子内的一张普通床上。当"最重要的时刻"来临时,麦克杜格尔在将一束强光扫过患者的身体。他首先用的是一束白光,然后用一个长玻璃棱镜将光谱的颜色带区分开,再分别用各种颜色做了实验。他先将光谱水平放置,然后再垂直放置,结果均一无所获。

麦克杜格尔就此得出结论,灵魂的折射率为零,而且由于除乙醚外,所有物质多少都会反射一些光,所以灵魂一定是由乙醚组成的。我们简单说一下乙醚。在爱因斯坦之前,这种物质被认为是一种物理概念,是电磁波(光、声音、无线电等等)传播的必要媒介。乙醚无形,也无法被察觉,它能够穿透一切物质,无论是人还是长软椅。

乙醚还被认为是没有重量的,而这与麦克杜格尔所谓的"灵魂是乙醚"的理论是矛盾的,因为他的实验证明灵魂应该是有重量的。由于不情愿放弃他的理论,麦

---

① 这个记录是一位名叫朱莉·潘库(Juli Pankow)的前护士助理提供的。她给我发邮件称她看见了一位垂死病人的灵魂。那一天屋内很暗,她听到她看护的那位妇女发出了死亡呻吟声。"她胸部正上方腾起了一缕淡淡的绿紫色雾气。"我在Google上搜索发现钡(barium)爆炸后会呈现绿紫色。尽管这种雾只会出现在国家宇航局的航天项目中,而不会是某人被人用钡洗肠后放屁释放出的雾,但谁知道呢,说不定潘库看到的就是这种雾呢?

克杜格尔在1914年将他的“灵魂与乙醚都符合万有引力定律”这一理论公诸于世。一家报纸的标题将其称作“惊世骇俗的理论”。麦克杜格尔推论说，如果它们不受万有引力控制，情况就会变为“自从地球上的人类开始死去，太空中地球围绕太阳运转的复杂轨道中……‘就会’布满这些……无重力的灵魂成分”。换句话说，如果万有引力没有把死去人类的灵魂吸附在地球上，这些灵魂就会缓缓飘入宇宙中，永恒地存在于陈旧的卫星和国家宇航局的空间碎片中：“我们能够在这种情况下建立起有序的未来生活吗？”

麦克杜格尔还有另外一个理论，同样站不住脚。他认为一个人的灵魂和肉体会分开十万八千里远。“一个人一般会在死后3天被下葬。灵魂在这段时间内会飘到距离肉体和死亡地900万英里(1 440万千米)外的地方，这相当于地球3天的运行距离。”大家想象一下，对于一个在远离父母兄弟姐妹5 000英里(8 000千米)远的地方度过成年时光的苏格兰人来说，这个理论又是多么的令人沮丧。

麦克杜格尔设想存在着一个“位于风暴地带上方，与地球并行的巨大乙醚球体”。这是一个“不受万有引力控制，与我们的构成完全不同的生命”集合。也许由于早前他的理论受到了同事的嘲讽，因此麦克杜格尔没有在《美国医学》杂志上发表他的反射光实验和乙醚天堂理论。我只在1914年的《波士顿周日邮报》上找到了一点儿对于乙醚天堂理论的描述。文章的题目很妙——《天堂也许就在地球之外》。

这是我们所知麦克杜格尔医生写的最后一篇文章。6年后，他罹患癌症卧床不起。患病期间，他写下了最后一首糟糕透顶的诗(“我和死神狭路相逢/我们日夜较量不停”)，然后就离开人世，到伟大的乙醚球体上去了。他的妻子玛丽，也就是我们之前提到过的悍妇，在他死后又活了35年。如果麦克杜格尔关于重力会吸住灵魂的理论是正确的，这可能意味着当麦克杜格尔太太的灵魂脱去尘世躯壳的时候，她丈夫的灵魂已经跑到380亿英里(608亿千米)之外了。看来坏事也能变好事。麦克杜格尔终于苦尽甘来，拨云见日啦。

麦克杜格尔将他令人失望的光线实验公诸于世之时，一位名为亚瑟·古兹匹德(Arthur W. Goodspeed)的宾夕法尼亚大学物理学家宣布计划用奇异的伦琴射线(现在被称为X射线)来揭示人类灵魂。这一招打败了麦克杜格尔。伦琴射线是在1895年以其发现者德国物理学家伦琴的名字命名的(事实上古兹匹德早在伦琴之前就无意中发现了这一射线，但他当时没能认识到它的重要性，最终只能眼睁睁地看着他的对手伦琴的名字家喻户晓，而自己却默默无闻)。

美国放射学会(American College of Radiology)历史中心档案室主任南·奈特(Nan Knight)告诉我，X射线在今天只是一个普通的诊断工具，但在发现之初，它却被认为是一个奇迹。爱迪生除了那些家喻户晓的发明外,还曾宣布要公开展示他为活着的大脑所照的X射线照片①,来显示人类快速转换的思维。X射线被发现后1年内,巴黎的小贩们便开始卖表演门票,据说这些表演是展示用X射线拍下的鬼魂照片。1896年,一份纽约报纸报道,哥伦比亚内外科医师学院利用X射线将解剖学图表注入学生的大脑,以"留下更为持久的印象"。还有一个传闻,大意是说为了将大量晚上没事儿干的夫妇吸引到剧院观看歌剧,剧院决定要在观剧镜(opera glass)上使用X射线。公众对这个故事深信不疑,以至于在1896年2月19日,一位新泽西州议员特别起草了一项议案,建议禁止在观剧镜上使用X射线,此举招来其他议员的嘲笑。

位于费城的天普大学城市档案馆(Temple University Urban Archives)有一份关于古兹匹德的新闻简报档案。他的灵魂实验登上了1911年7月24日的《纽约时报》,新闻标题是《关于为灵魂拍照》。这篇文章满是麦克杜格尔对古兹匹德实验的谴责之辞。麦克杜格尔在文章的最后缓和了语气,承认"死亡来临之时,灵魂有可能会变得异常不安,因此降低了头骨对伦琴射线的阻碍,使它在底片上留下了一个轻微的点"。另有一篇文章提到古兹匹德得到了"伦琴射线专家斯诺克医生②(Dr. Snook)的协助。尽管斯诺克医生的背景资料中没有提到灵魂X射线,历史还是赐予了此人至少一份荣誉——他以斯诺克电子管而闻名至今,这是一个类似于蜂鸟喂食器的玻璃球状阴极电子管。

不知道古兹匹德有没有就灵魂X射线实验撰写论文,因为我们在档案中找不到相关论文。因此奈特怀疑这个实验是否就是个笑话。也许是,但我不这样认为。古兹匹德的背景资料上不仅写明了他是美国伦琴射线学会(American Roentgen Ray Society)的副主席,而且还注明了他最大的兴趣是哲学(其次是"骑马小跑")。他还曾任美国哲学学会(American Philosophical Society)秘书长长达30年。因此,在主持了物理系兰德尔-摩根实验室后,他有足够的仪器和经费来做这个实验。另外,古兹匹德28岁的儿子在一场跳伞事故中不幸去世。通常失去至亲都会激发起科学家的兴趣,来探究人死后魂归何处。

有人用了一种更具创造性的方法来观察灵魂,他就是在1920年创建了精神实验室的希尔沃德·卡林顿(Hereward Carrington)博士。他是个不折不扣的怪人,常常热衷于搞点儿超自然小发明。1930年,卡林顿出版了一本名为《灵学故事》

---

① 事实上,为大脑照射X射线片是不大可能的,因为头骨会阻碍X射线。因此在1896年广为流传的一张看似人类头骨内部大脑沟回的X射线照片事实上只是一盘排列巧妙的猫肠子的照片而已。

② 也许会有人觉得这个可怜人的姓氏姓很幽默,我这里要提一下他的全名是霍默·克莱德·斯诺克(Homer Clyde Snook)。

(*The Story of Psychic Science*)的书。他在书中用了整整两页描述了想要制造一台机器来揭示灵魂形状的想法。开头是这样的:“将某种动物——猫、狗、或者小猴子——关在一个小盒子里”;结尾他这样写道:“因此,当浓缩发生,最终的线条会勾勒出灵魂的外形。”中间描述了要将盒子密封上,再向内部注入无尘的麻醉气体和电离射线,放入抽气机,当然还要放几个斯诺克电子管。书中还附了6张卡林顿意气风发的照片,他的头发从额头甩到脑后,只留了一小撮在脸上。照片中的他正在读取他最新发明的小装置的刻度盘上的读数。照片中还有一个魅力十足的年轻女郎,有的照片中,她在仔细观察机器,有的照片中,她只是兴奋地凝视着卡林顿博士。我在开始阅读这本书时也对卡林顿博士倾心不已,后来当读到书后面章节的名字——“保健生活”,“为健康而斋戒”和“长寿”时,我就全然没了感觉。

卡林顿没有将他设计的盒子做出来,因此我们应该将制作出最为精密的灵魂显示装置的荣誉授予两个荷兰物理学家马特拉(J. L. W. P. Matla)和泽斯特(G. J. Zaalberg van Zelst)。马特拉坚信自己在占卜版上和一个实体通过文字进行了沟通。(希望“我和我的伙伴的全名是什么”这类问题没有被提出)这个实体告诉马特拉,人死后,其灵魂会变成气态,称为 *homme-force*(意思是人力(man-force),是个发语词,我知道的只有这些)。马特拉推理说,如果 *homme-force* 确实是一种气体,那么它一定遵守物理学定律,也就是说它的存在也许可以通过科学进行证明。与马特拉交流的这个实体有着工程学背景,他不但同意马特拉的这种猜想,而且还向马特拉提供了详细的指导,来建造一个证明这种气体存在的装置。他们第三十六次交流的记录节选如下:“建造一个高50厘米、直径25厘米、空气无法进入的密封纸质圆筒……”这个实验的原理是,如果这一气体是存在的,那么在通过纸质圆桶时会导致圆筒膨胀或收缩,以此来显示它的存在,而被排出的空气就会导致旁边玻璃试管中的酒精柱上升或下降。这种现象的确发生了,至少马特拉是这样认为的。这对荷兰搭档又进行了更多的详细计算。在他们共著的《死亡之谜》一书中随处可见这样的文字:“*homme-force* 的体积是36.70立方米”,或者“这一气体排出的空气体积是279.169立方厘米”。很难说什么更令他们骄傲,是证明了自己的推理,还是计算到了小数点后3位。

卡林顿读了这本书之后,好奇心膨胀,他自己也做了一套马特拉设计的圆筒装置。他的模型中加了一个铃铛,酒精柱一发生变化,铃铛就会响。卡林顿组织了一组观察者聚集到实验房间,要求他们保持安静,而他自己则高声宣布,就好像 *homme-force* 有听力障碍一样:“如果确有某种力量存在,能够进入圆柱体并且排出空气,能否请它开始行动?”有时酒精柱的确会移动,但这也不一定是因为卡林顿要求它这样做了。大多数情况下,卡林顿要求了多次,但酒精柱都是纹丝不动。往往这时卡林顿就会放弃，然后离开房间。可是他一离开，铃铛就响了，就好像这个实体故意让卡林顿难堪似的。卡林顿花了一整年的时间研究圆柱体装置。最后，他得出结论说，温度变化和巧合导致了马特拉的实验结果。

令人惊讶的是，像马特拉和卡林顿这样的人并没有被当作边缘科学家。在很长的一段时间内，备受尊敬的科学家对超自然研究是认可的。作为证据，我给大家举个例子。当时乃至当今世界上最受尊敬的医学杂志《柳叶刀》(*Lancet*)在 1921 年 7 月 30 日发表了一篇文章。一位名叫查尔斯·鲁斯(Charles Russ)的医生在文章中称他已经证明了的“人类眼中射出”的某种未知“力量或射线”的存在。鲁斯制造了一个台式装置来展示文章种所阐述的这种力量。他在一条细绳下面拴了一个用铜线圈缠住的密封盒子，细绳的另外一端牢牢吸附在一块磁铁上。鲁斯要求志愿者们凝视盒子，他称如果志愿者注视着盒子的左边，线圈就会沿顺时针方向移动；如果注视右边，线圈就会延逆时针方向移动。鲁斯断定那种神秘力量“干扰了封闭系统的静电状态”，而且称伦敦皇家学院的 5 位物理学家都无法在这个实验中找出电学或机械错误。同时，在与这篇文章相对的那页上刊登了痢疾专家唐森(W. S. Dawson)就排泄物取样而进行的长篇大论，讨论是在直肠中“放入药签”取样比较好，还是在“运动(the motion)”①中直接取样比较好。我无法解释鲁斯的实验机器是如何工作的，不过，由于之后没有人重复过他的实验，我怀疑他的这个机器只是一堆屎(a load of motion)而已，一点价值也没有。

除了鲁斯医生外，还有很多科学家相信灵魂是某种生命力量。他们认为，就算灵魂不能够像实体一样被照相机拍下来或被确切定位，它也一定能够通过它的放射物而被间接地感知和证明。我们如果将活的物体与感光面接触，在物体周围就可以捕捉到冠状发射的光线或闪电状射线形式存在的发射物。需要注意的是，摄影当时刚刚起步，人们对摄影过程的了解还微乎其微。虽然有一些操作被误导了，因此完全错误，但是整个努力的过程的确是真诚的。

比如说无声放电图(effluviograph)。1897 年，巴黎生物学会的一组科学家展示了一项新技术，一人竖起手指，拍摄下来后，摄影底片上人的手指处会出现光晕。这些科学家于是认为他们找到了捕捉自然力射线的方法。自然力作为最新的生命形式已经存在很久了，甚至已经将朗兹·梅斯梅尔(Franz Mesmer)的动物磁性说

① 我一直试图弄清楚这个词怎么能和“肠子蠕动后的产物”，也就是排泄物有相同的意思。这并不是唐森一厢情愿使用的委婉说法，直到今天还在医学文章中还在使用这种说法。如果你不幸访问了一个名为“便秘”的网页，你就会看到这样的句子“*the motion* 或大便非常干且硬”。我想这就是为什么电影一词会从“motion pictures”改为了“movies”吧。而且我觉得用“movie”在医学文章中代替“the motion”作为大便的委婉语要更好些。这样一来，我们就可以说“我很乐意聊天，不过我得去‘拍个电影’(make a movie)了”。

推到了一边。事实上，这些法国科学家发现的是体热在显影剂(photographic developer)上留下的效果。热衷于揭露假象的化学家艾米尔·雅可布森(Emil Jacobsen)通过实验证明了这一点。他制作了一个一模一样的无声放电图，但却是用一个加热过的玻璃试管的圆形端口碰触底片形成的，而不是用手指。

雅可布森的下一项工作是推翻电示图(electrograph)。在罗尔夫·克劳斯(Rolf Klauss)讲述超自然摄影历史的《超越光与影》(*Beyond Light and Shadow*)一书中，你能找到摄于1898年的一张照片的复制品，题目是“两根维也纳香肠之间互相厌恶的光示图”。这张照片被收录到雅可布森推翻电示图的论文当中。这篇论文认为电示图只是记录了一个物体——无论这个物体是死是活，还是半死不活——与电磁感应器和光电感应面接触后放电所产生的光。圣彼得堡(St. Petersburg)皇家实验医学会(Imperial Institute for Experimental Medicine)的一名成员声称，运用这种技术不仅能够为生命力量拍照，还能够运用这些图像来诊断人的病情和情绪状态。这位科学家炫耀了一张两位敌对者将手指靠拢的照片，可以看到这两个人的神经力量的火花使两人总是保持距离，而朋友之间的神经力量就会混合到一起。这也是雅可布森颇拍下具讽刺性的维也纳香肠系列照片的灵感来源。

但是电示图并没有就此消失，而是在20世纪50年代由俄国的克里安夫妇(Kirlian)复兴起来了。克里安摄影术(Kirlian photography)最终作为灵光摄影(aura photography)而闻名，直到今天，还在精神研究中使用。有趣的是，克里安夫妇从未声称他们找到了为灵魂拍照的方法，尽管他们的姓氏听上去很像穿长袍的邪教人士的名字。克里安夫妇和后来受到他们影响的超心理学家们(其中包括加州大学洛杉矶分校的两名科学家)都注意到了人类“灵光”的变化，不同的人“灵光”是不同的，同一个人每小时的“灵光”也有变化。因此，他们猜想照片也许会是一个有用的诊断工具。为了弄清楚它们能够诊断什么，加州大学洛杉矶分校的科学家将实验者与感应机器相连，同时让他们接受所有生理和情绪上的刺激，让他们服药、饮酒、冥想、生气、恐惧和被催眠。虽然每张照片都不同，但并没有得到任何有用的发现。科家们于是不再解读灵光了，而是在彩色摄影发明的帮助下进入了新时代(New Age)。

克里安摄影照片中最为著名的是俄国超心理学家在1970年左右拍摄的一张没有末端的叶子的照片。这张照片被作为证据证明了由“生物原生质”组成的星芒体是存在的。照片中显现出了包括缺失一角的叶子的整个发光轮廓。尽管我可以告诉你，在克劳斯的书出版之时，还没有人可靠地再现过这个现象，但是我对于大树拥有星芒体这个想法仍然感到不安，因而无法理解俄国科学家的观点。

得知卡林顿自己也做过灵光研究，你应该不会感到奇怪(时间是在20世纪20

年代，远早于克里安夫妇运用照片来研究这一课题）。在《精神科学的故事》一书中，卡林顿提到他“对黑人进行的实验”，结果似乎说明灵光是一种主观印象，或者是一种光学作用。我找不到卡林顿灵光实验的细节。也许找不到更好。

然后，麦克杜格尔的灵魂物质——外质（ectoplasm）于 1914 年在一堆诡异的照片中登场了。这些照片收录在一本同样诡异但销量奇好的《物质化现象》（*Phenomena of Materialization*）一书中。到了 1922 年，外质这一概念占据了各大报纸的头版头条。我可以带着报道过维也纳香肠放射物的人都应具有的那种钢铁般的自信说，这是干扰科学进程的最为奇特的一段插曲。

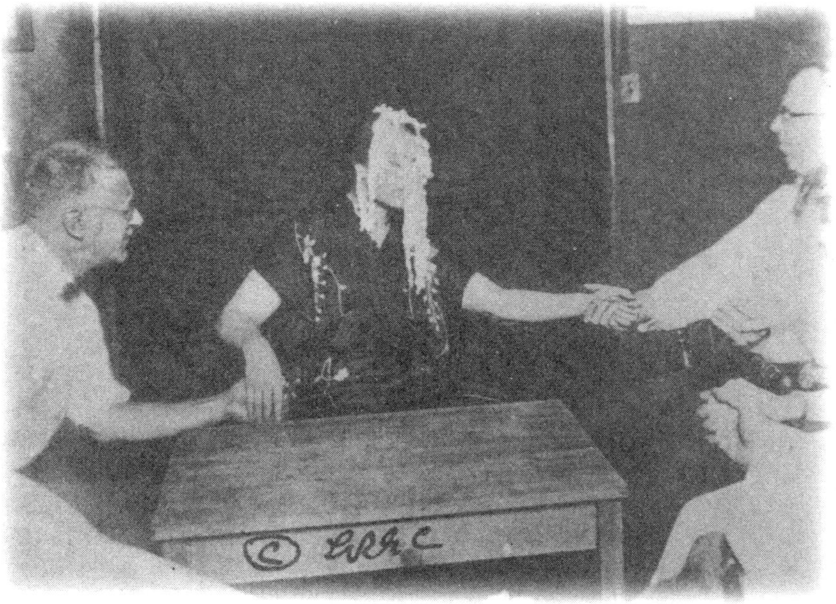

第五章

难以下咽

眼花缭乱，令人厌恶的灵魂外质全盛期

剑桥大学图书馆有自己的接待室。那些愚蠢地以为没有剑桥大学学生卡就能进入图书馆的人都会被带到这里。我现在正在接待室门外的走廊里等候申请一日进出证。确切地说，我是在申请进入神圣的剑桥大学手稿阅览室。这个阅览室是由手稿和学校资料管理员看管，我想象这个管理员应该身着长袍，脖子上挂着一串硕大的钥匙，威严地站在阅览室门口。是的，我对于进入这个神圣的地方有点紧张。

图书馆的大厅中陈列着很多神圣的文字。我一边等就一边浏览着这些文字。

> 在剑桥大学图书馆馆藏的所有佛学著作中，写在棕榈叶上的梵文佛经是非常重要的，这份手稿已有1 000年的历史了……剑桥大学所拥有的是一份世界上最为重要的佛教梵文手稿。

同时，我在这里想要查阅的是编号为SPR:197.1.6的档案资料:所谓的外质。

外质被认为是灵魂能量的物理表现，也就是某些被称作“物化”灵媒处于恍惚状态时从身体中渗出的一种物质。它存在于认为亡魂能够与活人进行交流的招魂说最为兴盛的时期。阿瑟芬德蕾学院(Arthur Findlay College)的创始者阿瑟·芬德蕾曾这样写道:“这种物质看起来就像气体一样穿过「灵媒」的身体组织，然后从身体的通路中渗出，因为这种物质在黏膜中比在皮肤里移动更加自由。”阿瑟芬德蕾学院主要培养灵媒或其他种类的巫师。巫师们将外质描述成今生和来生间的联系，是物质与乙醚在物理和精神方面的混合体，是一种“漩涡状的发光物质”。不幸的是，这个物质在相片上看起来就像是一块普通的粗棉布。

最早释放出外质的灵媒名叫伊娃(Eva C.)。从她身体中发射出的这种物质引

起了法国外科医生,同时也是医学研究员的查尔斯·里歇(Charles Richet)的注意。里歇发现了人体体温调节和皮肤排汗现象,同时还是治疗结核病的先驱,并且因发现和研究过敏反应而荣获1913年诺贝尔生理学或医学奖,著有《人与动物之胃液》(*Gastric Juice in Man and Animals*)一书。一位如此杰出的人士为介质的真实性说话,这让人们不得不对此重视起来。除了里歇外,招魂说的支持者中还有很多科学家、政治家和文学家,其中包括:美国心理学家威廉·詹姆斯(William James),爱尔兰诗人威廉·巴特勒·叶芝(William Butler Yeats),英国小说家阿瑟·柯南·道尔爵士(Sir Arthur Conan Doyle),英国物理学家奥利弗·洛奇爵士(Sir Oliver Lodge),英国化学家威廉·克鲁克斯爵士(Sir William Crookes 他发明了真空管,而且由于声称他所发明的真空管中的发光气体是外质而受到嘲笑),两位英国首相和维多利亚女王。

简单说来,招魂术是一个宗教运动。它的主要内容是(通过灵媒)与亡魂进行沟通,并通过降神会和其他巫术展示的形式向他人证明这种沟通是可能的。在招魂术中,死亡不是生命的终结,而是生命的另一个阶段,只是转换了生活地点和环境而已。天国——巫师们将其称作夏日乐园(Summerland)——不再是一个抽象的场所,你甚至可以在那里安装一部电话。招魂术创立于1848年,是由一对百无聊赖的还不满13岁的福克斯(Fox)姐妹的姐姐创立的。这对姐妹分别叫玛格丽特(Margaret)和凯特(Kate),她们喜欢在位于纽约州海德斯维尔的农舍家中通过敲打桌子来召唤神秘的灵魂。这些响声激起了她们姐姐的企业家精神,她邀请陌生人来到家中观看整个过程,并对此适当收费。几个月之后,三姐妹进行了全国巡演,招魂术就这样发展起来了。它稳定地传播开来,并流传到了海外,并在第一次世界大战后达到了高潮。这次战争使成百上千万的美国和欧洲家庭失去了至亲,人们因此特别容易相信能够与去世的至亲进行沟通的承诺。从那之后,招魂术的流行程度虽然有所下降,但它始终存在于美国,而且在英国更受欢迎。

招魂术在1989年遭遇了最为尴尬的时刻。剑桥大学在这一年获得了心灵研究学会(Society for Psychical Research,简称SPR)①的档案资料。这个学会汇聚了大批对于早期灵媒的讲话及活动进行过调查的卓越人士。如果你想查看这些档案资料,我可以告诉你它们的名字:"默顿夫人:对于'会飞的扶手椅'的调查(Mer-

① 我可以毫不掩饰地说我是心灵研究学会的粉丝。我尤其喜欢它的季刊,上面刊登了同行审阅的文章,对驱魔(wart-charming)和会说话的猫鼬(talking mongoose)进行了详细地讨论。还对通过敲击桌子招魂和治病术士对于莴苣种子发芽的作用进行了时域分析("图表2:术士'强化'了由控制术士所模仿的种子")。心灵学会的会员名册中曾有这样的名字:纳特夫人(Mrs. H. G. Nutter),哈里·瓦克和洛伊·巴蒂夫人(Mrs. Roy Batty)。我只把这当作令人愉快的巧合。

ton, Mrs. : Investigation of 'The Flying Armchair')"或是"留声机记录——据说收录的是班塔昏迷时的讲话(Gramophone Records—Alleged Trance Speech of Banta)"。一位年纪轻轻的,长相酷似麦当娜的手稿阅览室管理员会找到这个档案,并将它恭敬地交到你的手上。他对这些档案的尊敬之情与他对皇家格林威治天文台(Royal Greenwich Observatory)的收藏品或者达尔文的种子标本的尊敬是相同的。

会飞的扶手椅很快被心灵学会的官员认定是虚假的。但与会飞的扶手椅不同,外质接受了20多年详细而又极为严肃的科学调查。《科学美国》(*Scientific American*)杂志在1924年展开了对于物化灵媒的调查,并分4期连续对这项调查进行了报道。1922年,巴黎著名的索邦大学(Sorbonne University)派出一对科学家参加了伊娃的15场降神会,其目的非常明确,就是要检测她的外质的真实性(结果失败了)。1921年9月出版的《大众科学月刊》(*Popular Science Monthly*)撰文指出,外质"能够呈现出手或脸或者整个人体的形状",而且它"酷似以细胞结构存在的人体皮肤"。1922年,《纽约时报》对哈佛毕业生达蒙(S. F. Damon)进行了报道,他相信外质是古时炼金术士不易觉察的"第一物质"。在《时代》周刊的索引上进行查找你会发现,在1920—1925年间,《时代》周刊上发表了十几篇与"外质"有关的文章,这些文章内容涵盖了对灵媒的直接研究和类似于"人类咬了鬼魂,导致降神会混乱不堪(Man Bites a Ghost and Upsets Séance,文中写到:'格拉格哈尔咬了一大口外质……')"这样的滑稽事件。如果你能见到了从灵媒身上"物化"出的外质的照片的话,你就会很清楚地发现那简直是胡言乱语,而且是愚蠢的胡言乱语,正如咬了鬼魂的格拉格哈尔所说的:"那个东西就是纱布!"究竟发生了什么?科学家们为何会相信这种物质是真实存在的?

在接待室工作的那位女士让我进去,让我出示了身份证和一封"学术推荐信"。我交给她一份打印出来的心灵学会档案室管理员写给我的电子邮件(*亲爱的女士,……所谓的外质并不是一个令人愉快的主题,这点我必须要警告你!*)。这封邮件起了作用,我终于走进剑桥大学图书馆了。

阅览室在三层。天花板仿佛通向天国,从硕大的多格子玻璃窗上垂下多盏好似是上帝恩赐的阅读灯,一直垂到学生的头上方。坐在我对面的女士伏在一个笔记本上,正在翻译转录一捆用希伯来文书写的易碎的蓝色航空信封上的文字。坐在我左边的年轻人牺牲了他的视力和社交生活,研读着中世纪的土地转让书。管理员给了我一张单子,上面写着我要的资料:6个档案,1个相册,1个装着所谓外质的盒子。这个盒子是由装饰精美的纸板做成的,上面绑了一条细绳,看上去好像从蛋糕店买回家的点心盒一样。它比我想象的要大,要艳丽。趁还没有人问我盒子里装的是什么，我把它放在了地板上，计划着等同桌的其他人都去吃午饭了再把它打开。

最上面的档案上写着“凯瑟琳·戈利格(Goligher, Kathleen)”，这个档案是和相册放在一起的。相册中收集的是1920—1921年戈利格小姐和她能被看到的外质的照片。贝尔法斯特女王大学(Belfast Queen's University)机械工程讲师克劳福特博士(Dr. Crawford)的理论和实验就是从戈利格身上得到的灵感。戈利格一家都是巫师，4个女儿都是灵媒。他们在贝尔法斯特的一间贴着破旧壁纸的起居室里所举行的生动的降神会非常有名。降神会一开始，灵媒会消失在窗帘后或灵媒壁橱中，这是他们惯用的手段。灯光会被熄灭，因为灵媒声称光线会影响他们的能力，并且会损坏外质。接着一轮圣歌和祷告便开始了。灵媒这时便会陷入恍惚状态，开始了“实证(demonstration)”。直到今天，巫师们还将他们吸引到房间中的灵魂的现身和力量称为“实证”。最为普遍的是，这些灵魂会通过提升降神会圆圈中心的桌子来显示它们的存在。因为所有人都是手拉手坐成一个圆圈，所以桌子是在无人帮助的情况下升到空中的①。

所以如此看来桌子的晃动和上升都是魂灵能量作用的结果。大部分巫师都对于这个解释十分满意，但是克劳福特想要确切知道死人是如何做到这一点的，有什么科学原理能够为此提供佐证。克劳福特用秤和压力感应器做了一系列的实验，得出了柔性外质杆和外质悬臂理论。他在1920年由达顿出版社(E. P. Dutton)出版的《戈利格圆圈中的灵性结构》(*The Psychic Structures at the Goligher Circle*)和《灵学实验》(*Experiments in Psychical Science*)中详细叙述了他的理论。在那个年代，人们很容易轻信他人，下面这件事就是个例子。达顿一口气出版了5本克劳福特的书，却一点都不觉得烦。出版社的档案资料中有一封1919年的资料，将克劳福特的发现描述成“对于物理学意义重大，而且可以毫不夸张地说，它为推翻现有理论，在物质构造基础上建立新的理论指明了道路②”。

克劳福特运用物理学和工程学理论计算出，在提升重量小于等于30磅(13.5千克)的桌子时，外质杆就会变成无支撑的或“真正的”悬臂。外质杆从灵媒的“身体”(这种委婉说法在后文中还会出现)伸出，与地面平行移动至桌子的中心，然后改变方向，伸进通过抽气装置吸附在桌子下方的一个直径为4英寸(10厘米)的圆

---

① 灵媒通常是用他们的脚来控制桌子的。然而，你还可以花上12美元向Ralph E. Sylvestre这样的公司邮购“灵魂桌子上升帮助器”。该公司1901年的产品目录吹嘘说：“几乎所有知名的灵媒都使用我们的产品。”其他很有帮助的产品包括伸缩式触杆，可以自行演奏的小号和发光物质鬼魂(“逐渐现形，在屋内漂浮后消失”)。

② 然而，他的发现却没有为新的版税理论指明方向。克劳福特要求将版税提高至20%，但达顿非常礼貌地回绝了他这一要求。

柱体中。他声称能够听见那些“吸盘(sucker)”——这对于克劳福特来说可不是什么好词儿(“sucker”一词在非正式用语中意思是容易上当受骗的人——译者注)——紧紧吸住桌子并在木头上滑动的声音。克劳福特总结说，如果桌子重量超过 30 磅(13.5 千克)，外质杆就会变成一个有支撑的悬臂：它会降到地板上，以地板作为支撑，然后弯曲上升，直至碰到桌子。

为了证明在降神会上魂灵确实使用了两个外质悬臂，克劳福特在降神会的桌子下面安装了一个测压装置。这个装置由两片木头组成，当它们被挤压在一起时，就会形成一个电路，使铃发出响声。克劳福特描述了实验的过程：他请戈利格的魂灵帮手们——或称“操作员”们——行动起来提升桌子。他先请它们使用无支撑的外质悬臂，然后使用有支撑的外质悬臂。结果正像他所预计的那样，只有在魂灵使用有支撑的外质悬臂的时候，铃才会响。

克劳福特并没有就此打住，他需要更多的证据。他想得到某种能够带出降神会，向他的同事展示的证据。于是进行了第四个实验——“悬臂柱体底部黏土上留下的印记(Impression on modeler's clay of bottom of cantilever column)”——这是克劳福特悲剧性终结的开始。以下是他对这个实验的描述：

我将装满软黏土的小盒子带到了降神会，对魂灵们说：“你们一定记得不久之前我们调查了你们提升桌子的方法。我发现在需要时，你们会将地面悬臂的柱体部分迅速吸附在桌子下面形成某种支撑，并通过这种方式将桌子抬起来，是不是这样呢？……答案是——“是的”。“那好，我现在会将这一小盒软黏土放在桌子下面，你用这种方法把桌子抬起来。”……在很短的时间内，桌子被抬了起来……最后我对黏土进行了检查，发现上面有一个很大的形状不规则的印记，一边长 3 英寸(7.5 厘米)，另一边长 2 英寸(5 厘米)。

我面前桌子上放着的戈利格档案中有一堆很像克劳福特所研究的“外质悬臂”印记的黑白照片。不过这些照片不是由克劳福特拍下的，而是由被誉为当代克劳福特的通灵研究者亨利·布莱姆斯特(Henry Bremset)拍下的。他试图在另外一个降神会上重复克劳福特的实验。他在饼干罐中装满油灰，再把饼干罐放在降神会的桌子下面，然后向灵媒解释他的目的。

布莱姆斯特在给心灵研究学会的一封信中写道，第一个饼干罐显示出的是“一个完整的妇女鞋印”。第二个饼干罐显示的是一个穿了袜子的脚后跟的印记，“能够清楚看出袜子编织的纹路”。第二张照片令布莱姆斯特感到有点不舒服，因为在他的一篇论文中回忆起克劳福特曾描述过一个印记。这个印记显示的是“一个巨大的拇指，上面的皮肤和纹路与人类拇指‘印记’非常相似”。布莱姆斯特将第二幅照片发给克劳福特博士，想听听他对这张照片的解读，结果看起来克劳福特对这张照片的解读与布莱姆斯特很不同。他回信说他希望能够证明这些印记是灵杆(psychic rods)留下的,显示了伸出灵杆的位置。

布莱姆斯特读了克劳福特的信后十分困惑,而且担忧,于是他很快动身搭火车来到贝尔法斯特。在写给心灵研究学会的一封信中,它描述了拜访克劳福特的情景。"我和他就我所看到的印记应如何解读进行了长时间热切的辩论。尽管他仍旧坚持他的新理论,可是他看起来精神状况极为不稳定……当我和他告别时,他看起来非常忧虑……之后不久就传来了他的死讯。"

克劳福特在1920年夏天溺水身亡。尽管他的自杀遗书上写明他的自杀与"他的工作"无关,但有谣言称他自杀的主要原因是他发现自己受到了愚弄,觉得颜面尽失。

但我认为真正的原因是他花了太久的时间才明白自己是被骗了。他的书收录了一张照片,下面的说明是这样的"用悬臂方法提升桌子。一个简陋的悬臂装置"。然而,照片上照的分明就是一块薄薄的白色布条——从戈利格的大腿上垂下一英尺左右,然后蜿蜒上升到一张小桌子的底部。我对机械一无所知,但我十分清楚那种质地的东西是无法"支撑"任何东西的。它只能是无力地挂在那儿罢了。这根本就没什么神秘的,而且也无任何意义。克劳福特的相册中的很多照片都是戈利格和这一"物质"的合影。"物质"躺在她的腿上,垂到她脚边的地板上,缠在桌子腿儿上等等。但不论是哪张照片,哪种情况,人们看到照片后都不可能将这一"物质"误认作任何其他的东西,它只是一块普普通通的人造棉布而已。在一张照片中,戈利格在白色衬衫领口处围了一块褶皱的织物,我花了整整1分半钟仔细观察了这张照片,试图辨认出那块东西究竟是流行配饰还是外质。这里的很多照片都被收录在了克劳福特的书中,但唯独编号为4F或5E这张并没有被收录:照片中,戈利格双眼紧闭,但并没有陷入恍惚状态,而是在开怀大笑。

哈利·胡迪尼(Harry Houdini)曾和克劳福特共进晚餐,克劳福特花了3个小时给他看这些戈利格的照片,并向他讲解这里面的机械原理。引用胡迪尼形容克劳福特的一个词,克劳福特自杀的另一个可能的原因就是——他"疯了"。我今天所浏览的照片能够证明他对现实的掌控力较弱。比如说,编号为8E照片的解说是:"在这张照片中,大家能够看到白色和灰色的物质。克劳福特说在灰色的物质上留下了排泄物的痕迹。"1920年6月22号,在去世前不久,克劳福特在日记中写道,他正在考虑外质是否有可能是从灵媒的直肠中排出的。他曾请人在降神会前将一条白色内裤带入现场,之后再将它拿回。克劳福特在内裤中发现了"少量排泄物",首次得出了这一非正统的理论。把内裤中遗留的排泄物残渣解读成是某种外质作用的结果,而不是一个普通的卫生小失误的副产品,这的确需要某种特殊的思维方式,而这种思维方式多少有些神经质。克劳福特这种特殊的精神状态中还包括了令人忧虑的内衣癖。我在心灵研究学会的档案资料中找到了贝斯特曼先生(Mr. Besterman)的一封信,他在信中讲述了克劳福特的内衣癖,并称"来源可靠,真实性极高"。除了迷恋白色内裤,贝斯特曼先生还提到克劳福特"倾其所有(结果他死后没有留下分文)为他的家人购买了一叠羊毛内衣,足够他们用上好几年了"。

克劳福特去世后,心灵研究学会又派了一个名叫富尼叶·达拉比(E. E. Fournier d'Albe)的研究员继续跟进戈利格这个案子。虽然富尼叶·达拉比在事业起步阶段一直在为第一位身体渗出外质的灵媒伊娃的真实性搜寻证据,但他从一开始就对戈利格有所怀疑,很大程度上是因为克劳福特的照片。1921 年 6 月 23 号,他第九次参加戈利格的降神会。这次他遭遇了克劳福特在照片中所描述的灵魂外质悬臂装置:"嗯,我说不清这个东西的结构到底是什么,不过它的某部分看上去很像是编织出来的。可是,灵异世界也有纺织机吗?"

这件事过去不久,富尼叶·达拉比看到戈利格用她的脚抬起一个凳子,他于是确定戈利格的"外质"一定能够在贝尔法斯特市中心买到。他买了一个镶着上好缎带的码尺,并给它拍了一张透视照片(shadowgraph)。他将照片公诸于世,并把"外质杆"的透视照片放在旁边进行比较。两者看上去几乎一模一样。

在揭穿戈利格的同时,富尼叶·达拉比还浏览了克劳福特的信件和他尚未发表的降神会报告。被克劳福特一次又一次误认为所谓"灵异结构"的东西,实际上很显然就是戈利格的右脚。克劳福特参加了 1919 年 10 月的一次降神会后在笔记上写道:"我触摸到了这个结构的一端,有一瞬间我觉得这个部分*好像骨头,挤在一起的骨头,就好像弯曲的手指骨一样……又或者像脚趾甚至指甲。*"不知道克劳福特有没有因此产生过怀疑,不过就算他怀疑过,也只是在心里怀疑,嘴上并没有这样说。

也许是由于心虚,戈利格于 1922 年即富尼叶·达拉比的书出版之前从灵媒的岗位上退了下来。心灵研究学会的档案中有一个信封,里面装了戈利格辞做灵媒 15 年后所拍的一组快照。这是一组很难见到的戈利格坐着的照片,是戈利格在一个名为斯蒂芬森(Stephenson)的研究员的再三哄骗下拍的。她面前放着的一个镶着六角形网眼轻质铁丝网的木头笼子,制作十分粗糙。斯蒂芬森用它来捕捉外质。戈利格看上去比她的实际年龄要老,她耷拉着头,两手紧握放在大腿上。照片中没有人微笑。如果不是脚边放着兔棚,他们看上去就像是参加某个百无聊赖的下午茶聚会的客人一样。甚至连外质也像是画家用的破布一样摊在地板上,这是照片中最没生气的家伙。

就在戈利格企图利用克劳福特的轻信为自己和织物结构的发散物赚取名声之

时，波士顿灵媒玛格丽·克兰顿(Margery Crandon)成功地愚弄了一些最为杰出也是最为聪明的人。1924年，《科学美国》杂志悬赏5 000美金寻找一个能够给出可证实的"视觉通灵展示"的灵媒，要求是灵媒必须在一组调查员面前展示她的才能。这组调查员包括《科学美国》的编辑马尔柯姆·比尔德(Malcom Bird)，哈佛大学心理学家威廉·麦克杜格尔(William McDougal)，麻省理工大学荣誉退休教授丹尼尔·康斯托克(Daniel Comstock)博士，心灵研究学会的官员沃特·普林斯(Walter Prince)和希尔沃德·卡林顿(Hereward Carrington)，还有不知疲倦地要拆穿灵媒真面目的哈利·胡迪尼(Harry Houdini)。他们经过寻访研究，最后确定有资格坐在这一组调查者面前的灵媒只有来自波士顿的玛格丽·克兰顿。她的丈夫是一名助产医生，毕业于哈佛大学。玛格丽·克兰顿的出现使心灵研究学会出现了旷日持久的争论。(美国心灵研究学会的总部现位于纽约，但最开始是在波士顿。)

20场降神会后，在《科学美国》所组成的委员会中出现了意见分歧。胡迪尼和麦克杜格尔认为她是假的。康斯托克和普林斯意见含糊，他们认为虽然玛格丽没能证明自己，但是要做出最终判断，还需要一些新资料。另外一方，比尔德和卡林顿宣布他们相信玛格丽的展示是真实的(两人被指控为谋取版税和演讲费等私人金钱利益而没有进行调查就得出结论，甚至被认为是这场骗局的同党)。麦克杜格尔和胡迪尼认为应该将玛格丽的手脚绑起来防止她作弊，并且认为被绑得越紧，她能制造出外质的可能性就越小，就像麦克杜格尔所说的"多点细心就会少点奇迹"。胡迪尼甚至还为她造了一个箱子，外观上很像20世纪60年代的蒸汽箱。在007系列电影中，坏人们就是把詹姆斯·邦德(James Bond)锁在这种蒸汽箱中，然后把温控调到最大。最终，委员会决定不把5 000美金的奖金颁给玛格丽·克兰顿。比尔德是《科学美国》杂志主编穆恩(O. D. Munn)确定的委员，尽管穆恩在最后一刻将比尔德最新撰写的稿件从杂志上撤下，不予发表。我不太了解《科学美国》杂志的发展进程，但是比尔德写就那洋洋洒洒7 000多字对玛格丽降神会的详细记录时，好像正逢杂志社的低潮期。

玛格丽的外质和戈利格的外质完全不同。在心灵研究学会档案中有张照片的解说是这样的："玛格丽的外质看起来很像绵羊的网膜。"(网膜是使胃和其他腹腔器官联系起来的腹膜皱襞。哈佛大学的一组动物学家和生物学家得出结论认为：事实上，这种物质是源自绵羊的肺脏。3年之后，麦克杜格尔将这张照片发给了这组科学家供他们进行分析。)照片上有两个打着领结，带着眼镜，看上去十分审慎认真的男人。他们弓着身子十分仔细地在观察降神桌上这堆让人看到就会食欲全无的所谓外质物质。照片的远景站着玛格丽，她有些不合时宜地穿了一件紧身大花的缎子长裙，上面挂着网膜似的外质。在同组照片的二号底片中，这位灵媒突然向前倒在降神桌上，看起来就好像脑部中了枪，而那种“物质”缠绕在她的脖子和耳朵周围。在十四号底片中，玛格丽的外质从她的鼻子中流出，于是玛格丽就声称这是由于外质此时是以“气管部会说话的附属物”的形式存在的。她去世的哥哥，现在的灵魂向导就是使用这种形式的外质。

尽管玛格丽的外质似乎能够在她的体内随意游走，然后通过最便利的身体通路来到这个世界，不过大多数情况下，都是从她的两腿间出来的，就像五号底片的解说所讲：“一个粗糙的灵外质触手从她的生殖器中伸出。”有人对所有关于灵媒的报道做了一个简单的统计，结果显示阴道是外质最为常用的出行通路。在得出直肠理论前几个月，克劳福特曾指出这种物质可能是“从腿的内部”释放出来的。因此他以他自己独特的方式，设计了一个用特殊内裤做的实验，相信不会有人模仿这个实验。他在《戈利格圈之灵异结构》(*The Psychic Structure at the Goligher Circle*)一书中写道：“在我妻子的监督下，灵媒穿上了白棉布短裤，鞋子里放了些深红色粉末。降神会结束后，我发现有一道深红色轨迹向上延展到长腿袜的顶部，短裤内部的大腿上，一直到两腿的连接处……实验清楚地证实了我长久以来的猜测：外质是通过腿部离开并回到灵媒体内的。”可是克劳福特并没有解释为什么外质在回到灵媒体内前先要拜访一下灵媒的鞋呢？

下面我要将话筒交给威廉·麦克杜格尔。我们可是鲜有机会听到一个哈佛大学的教授滔滔不绝地表达对从阴道中释放出外质的看法，所以大家可要竖起耳朵了。麦克杜格尔为《科学美国》杂志撰写的总结陈述上是这样说的：“有充分的证据能够证实‘外质’通常或曾经，在某种情况或者也许在所有情况下都是从‘人体结构的某一通路’(如阴道)中释放出来的。但是有一个更为有趣的问题——这一物质是如何进入‘人体结构’中的呢？没有证据能够显示出它在人体中所处的位置，也无法证实它是通过自然方式从人体中释放出来的。”换句话说——请恕我直言——也就是灵媒把它放进自己的体内，又把它拉出来的。

就玛格丽及其外质的讨论持续了整一年。有人不解她的女性器官内部怎么能够放进去这么多的东西。魔术师格兰特·寇德(Grant Code)在1925年的一封信中描述有人发现灵媒玛格丽“从阴道中拉出两三样东西，并把它们放在桌上当作她死去哥哥沃特的手和躯干。”寇德本人无法想象她是如何做到的，他怀疑玛格丽的丈夫，那个熟练做过无数次剖腹产手术的妇产科医生，也许为“玛格丽身上最为方便的储藏室”做过增大手术。

寇德的话使这场辩论迅速恶化，转变成谩骂威胁。玛格丽的丈夫克兰顿医生对寇德的话予以还击，指控寇德在降神会上强暴了自己的妻子。心灵研究学会的普林斯医生在文章中为寇德辩护，说克兰顿医生刚刚丢了工作，原因是“有计划有步骤地诱惑医院的护士”。玛格丽威胁胡迪尼，扬言要“狠狠地揍他一顿”。甚至沃特这个游魂也参与进来了，骂寇德医生是“一个蠢材”。最为恶劣的言辞来自于麦克杜格尔的同事莱茵(J. B. Rhine)，他很快就将超自然研究送上了一条严格而非娱乐的实验之路(莱茵创立了杜克大学著名的超心理学实验室)。以下是他所说的一段推理，听上去很是急切：

> 我们离开那所房子的时候觉得一无所获。在那里发生的一切只不过是一项为了获取恶名而进行的人为的大胆的尝试罢了。为什么我们一定得在黑暗中老老实实地坐着，而克兰顿医生就可以打开他那白色的闪光灯？如果光线会破坏现场结构，为什么“所谓的灵魂实体”沃特会将他的“抓握器官”放在发光带上呢？为什么每次灵媒做出什么举动，克兰顿医生都必须伴在左右来“保护她”？而又是为什么那些人禁止有人把手指放在灵媒的嘴唇上，以确定所谓沃特的声音不是灵媒自己发出的？……

让我们回到将外质藏在体内的问题。要讨论这一行为的可行性，值得指出的一点是，玛格丽并不是把体积巨大的人体部分藏在阴道里的第一人。1726 年，英格兰盛传一个谣言，说住在盖古德福特(Guildford)郊区的一个农妇将分娩出野兔。(这个故事的细节在医学历史学家杰恩·邦德松(Jan Bondeson)最著名的《医学奇事汇编》一书中有所记述。)谣言很快传到了威尔士王子耳朵里。他对这一谣言很是着迷①，马上派遣宫廷解剖师纳撒尼尔·圣安德列(Nathaniel St. Andre)前往调查此事。圣安德列从没接受过真正的医学培训，但一向野心勃勃，善于自我推销。当他到达农妇玛丽家的时候，她即将分娩出第十五只野兔。它另外 14 个兄弟姐妹生下来就死了，被男助产士约翰·霍华德(John Howard)②放在装有酒精的坛子里。戴着假发的圣安德列进入屋子后不久，一个被剥了皮的 4 个月大野兔的上半身掉到了霍华德接生毯上。霍华德猜测是玛丽宫缩的力量把野兔压碎了，并剥了皮。那天晚上，玛丽“诞下”了野兔的下半身——邦德松在书中描写霍华德和

---

① 威尔士历任王子对妇产科都很感兴趣。250 年之后，如果我们截听威尔士王子的手机通话内容，我们就会听到王子热切地希望能够转生成他情人的经期止血棉球。

② 那时候男助产士拿着军工用的镊子和小刀出现在了接生现场。当时的助产士协会对此非常不满。助产士活动家莎拉·斯通(Sarah Stone)在 1737 年的《助产士完全手册》(*A Complete Practice of Midwifery*)一书中写道：“不错，新生儿生下来是活的，但由于助产士使用那些常见的生活工具，新生儿的大脑都跑到了头的外面。”

圣安德列将两部分拼在了一起，它们看起来完全吻合。后来，他们把它的皮也给安上了。

之后，圣安德列回到宫廷，他的助手在农妇的直肠中发现了“普通的野兔粪便”，这实际上暗示了农妇分娩出野兔是场骗局，而圣安德列这个糊涂的解剖师一心想要证明玛丽诞下野兔这一事件的真实性，根本就没注意到这点。威尔士王子命令将农妇带到伦敦。玛丽和霍华德在伦敦享受了暂短的荣誉和财富。对于玛丽来说，很不幸的是她的伦敦访客中有一位备受尊敬的妇产科医生理查德·曼宁厄姆(Richard Manningham)爵士。玛丽企图用公猪的半个膀胱充当她的胎盘，曼宁厄姆爵士——真是爱死他了——第二天拿着一个新鲜的公猪膀胱来做对比。玛丽无法解释为什么她的胎盘会有一股“公猪所特有的浓重尿液的味道”，因此放声大哭起来。

玛丽的骗行最终败露在她寄宿地方的行李搬运工手上。由于她无法在伦敦市中心买到野兔，玛丽贿赂搬运工给她找点野兔回来。搬运工交待了被贿赂的事实，玛丽最终也只好坦白了她的骗术：在“分娩”过程中，医生只要一转身，玛丽就会从她裙子下面的一个特殊的“野兔口袋”中拿出野兔，放进自己的产道中。助产士霍华德到底是从犯还是受害者就无从考证了。但有一点很清楚，男性医学工作者很容易上这种阴道骗术的当。

现在是下午1点40分了，可同桌其他人没有一个离开去吃午饭的。我从地板上拿起那个装着外质的盒子，把它放在我的大腿上。实际情况比我之前设想的还要糟。绑盒子的细绳下面插着一张卡片，上面是用打字机敲上去的官方资料摘要：

> 盒子中是据说是在1939年的一场降神会上，从物化灵媒海伦·邓肯夫人(Mrs. Helen Duncan)身上获取的一种物质……她被脱光了衣服进行检查，但并没有进行阴道检查。这种物质散发出一种臭味，而且在上面均匀分布着血迹。这意味着这种物质被折起时浸到了血，而最可能的解释就是这一物质是被偷偷放进了阴道。

盒子里有一个黄色的纸信封，上面绑着一条粉色斜纹纸带。信封很大，比一个4个月大的野兔还要大，还要重。我猜它大概有1磅(0.45千克)重，里面装有很多恶臭的外质，在这安静而庄重的剑桥大学手稿阅览室里面把这些信封摊开检查未免有些不雅。我想把它偷出阅览室，然后到女卫生间去查看这些信封，但是我的包存在了楼下，这是阅览室的规矩。天哪，我要是也有一个“野兔口袋”就好了。

我回头翻看海伦·邓肯的档案，希望我看完这个档案时，同桌的这些人都已经饿昏了或回家了。邓肯是外质的最后一搏。这最后一搏究竟是什么样子呢？邓肯是一个苏格兰女演员，身体状况很差，还有很多坏毛病。她的体重接近250磅(112.5千克)，吸烟不断，且行动极为不便，经常需要有人帮助她从椅子上起身，在降神会的会场内走动。她有9个孩子，不是拽着她的衣襟，就是黏在她身上，就像是一群小登山者。一位传记作家曾描述过她最小的孩子坐在她的大腿上，摇摆着她硕大上臂上的赘肉。邓肯的降神会很像是出戏剧。她常常会晕倒，从椅子上跌坐下来，有时会使自己陷入疯狂的灵魂附体状态中。她曾全裸从降神会的壁橱中走出来，身上只披一条拖地“外质面纱”。对于那些由于喜欢偷看下流场面而对招魂说感兴趣的人来说，海伦·邓肯就是一张城里最火爆的戏票。

邓肯生产外质就像生育后代一样心甘情愿，欣喜若狂。然而这两者并非从同一生理通路出来的。由于玛格丽和其他20世纪20年代的灵媒的绝技得到了广泛的宣传，到了30年代，研究者在每次降神会前，都会对灵媒进行彻底的体腔检查。所谓“彻底”的意思是：

> 1931年5月14号
>
> 检查了降神会会场和壁橱后，格尔德尼(A. Peel Goldney)将灵媒带到里屋……锁上了房门，她要求灵媒躺在一个靠背长椅上……在威廉·布朗(William Brown)的监督下，格尔德尼夫人(她在一家助产医院训练和工作了好几个月)对灵媒进行了彻底的阴道和直肠检查。对直肠的检查一直检查到消化道，对阴道的检查也非常彻底。

上面这段是由一个名为哈利·普雷斯(Harry Price)的研究员写的，他原来是个魔术师，后来转为研究通灵。他在这篇文章中描述了在伦敦普雷斯所在的国家心灵研究实验室(National Laboratory of Psychical Research，简称NLPR)里所进行的降神会准备工作，这是对邓肯所进行的为期两个月的调查工作的一部分。普雷斯的调查涵盖了各个角度。他设计了一件特殊的“降神服”，能够把灵媒除了头之外的全身都遮上，包括她的手和脚，这样能够防止灵媒造假。所以，就算格尔德尼夫人在对灵媒进行身体检查时漏掉了什么，邓肯也不可能在衣服外面拿个什么东西插到身体里。普雷斯在这本描写对邓肯进行调查的书中收录了十几张邓肯身穿特殊降神服的照片。特殊降神服是一件缎子质地的宽松连身衣，在制作的过程中参考了邓肯的腰围，猫王的后期形象和意大利歌剧中沮丧的小丑形象等。需要指出的是，邓肯夫人为在国家心灵研究实验室中所受到的侮辱获得了数目可观的赔偿——共500英镑。这能很好地解释为什么她甘愿冒着事业毁于一旦的危险同意参与这个实验。

虽然普雷斯之前做了大量的防范工作，邓肯还是能够在降神开始后不久就拿出一个6英尺(1.8米)长的外质。这令普雷斯觉得很惊讶，也很困惑。“就算她事前没有接受医学检查，我设计的降神服也绝对能够排除她从身体通路中置入或取出东西的可能。”他被排除了“阴道连带直肠的理论”，总结出一个同等非凡的可能性：“灵媒拥有一个假胃或二级胃(一个食道支囊)，就像反刍动物的瘤胃或称第一胃，因此她能够像奶牛吞咽反刍食物那样随意吞下一些物质，然后使它们回流。

普雷斯提出的这种可能性在我们今天听来很是牵强，不过在他那个年代并非如此。如果你翻看20世纪早期的医学期刊，就会发现很多讨论人类反刍功能的长篇文章：貌似普通人就能够毫不费力地把他们刚吃过的食物的一部分反刍回来进行进一步咀嚼，而且这个过程还会使人很开心。布鲁克本克(E. M. Brockbank)在1907年2月23的《英国医学期刊》上发表了一篇名为《人类反刍功能》(Merycism or Rumination in Man)的文章，其中引述了一位瑞典反刍食物的人所说的话：“反刍的食物比蜜还要甜，而且带着一种令人愉悦的味道。”

没人知道这种情况是天生的还是后天形成的。布鲁克本克引用了一名马口铁工人的例子来支持遗传观点。“他认为这种能力是天生的，由他的祖父传给他父亲，再由父亲传给了他和他的所有兄弟姐妹，以及他们的后代……他的妻子是一个不能反刍食物的聪慧女子，她非常肯定地说，他们的孩子刚刚开始学会走路就能够反刍满嘴食物了。最开始，他们会将食物吐出来，后来他们就会重新咀嚼这些东西，特别是吃了一顿他们喜欢的饭后。”另外一些医生则坚持认为这种行为是模仿其他人而形成的，他们引用一个终身与奶牛为伴的瑞士反刍食物者和一个由山羊喂养过两年的小男孩“模仿他养母习惯”这两个例子作为证据。

尽管奶牛和人类的这种行为看起来很类似，但这种行为只对牛属反刍哺乳动物才有意义。当然偶尔也会有例外，如1839年的《柳叶刀》杂志上刊登过一个农夫的案例：“为了节省时间，他养成了‘囫囵吞下’食物的习惯……然后骑上马出门。等有了空闲时间，他再分几次，每次少量地咀嚼这些食物……”农夫早年没有去看医生，直至晚年发了财而跻身上流社会后，人们纷纷认为他这种习惯“非常恶心”，他才去就医。我读到两篇论文，认为反刍食物是被工人阶层广泛接受的行为，也就是说在19世纪，工人反刍食物就像现代著名棒球联盟投手们咀嚼咽草一样稀松平常。今天，反刍食物的行为只有在描写心理或生理不健全个体的文学作品中才能够见到(值得高兴的是，这些人现在能够得到帮助了。最近有一项外科技术在华盛顿大学吞咽中心(Swallowing Center at University of Washington①)得到了完善，这项技术能够终止反刍食物行为)。

哈利·普雷斯认为说人类有像牛属反刍哺乳动物一样有多个胃,这是不对的,只是个愚蠢的谣言罢了。起因是在17世纪人们发现了头上有角的反刍人类,其中一个是独角的贵族,另一个是有两只角的和尚。后来解剖反刍人类的尸体发现他们的胃部是正常的,这才终于辟了谣。一位名为萨克斯(Sachs)的医生写了一篇论文,也证明了谣言的内容是不真实的。他研究了100个头上长角的人的案例,只发现有一人是反刍人②。

所以哈利·普雷斯猜测海伦·邓肯是在反刍她储藏在附属胃里的外质是错的。能够随意反刍食物的反刍人也很少见,一般食物该反上来时就反上来,是不受人为控制的。邓肯的案例更像是一个技艺娴熟的食物回流。食物回流在普雷斯和邓肯那个年代是很流行的杂耍表演。在普雷斯所著的《食物回流和邓肯灵媒能力》(*Regurgitation and Duncan Mediumship*)一书中,他描述了杂耍者吞吐活金鱼、蛇、灯泡、剃须刀、袋表、刺刀、两个18磅(8千克)重的哑铃和一把卷起的雨伞的场面。他的同事哈利·胡迪尼(Harry Houdini)在华沙观看了一个青蛙吞咽者的表演,他喝了30—40杯啤酒,然后吞下又吐出无数中等大小的青蛙,这些青蛙被吐出来时还活着。我不太清楚啤酒是不是对整个过程有帮助,或者只对杂耍者或青蛙的精神状态起作用。

因此,邓肯很可能吞下又回流了很多大卷薄纱棉布。为了展示这种织物方便的压缩能力,普雷斯找来一条6英尺×30英寸(1.8米×0.75米)大小的绷带,并把它紧紧地卷起来。他让秘书埃塞尔(Ethel)像黑手党把人质的嘴堵上一样把这团织物从嘴里塞了进去,并用相机把这一场景拍了下来。

比这张埃塞尔照片更绝的是在1931年5月28日,邓肯对于在降神会前拍X射线照片这一要求勃然大怒。普雷斯想通过X射线察看她是否有一个多余的“假胃”和/或在她的胃(们)里有什么东西。他其实没抱什么希望,觉得从“一个灵媒身上”获取清楚影像的机会是很小的(那个时候的X射线技术也就那么回事儿),但

---

① 与西北大学吞咽中心,或南加州大学吞咽中心,或圣十字学院吞咽中心,或拉斯金学院吞咽中心,或内布拉斯加州医学中心吞咽中心相对的。当然,原始的“吞咽中心”是你的脑干的一部分,它协调着人类咀嚼、呕吐、咳嗽、打嗝、舔等多种行为。这个“吞咽中心”的一切在没有国家卫生研究所(NIH)的资金支持的情况下都进行得有条不紊。

② 我曾经在费城穆特博物馆看到过一个头上长角的人头骨蜡像,但是我不知道一个医生为了写论文是不是真的能找到那么多头上长角的人来做调查。不过我又知道什么呢?搞不好那个时候头上长角和今天人们脚底长泡一样平常,或者也许萨克斯供职于帕度亚大学(University of Padua)的角研究中心呢。

是邓肯显然不是这样认为的。当所有仪器都已到位,邓肯突然高声尖叫着从靠背长椅上跳起来,撞倒了布朗医生,推开格尔德尼夫人,然后踉跄着跑上街去。她的丈夫(一直被怀疑是这个骗局的从犯)追了出去,两人消失了10分钟。普雷斯和他的工作小组成员认为,在这10分钟期间,邓肯肯定吐出了织物,并把它交给了她丈夫。想象一下,这个场景对于高雅端庄的过路人来说是多大的震撼哪——一个气喘吁吁,歇斯底里女人穿着小丑服,吐出一卷薄纱棉布。就算是在那个时候,伦敦也会为此摇晃了两下。

他们回到实验室后,邓肯看起来很平静,并且同意接受——不,是坚持一定要接受——X射线检查。普雷斯可不是傻瓜,他把邓肯的丈夫拉到一边问他能不能接受搜身,邓肯先生虽然同意了,但"嘴里嘟囔了几句内衣如何如何的"。那时搜身一般不会要求被搜查人脱光,所以邓肯先生身上最后还剩了条内裤。

伦敦巫师联盟(London Spiritualist Alliance)的研究部门为回流理论提供了进一步的支持。他们与邓肯夫人一道进行了几场调查降神会并在同年6月12日,要求邓肯夫人服下了一粒含有亚甲蓝(methylene blue)的药丸,这样一来任何回流的物质上都会染上这种蓝色。那天晚上没有发现薄纱棉布(尽管邓肯夫人一度企图要用舌头冒充外质蒙混过关)。

邓肯夫人最后一场降神会后两个星期,国家心灵研究实验室委员会致电邀请邓肯先生参加一个会议。在会上,委员会陈述了他们的怀疑。委员们都是有备而来的。普雷斯带去了一篇内容详尽,长达11页的对邓肯夫人外质的切片化学分析报告。外质切片是由邓肯夫人的灵魂导师阿尔博特(Albert)所提供的。(普雷斯把这场降神会描述成一个缝纫茶话会,男男女女坐成一圈,每人手里拿着一把剪刀,等着阿尔博特发言。)委员会然后向邓肯先生出示了一张他妻子身上披着外质的照片,同时还出示了普雷斯秘书身披一条伍尔沃斯牌薄纱棉布的照片。邓肯先生无法说出两者的区别。最后,在6月22日的"交心会"上,邓肯先生承认外质有可能是通过回流产生的,尽管他一再强调是"下意识的回流"。

普雷斯写道:"我们指出,如果是那样的话,邓肯夫人应该是……下意识地购买了这种织物……然后又下意识地吞下了这种织物。"普雷斯医生非常适时地向邓肯先生提出给他100英镑的酬劳,让他说服自己的妻子同意让人录下整个过程。邓肯先生承诺会尽自己所能促成此事,不过第二天一大早,夫妇俩就匆匆启程去了苏格兰。

现在我脚边放着的这个盒子里装的外质可以追溯到1939年,也就是说在那个事件之后,邓肯夫人至少又玩儿了一回骗人的把戏,而且盒子里装的样品很可能就是最后一次出现的所谓外质。因为在1939年玛格丽已经被哄骗退休了,而戈利格也早就不干了，并且《纽约时报》也已经有12年没有报道过外质了。把这一切综合起来考虑，盒子里装着的就是最后出现的外质。

盒子里面有一个信封，外面被粉色的斜纹丝带绑着。我把信封拿出来放在桌上，然后缓慢地，充满感情地拉动粉色丝带的一端，就好像一个男人正在解开爱人的紧身胸衣。信封里面的东西不太像典型的可压缩棉布或薄纱，而是某种质地光滑的棉布。上面的污迹呈淡褐色，散发出一种能够闻得到，但并不刺鼻的气味。我把整块棉布打开，目测了一下尺寸——大约是10英尺×3英尺(3米×1米)，非常大。仿佛是某天手稿和资料室的管理员喝醉了，把都灵尸衣(Shroud of Turin)和海伦·邓肯的外质搞混了。坐在我对面阅读希伯来文的女士抬头看了一眼，然后一言不发地继续她的阅读。

不管有多少孩子曾从邓肯夫人的产道通过，我无论如何也无法相信有哪个女人能够把这么大体积的织物从阴道那么小的地方放入体内。除了接受了波士顿妇产科医生克兰顿博士的手术外，我猜在每次降神会上都要求坐在他妻子边上的邓肯先生很可能在大家不注意的情况下把它塞给了妻子。

尽管普雷斯花了很大功夫揭穿了邓肯夫妇的骗局，但他还是没有放弃希望，觉得一定有一些灵媒拥有真正的能力。他在书的结尾部分乐观地宣布了灵媒鲁迪·施耐德(Rudi Schneider)的真实性。(令我惊讶的是，施耐德并没有用他的精液冒充外质，这一点值得赞扬。)我对施耐德的整个故事没什么了解，也不打算去了解，因为我想要回到当代，快速回到2004年的国家心灵研究实验室：亚利桑那大学人类能量系统实验室(University of Arizona Human Energy Systems Laboratory)对当代灵媒进行检验。

我将外质放回到信封内，把粉色丝带重新绑上，然后把盒子交还给了管理员。早上8点，我已经回到了伦敦，正坐在宾馆旁的一家巴基斯坦餐厅内用餐。为了纪念玛格丽·克兰顿，我点了一份羊羔肉。

ABC
GOOD

第六章

灵媒的重大宣称

在亚利桑那大学实验室中接触亡者

加里·施瓦兹(Gary Schwartz)在学术领域和灵性研究方面都取得了不同寻常的成绩。他带着优等生荣誉从康奈尔大学毕业,曾在耶鲁大学获得终身教职,但他最为人所知的却是在他的实验室中对灵媒的测试(灵媒是他《死后实验》(The Afterlife Experiments)一书的研究对象)。他现在是亚利桑那大学的心理学教授①,同时还是亚利桑那大学人类能量系统实验室的创始人。我现在正在宾馆的大堂内等他。一边等,我一边在猜想他会以什么扮相出现,是会穿着粗花呢夹克,还是溅着污渍的裤子? 天哪,该不会把两个一起穿出来吧。最后,他终于出现了,身着笔挺的西装,停车场里停着他的捷豹车。无论他现在在忙些什么,他似乎都干得不错。

施瓦兹的实验数据使他得出这样的结论——天生拥有能够与亡者进行沟通能力的灵媒虽然罕见,但的确存在。施瓦兹与我在弗吉尼亚大学或其他美国大学里见过的那些这一领域的研究人员不同,他能够自如且毫无保留地宣布他的结论。我们驾车行驶在图森(Tucson)的大路上,他告诉我他正在为《美国心理学家》(*American Psychologist*)撰写一篇题为《重新审视死亡假说》("Reexamining the Death Hypothesis")的论文。所谓假说也就是说现在还没有人能够证明死亡是人

---

① 该学校主管研究的副校长称:"学校的教授可以对自己感兴趣的任何领域进行研究,只要这些领域不是非法或不道德的。"在业界享有权威的哈佛大学医学院也持有这种态度。学院将专门研究外星人绑架的约翰·马克(John Mack)聘为学院的教授。几年前我曾对哈佛医学院授予马克终身教职一事表示过惊讶。学院的一位发言人告诉我:"噢,教授在某个方面都是很奇怪的。"然后他补充说:"而且,有很多科学看上去很奇怪,但经过证明之后就不那么奇怪了。"

施瓦兹从国家卫生研究所(NIH)获得了 180 万美金的研究基金,学校提取了其中的 51%,这多少缓解了他从事这样一个非传统研究的尴尬。

类性格轨迹的终结，所以这仅仅还是个假说。

和 20 世纪初的灵媒研究者一样，施瓦兹只把著名的灵媒请进他的实验室。比如说，约翰·爱德华兹(John Edwards，电影“Crossing Over”中的主角)就是参与到施瓦兹死后实验中的“梦之队”成员。艾莉森·杜柏(Allison Dubois)是施瓦兹最新发掘的灵媒(NBC 电视台播出的犯罪剧集《灵媒缉凶》(*Medium*)就是以她的生活为蓝本的)。

也许是因为我在飞往图森的飞机上阅读了海伦·邓肯(Helen Duncan)的传记，这个女人性格散漫却好斗，所以我从未想过灵媒长得会像选美冠军那么漂亮。而杜柏有着一头柔顺的锈红色长发，与她铜色唇膏相得益彰。她脸上的粉底和腮红就像是用喷雾剂喷上去的一样，糅合得相当完美。她完美的妆容令她看上去自然、美丽，毫不做作。我无法理解一个女人如何能与亡者沟通，而且也想不通如此美丽的女子怎么会从事这样一个工作。杜柏的美是超乎寻常的。

成为灵媒之前，杜柏是马里科帕县(Maricopa County)检控官办公室的一名刑事检控官。她原本可以在这条路上继续走下去，可是 2000 年 4 月，有人挡住了她的检控官之路，而且不仅如此。“我下楼到洗衣间去拿洗好的衣服，一个男人穿过了我的身体。”我们一起吃午饭时，她这样告诉我。之后，她忽然胃口大开，吃下了一个和她的脚一样大的苹果派。她的脚并不大，可是对于一个苹果派来说就有点大了。撞见那个男人后，杜柏小小的胃便开始有了巨大的食欲，这种食欲还反映在了她的阅读中。她开始喜欢阅读与“那个穿过她体内的幽灵”所喜爱的食物有关的书。“我知道他喜欢奶油蛤肉汤(clam chowder)，而且还知道他曾患心脏病。”她把这件怪事告诉了她的航空工程师丈夫乔(Joe)。乔听后惊愕地看着她，就好像突然得知自己的妻子得了精神分裂症一样，然后缓缓地说：“那是我的祖父。”

在不断撞见亡者几个月后，杜柏无意中在报纸上读到了施瓦兹的灵媒研究。“我想我得去他那儿一趟，我得确定我自己没有通灵的能力，这样我才能继续我的事业。”结果施瓦兹发现杜柏有着真正的通灵能力。看来检控官办公室只好等等了。

共有 4 位灵媒参加了名为“提问研究”这一项目，杜柏是其中之一。我喜欢这项研究，因为它能够解决我对于通过灵媒与亡者进行沟通的抱怨。死去的人似乎都不愿意提及我们还活着的人非常好奇的事情，而且认为死人也会感兴趣的事情。比如说：嗨，你现在身在何处？你整天都做些什么？成为死人是什么感觉？你能看见我吗？甚至当我上厕所也看得到？你能不能不要偷看我上厕所？即使亡者真的能回答我们的提问，也只是给出一些神秘的意象，如一个头发花白的胖女人，一条小黑狗，5 月 23 日这个日期等等。这种交流方式简直令人抓狂。而施瓦兹和参与他实验的灵媒们却回答说，亡者与我们进行交流最好也就只能是这个水平，他们无法将所说的话传到灵媒的脑中，只能给灵媒发一些意象，仅此而已。

朱莉·贝斯切尔(Julie Beischel)是这个“提问研究”的负责人，她猜想死去的人之所以无法回答这些问题是因为从来都没有人问过他们。贝斯切尔是亚利桑那州大学的一名心理学博士后研究生。她和杜柏一样，在媒体上看到施瓦兹之后便与他取得了联系。贝斯切尔主攻药理学，在她妈妈去世后开始对超自然感兴趣。在对超自然进行研究的人当中，这是一种很普遍的情况，就像贝斯切尔说的：“每个研究这个领域的人都曾失去自己的亲人。”当然，也有一些名人是由于这个原因而相信招魂说的，比如说阿瑟·柯南·道尔爵士和物理学家奥利弗·洛奇，他们二人都在第一次世界大战中失去了自己的儿子。

贝斯切尔针对死后生活列了 32 个问题，并由 4 位灵媒依次向两个脱离肉体的游魂提问。贝斯切尔还来不及对资料进行分析，于是就把搜集起来的答案打印出来交给了我。每个游魂在回答不同灵媒所提出的同一问题上答案都不同。比如说对于“你们吃东西吗?”这个问题，“是”和“不是”两种答案各占一半。我问贝斯切尔对此有什么看法，她非常直接地回答：“我的看法是这些灵媒是在猜答案。这些答案要么是和每个灵媒自己所设想的死后世界相关，要么就是这些问题都无法引起游魂的兴趣，因此他们不愿意给出强有力的答案。”这就是贝斯切尔的风格，她的回答差不多把什么情况都考虑进来了。我在这里给大家摘录了一些问答记录，搞不好这真的是亡者给出的答案呢。我们先来看看好消息：

> 问：你们每天都做什么呢?
> 答：她正在桌边吃饭。
> 问：你们的“身体”是什么样子的?
> 答：她说胖人在那个世界都成了瘦子……
> 问：那里天气怎么样?
> 答：就像是少了湿气的佛罗里达。

现在，我们再来看看不太好的消息：

> 问：那里有音乐吗?
> 答：是的。她拿出了一个木琴，然后开始演奏起来。我还听到了卡朋特兄妹的音乐。

问：那里有天使吗？

答：是的……但是他们都有自己的小圈子，小派系。

问：你们在那里有性生活吗？

答：我不知道是否可以有性行为，但她自己选择不要，还是她不清楚那是什么，但是好像，不，没有性生活。

想要成为作家的人可能会对这一点比较感兴趣……

他把他写的东西拿给我看。“实验者：他在写书吗？”我不知道。我的意思是说，我们都知道那个地方没有物理强制力量，怎么写呢？嗨，管它呢，为什么不能呢，对吧？把你的故事放个地方，我也不知道该他妈放哪儿，总之放个地方就是了……

这些是实验的一些官方资料，但我觉得我得再加上一点。这个是杜柏告诉我的，她是在一个私人通灵活动中从一个不知名的游魂那儿得知的：“我现在能穿褶皱的裤子啦。”

尽管贝斯切尔是第一个在现代大学研究中触及这些问题的人，可是死后生活的调查者和巫师们早就已经在各种场合向亡者提出过五花八门的问题了。我们在第四章中曾经提到两个荷兰物理学家马特拉(Matla)和泽斯特(Zelst)。为了证明灵魂存在，他们设计制造了一个在盒子中放入气缸的小装置，并在一位灵媒的帮助下，向这种装置内的一种他们称作 *homme-force*(人力)的物质拷问那个世界的一些情况。这种物质和它的审问者一样有着科学的头脑，而且给出了非常详细的答案，有些细节我们人类甚至根本就不想知道。比如说它喋喋不休地谈论每个 *homme-force*(人力)的密度和重力，或者告诉提问者当它们需要快速移动时，就会变成一个长 35 厘米，旋转 14 圈的螺旋体，形状和“粪便物质”中所含的细菌很像。你很费力地读到最后才能找到点有意思但却很令人担忧的事情：它们虽然近视，但却能够透视我们的衣服，甚至有时还能看穿我们的皮肤。如果房间足够安静的话，它们甚至还听得到我们的所思所想。

最后，我无法决定一个 *homme-force*(人力)所过的生活是否比我们地球人要先进。一方面，它们不会生病，不用工作，也不用供房子。你一无所有，也就毫无牵挂，不用承担任何责任。马特拉得到的一个回答说，虽然作为一个 *homme-force*(人力)能够窃听别人的思想，可以偷看女士的内衣，这好像挺有意思的，不过这种生活很快就会失去吸引力。因为它说我们是它们所有“娱乐”的来源，我们晚上睡觉的时候它们就会很无聊。而且，还没有性生活。

这种死后生活场景与招魂说重要人物阿瑟·芬德雷(Arthur Findlay)所描述的大不一样。芬德雷曾参加过一位名为斯隆(Sloane)的灵媒的3次降神会,在会上他就死后生活提出了53个问题。很多游魂都提供了答案。下面一段摘自芬德雷1955年的自传《回望》(*Looking Back*),是对"可以告诉我你们的世界是什么样子吗?"这个问题的回答记录。基本上来说,除了万物死后不会化成肥料外,地球上有的东西那个世界也有:

> "我们可以坐在一起与彼此为伴……我们有书可以读……我们能够在乡间散步……我们和你们一样能够闻到花和田野的芬芳。我们和你们一样采花……我们这里的田野和花朵都不会凋零,蔬菜的生命都是在突然停止后消失。"

我自己希望马特拉和芬德雷都是错的,希望尊敬的欧文博士(Dr. G. Owen)的结论才是代表了我们真正的未来。1923年2月5日,《纽约时报》上登出了一篇题为《欧文说天堂需要爱运动的人:航行是消遣活动的一种》的文章,欧文给列出了如下细节:

"欧文博士昨天下午在布罗德赫斯特剧院做了一个有关魂灵的讲座。根据这位英国国教牧师所讲,天堂需要成功的生意人。

欧文博士称天堂中的一切都是建立在无私的基础之上的,尽管如此,专业会计的细心警觉,行政人员的热情与执行力在那里仍有很大的发挥空间……天堂不需要医生来医治魂灵们的疾病,因为疾病在那里是不存在的,而且升魂灵入天堂后会马上成为不同领域的专家,并在这些领域内进行研究……只要拥有有价值的才能,你就不用担心在天堂中会无所事事,拖国家的后腿。

魂灵在天堂中一般都是步行,也有一些魂灵驾着四轮马车到处走……欧文博士告诉我们,据他所知'我们并不是真的需要这些马车,不过有时它们还真是挺方便的'。这位牧师……还向我们讲述了天堂中平静的江河湖海,人们驾着船到处游走,有的还开着帆船呢。欧文博士解释道,由于魂灵都是高速穿梭在稀薄的空气中,而且他们的行动纯粹由思想控制,因此航空飞行时必须全神贯注,否则一不留神就会出事故。"

结尾时,牧师列举了"一些未来的事实"。其中的一个事实让我觉得他很有可能曾和阿瑟·芬德雷(Arthur Findlay)聊过:"花朵不会凋零,它们融化后消失了。"文章的结尾只有一句话:"我们在那里仍保留着原有的习惯。"这个结尾显得有些突兀。

如果事实果真如此的话，我们能够想象永世之后，施瓦兹会一边捋着领带角，一边把口袋里的硬币摆弄得叮当响，说话的时候会来回踱步，也经常笑，笑声还很大。如果怀疑论者抓住他不放——我确信他们会这样做的——他也不会让这些怀疑破坏他的工作乐趣。对于一个经常受到很多专业批评的人，施瓦兹的脾气相当好，就好像是生活在怀疑社会的老驴伊优们(Eeyores)中间的小熊维尼一样。

施瓦兹记录实验细节的论文在《心灵研究学会期刊》(*Journal of the Society for Psychical Research*)上发表了。之后不久，俄勒冈大学心理学系名誉教授雷·海曼(Ray Hyman)在《怀疑的探究者》(Skeptical Inquirer)杂志上发表了一篇题为《如何不测试灵媒》("How Not to Test Mediums")的文章，其中对施瓦兹的方法论提出了一系列批评。我认为其中最严重的批评是有关评估偏差的(rater bias)：施瓦兹会在实验中安排灵媒与几名失去亲人的人对话，这些人会在灵媒的帮助下与去世的亲人进行沟通。实验后他们被要求对灵媒感应出的信息进行评估，找出哪条信息是针对他们的亲人的。这种评估长久以来在测试灵媒和通灵者的研究中都被认为是一个很令人头疼的问题。第一个记录灵媒服务对象的评估偏差的研究员是伦敦大学的一位博士生，名叫约翰·海丁格(John Hettinger)，他在20世纪30年代进行了一项实验。超心理学家赛博·斯考滕(Sybo Schouten)在其刊登在1994年7月号的《美国心灵研究学会期刊》上的《灵媒和通灵者定量评估研究总论》(Overview of Quantitatively Evaluated Studies with Mediums and Psychics)这篇优秀论文中收录了该实验的细节。海丁格发现在评估灵媒关于他们死去亲人所做的陈述是否正确上，实验对象们很容易受到影响，如果他们知道某一陈述是专门针对他们的亲人而得出的，他们就会倾向于认为这一陈述是对的，反之，如果他们知道说的不是他们的亲人，他们就会倾向于认为这一陈述是错的。这就好像我们看杂志上的星座专栏，我们经常觉得这些专栏把我们写得很准，可是如果将12个星座的名称和星座标志都拿走，只剩下文字，我们就很难判断哪段文字说的是自己的星座。

海曼承认自己也曾被这种现象所利用。在十几岁的时候，他曾靠给人家看手相赚钱。最开始他只是玩玩儿，而他的客户却对他的才能大加赞赏，这甚至让他开始怀疑自己是不是真的有某种天赋。最后，在一位朋友的劝说下，他做了一个实验：在给一位顾客看手相时，他对客户所说的话和客户掌纹所显示的内容完全相反，结果这位顾客竟然激动地说这是自己算得最准的一次。

施瓦兹后续的研究解决了海曼的疑惑。就像海曼自己描述的那样："实验非常简单，掌控得非常好。"在这项研究中，施瓦兹只对一位名叫劳里·坎贝尔(Laurie

Campbell)的灵媒进行了测试。坎贝尔来自洛杉矶，在人类能量系统实验室中，她为 6 名失去亲人的人提供了通灵服务。坎贝尔的话筒是无声的，所以这 6 个人无法听到坎贝尔所感知到的信息。他们只能静静地坐着。接下来他们会收到一封信，里面装有两份通灵信息记录，一份是他们自己的（当然没有标出来），另一份属于和他们同一天接受服务的另外一个人。这 6 个人被要求用两种方式对这两份资料进行评估。首先，他们被要求对两份记录中的每一项陈述进行评估，分为三等："全中"，"错了"和"有疑问"。另外，他们还被要求圈出令他们"赞叹的陈述"，也就是他们看到后会惊叹地叫道："哇！太准了！"

总体上来说，实验的结果没什么令人惊讶的。每个人对两份资料的评估结果中，"全中"的陈述所占的百分比大体相当。施瓦兹分析"赞叹陈述"后得出的结论是"没有任何反常的信息转移迹象"。换句话说，数据上并没有显示出灵媒从参与测试者死去的亲人那儿获取了信息。这项结果和之前对灵媒进行测试研究的结果相吻合。斯考滕总结道："有效的实验结果通常都没什么令人为之一振的地方。大部分的实验都失败了。"

施瓦兹却不认为实验是失败的。他选择对一份通灵信息进行重点研究，这份通灵信息来自一位名叫乔治·达塞尔(George Dalzell)的参与者（他在实验后也成为了一名灵媒）。经过达塞尔评估，坎贝尔所做的属于他自己的那份通灵信息记录的正确率是 60%，而达塞尔并不知道这份记录是他自己的。海曼认为，有些实验参与者倾向于认为灵媒所获得的通灵信息大部分都是与事实相关，或符合事实的，达塞尔很可能就是其中的一员而已。英国精神科医师，同时也是心灵研究学会官员的唐纳德·韦斯特(Donald West)在两年前曾做过一项灵媒研究。他惊讶于实验者参与者不同的评估方式。一些人几乎认为灵媒所说的每一句话都是准确的，而另外一些人倾向于认为灵媒的所有陈述都是不准确或无意义的。

海曼很恰当地抱怨说，施瓦兹的这种重点研究某一通灵信息的做法是将科学研究降格为了通灵轶事。但是也许灵媒的能力就是无法经过统计学和实验室刺目的光芒检验的。如果超自然的洞察力十分罕见，而且多数情况下无法控制，那么也许孤立地研究个别现象是有意义的——只要能量刚刚好（不论这是什么意思），灵媒就会进入状态。但如果真是这样，我想我们就只好向那些曾经通过实验和统计学获取的"证据"挥手告别了，虽然其中有些证据在数据和方法论上还达到了同行审阅(peer review)和正统学术的标准。这样一来，灵媒研究就会成为定性研究，而非定量研究了。

这天下午在施瓦兹的实验室中将要通过杜柏回答问题的亡者是蒙蒂·基恩(Monty Keen)。基恩是施瓦兹的一位英国同事，他上个月在伦敦的一次研讨会上与一名怀疑者就心灵感应进行辩论时突发心脏病去世了。杜柏在与基恩沟通前从未见过他，也不知道他是谁。当杜柏向基恩提问了贝斯切特设计的问题后，施瓦兹插话进来即兴问了一些自己设计的问题（这基本意味着实验无法以令海曼满意的方式进行）。下个月在伦敦，心灵研究学会将为基恩开一个纪念会，施瓦兹正在为会上发言搜集资料。他希望能够在向基恩致敬的发言中加入基恩自己对死后生活的描述，他觉得这样能够使发言更生动。他同样也希望能够从杜柏身上获得所谓的真实信息（veridical information）来证明，或者至少能够有力地显示与她沟通的真的是蒙蒂·基恩本人。

作为一个游魂，如果你想要证明灵媒所感知的信息真的是来自于你本人，而并非来自灵媒自己的想象或潜意识，你可以尝试解开一些加密信息。当然，这些信息都是你在活着时设置的，你把它告诉了你的朋友，然后告诉了他们你要做什么。死了之后，你会试图将这些信息的密码告诉他们。当然，要做到这一点必须要对密码术有基本的了解，但是超自然狂热分子们很少有人拥有这方面的专长。

很少，但不是没有。1946 年，心灵研究学会前主席罗伯特·索理斯（Robert Thouless）在学会期刊上发表了两条加密信息，同时解释了他的目的，并邀请密码专家在他活着的时候破译密码以证明他设置的密码是十分安全的。一位密码破译者很快破译了其中一条信息的密码，索里斯于是请求此人协助他设定一个“无法被破译”的密码，并将其作为额外的一条信息。索里斯在 1984 年去世了，弗吉尼亚大学荣誉教授伊恩·史蒂文森（Ian Stevenson）牵头创立索里斯计划（Thouless Project），试图破译这些加密信息。史蒂文森共收到约 100 条可用的反馈。反馈者们都是曾经听说过这些加密信息的人。他还请了一位灵媒，此人声称自己洞悉加密信息的密码。这些密码均被输进了电脑，同时被输进电脑的还有 80 个各方提供的可能密码。当然，这里也会存在欺骗的可能，比方说索里斯并没有要解开死后生命之谜，只是想让人们相信死后生命是存在的，于是就在去世前把密码告诉了一位灵媒。索里斯在文章中尽可能地排除人们的这种担忧，他写道：“我碰巧是一个诚实的人。”看在实验所得出的所有解码序列的面子上，我碰巧相信他。这里我引用一句索里斯计划报告中的话：“这些密码字母混杂，毫无意义。”

索里斯本人已经指出了这种测试取得成功的潜在障碍，也就是“游魂的缺陷之一是无法使用他的物质大脑”。也许我们的记忆真的会和我们的神经细胞一道消失。1986 年，心灵研究学会荣誉秘书欧拉姆先生（Mr. A. T. Oram）向学会报告说他曾通过 8 位灵媒与索里斯取得联系，但“他似乎记不得密码是什么了”。

还可以试试另一个低技术含量的实验。将信息放进封好的信封中，并把信封锁进银行保险柜中，然后在灵媒施展能力得知信息内容之后再打开信封进行对照。心灵研究学会的创立者之一迈尔斯(F. W. H. Myers)就曾写过一条这样的信息，并将它锁进了银行保险柜。14年后，一位自负的灵媒宣称她确信自己已经知道了这条信息的内容，英国物理学家奥利弗·洛奇(Oliver Lodge)这才打开了迈尔斯的信息。洛奇在1905年的刊物中写道，这次的实验是“彻底的失败”。

洛奇自己也设置了一个测试，称作奥利弗·洛奇死后测试。实验中有一个封好的小包裹(奥利弗·洛奇死后包裹)。包裹中有7个信封，它们一个套着一个，在最里面的信封中装着已逝的奥利弗爵士写下的信息。一个六方委员会在1940年洛奇去世后成立了。委员会举办了有不同灵媒参加的约130场通灵会。由于洛奇的测试非常复杂，整个通灵会很快就降格为程序上的争论。外面的6个信封都含有晦涩的线索，让人们可以追寻洛奇的记忆，推测出最里面信封中的信息内容。最终答案揭晓，那是洛奇亲手打出的一段乐谱。灵媒们都被激怒了，你不能怪他们。来看看这个，这是奥利弗爵士在第三个信封中留下的纸条：“如果我给出一个5位数，可能就对了，但是我给出的可能会是类似于2801这样的东西，意味着我在循着线索进行猜测。可这不是一个真正的数字……只是与数字相关。事实上，它是数字的一个要素。”惊慌失措的委员会只好慌忙地将4位灵媒的努力成果进行了总结，最终无力地总结到：“最好让每位读者自己分析。”如果让我这个读者分析的话，结果只能是奥利弗爵士的一整套文具中少了几个信封。

1921年，托马斯·林恩·布拉德福特(Thomas Lynn Bradford)对死后实验做了一个可怕的改动。对于这位布拉德福特的身份，人们众说纷纭，有人说他是一名电器工程师，有人说他是一个生动幽默的朗诵者，还有人说他是一名通灵调查员。(不论布拉德福特究竟是何人，有一点可以肯定：他混得不怎么样。因为他死后留下的全部家当只有5美分，一些当铺票据，3块廉价手表和几本有关招魂说的书。)《纽约时报》在头版报道了布拉德福特的实验。据报道，布拉德福特在底特律当地的一家报纸上刊登了一则广告，寻找同他一样对“亡者是否能与生者对话”这个问题感兴趣的人。一位露丝·多兰(Ruth Doran)夫人对此做出了响应。《时代》周刊称两人见了面后一致同意：“揭开谜底的唯一方法就是两人的大脑必须和谐一致，而要想达到这一点，其中一人必须脱去尘世的外衣。”

和索里斯等人不同的是，布拉德福特不愿意坐在那里等着自然原因来为他脱去尘世外衣，他当天晚上就自行把它脱去了。他把租屋内的煤气打开了，尸体于傍晚被房东马克特先生(Mr. Marcotte)发现了。马克特报了警，并把自己知道的一切告诉了警方。马克特提供的信息向我们展示了两个有趣却完全不同的事实：“马克特先生说布拉德福特在年轻的时候是一个体育明星，曾获底特律明星俱乐部撑杆跳冠军。另外一点是布拉德福特经常穿上双排扣齐膝大衣模仿恐怖电影《化身博士》中的两位主角(Dr. Jekyll and Mr. Hyde)。"把这两件事放在一起显然是胡乱拼凑的结果,不过尽管如此,我还是选择相信布拉德福特是在做撑杆跳的同时模仿恐怖主角的,而不是在撑杆跳业余时间模仿。

《时代》周刊第二天又刊登了一篇短文,标题是《死巫师沉默了》("Dead Spiritualist Silent")。

人类能量系统实验室中共有 4 个房间,艾莉森·杜柏(Allison Dubois)正坐在其中一个房间里的条纹椅上。(我到这个实验室采访的时候,它已经变成了一幢两居室的灰泥房,并被学校征用,实验室于是搬到了靠近学校的一个由 20 个房间组成的套房内。)施瓦兹和贝斯切尔坐在杜柏身后的一对扶手椅上,这样灵媒杜柏便无法看到他们的表情。屋子的墙上贴着人类能量系统实验室的标识:一颗心、一道彩虹和一个伸出双臂的人形,表达了爱或喜悦,又或是在比划他刚抓到的鱼的大小。人们经常会在新时代图书封面看到类似的图画。我们现在已经进入了实验后阶段,施瓦兹将要问几个他自己设计的问题。(在此之前他们对这位在心灵感应讨论会上心脏病突发去世的英国超自然心理学家进行了正式的长时间实验提问,其中有很多感应信息都与事实相符,也有很多不相符。)

施瓦兹的提问不慌不忙,而且速度很慢,这为整个房间增添了点悬疑色彩,这种氛围也让杜柏皱起了眉头。"这个人……是否有……什么信息想要……转告给他妻子?"杜柏白瓷般的脚踝交叉在了一起,又分开,房间内只能听见空调的声音。

"她换了新窗帘。"

施瓦兹在座位上眨了眨眼睛。他小时候是那种想要卡车玩具和一套化学仪器作为礼物的孩子。"嗯,他能否向我们展示一下……?"

杜柏突然打断了他,并用很肯定的声音说:"他倒在了讲台上……就像……"杜柏打着响指,继续说:"他倒下了,倒在了讲台上。他好像在参加什么集会,然后倒在了讲台上,这好奇怪啊!但这就是他向我展示的图景。一个倒在讲台上的男人。"

这就是施瓦兹所说的"令人赞叹的陈述"。那一刻,我在心里也惊呼起来:"哇!"施瓦兹在实验中曾问杜柏,基恩的游魂是否"曾说出与这项研究项目相关的其他活动",也就是说这个神秘的实体很可能是某个研究人员,而并非基恩本人,那么这个陈述不那么惊人了。而且如果杜柏曾经听说过基恩在公众场所突然辞世,那么在这个时候,她可能想起了这个消息。几个月之前,整个超自然界都在谈论基恩的死(连我都听说了),所以杜柏很可能也听说过此事。不过她在说那番话时的突然和确信还是没有改变整个实验的方向。

但是所有那些与基恩实际情况不符的陈述该如何解释呢？施瓦兹说当灵媒打开通灵通道时，很可能有多个游魂同时与灵媒进行沟通，也就是行话所说的“串话(crosstalk)”(我自己把它称作“欺骗借口”)，因此只能由死者亲属自己将那些对自己有意义的陈述挑出来，而忽略其他的信息。

或者不要太精确地解读这些陈述。就拿杜柏所说的有关我母亲的一些话来举个例子吧。就在杜柏开始要为基恩做通灵感应之前，她突然停下来说她想她可能接收到了来自于我母亲和正在为整个通灵过程摄制纪录片的一位摄影师的父亲的串话。这两个人都已经去世了。我后来问杜柏她还能告诉我什么。

在通灵感应信息的结果中，符合实际和不符合实际的情况差不多各占一半，其中很多符合实际情况的信息放在大多数人身上都是对的(比如说，一只猫站在阳光普照的窗前，家庭聚会非常重要等等)。最令我感到惊讶的是我和施瓦兹对于这些信息的不同态度。杜柏告诉我，她在与我母亲进行沟通的时候得到了字母K这个信息。她说：“我不知道她是否是指哪个名字的首字母，比如说Katherine或Kaye，不过她提到的这个K是与她有关系的。”我想不出与母亲相关的以K为首字母的名字。我的中间名字是Catherine，首字母是C，而不是K。杜柏在后来的通灵感应中又提到了字母K。她看来对此很确定。最后我说：“嗯，我的中间名字是Catherine，但是……”施瓦兹狂笑着说：“你这个坏蛋！你竟然期望通灵感应信息是绝对精确的！”

我抗议说杜柏感应到的信息又不是“Catherine”，只是字母K而已。这类事情后来又发生了几次。杜柏还告诉我说我妈妈提到了一个“仍然为她戴着戒指的男人”。这对我来说一点意义都没有，因为我爸爸从来都不戴婚戒，更不用说别的什么戒指了。我提到虽然我现在戴的就是我妈妈的结婚戒指，但是由于这条信息是有关一个男人，而不是戒指的，所以我也不认为这是符合实际情况的。他们又说我太挑剔了。我真是太挑剔了吗？太咬文嚼字了吗？太消极了吗？还是施瓦兹给了他的灵媒们太多发挥的空间了。

在出现任何令我惊叹的陈述前，我的观点是比较倾向于后者的。那时我和我妈妈通过灵媒的沟通结束了，我正和施瓦兹说着俏皮话，杜柏突然插了进来：“我正感应到一个金属沙漏，你弟弟是不是有一个？”

我弟弟搜集沙漏。(这时，施瓦兹差点从椅子上摔了下来。)我的内心被击中了，不仅仅是由于这条信息的准确性，还因为杜柏陈述这个信息时的突然和确信的态度。我很难不承认这项陈述。而事实上，我已经很难不承认那些原本与我妈妈的生活显然毫不相关的陈述了，也许它们真的说明了什么。

有趣的是,我和施瓦兹都认为我们自己是中立的,不带有任何偏见的。可我觉得施瓦兹不够公正,他认为我也如此。他也许是对的,我承认我天生喜好猜疑,但是我总是能向他人证明我在对手头事实的评估上不会受到我好猜疑性格的影响,而施瓦兹也总是能向他人证明就算少了批判性思维,他对于手头事实的评估也不会受到影响。

所以,我将违背我的本性,接受杜柏所感应到的其他信息有可能是串话。也许那真的是我妈妈在和杜柏沟通。但是这一切意味着什么呢?为什么她选择向我展示我弟弟的一个金属沙漏?难道她仅仅是要证明她存在于另一个世界吗?如果真是这样的话,她为什么不选择向我展示我的出生日期,我们家所住的那条街的名字,或者其他什么更加清晰的信息,这些信息不是更好的证明吗?

也许如果我能够了解灵媒通灵时的大脑工作进程,了解他们与灵魂进行沟通所用的方法和这些方法的局限性,那么我就能回答这些问题了。我真的是这样想的,所以我做出了一个大胆而又荒唐的举动——报名参加了英格兰古老而又庄严的阿瑟芬德雷学院所举办的一门为时 3 天的课程,名字叫《灵媒基本原理》(Fundamentals of Mediumship)。

第七章

傻瓜帽中的灵魂

作者在灵媒学校登记入学

阿瑟·芬德雷(Arthur Findlay)曾任全国巫师联盟(Spiritualists' National Union)主席,富甲一方。芬德雷于1964年去世时将他的豪宅——斯坦斯特德会堂遗赠给巫师联盟,以便联盟可以建立学院,"为灵学的进步"做出贡献。因此,整个建筑的上层部分有两层楼的卧房都是学校寝室风格。这些卧房被安排在6段分开的走廊中,每段走廊都可以通过24个互相连接的楼梯到达,并且都在不显著的位置安装了火灾出口,也都有死胡同,似乎能够在晚上找到自己的床是获得灵学学历的必要素质。

《灵媒基本原理》这门课的授课时间是周五到周日。通知要求我们在下午两点到达学校,但是直到晚饭时间才有统一安排,那儿之前都是自由活动时间。一位工作人员把我带到了住的房间。我简单收拾了一下行李后回到了楼下。礼品商店里挤满了人,于是我也想进去看看。喜欢仙女和海豚的人在这里会有很多的选择。我大概翻了翻芬德雷的巨著《灵流》(*The Psychic Stream*),这书大概有200页。我毫无理由地买了一个标有芬德雷学院字样的箱形刀架,然后来到了楼上的博物馆。馆内正在展出的是灵媒们在与灵魂世界的艺术家进行沟通后"仓促"创作出的画。其中一幅画的是林肯在白宫举办降神会。还有一幅画的是柯南·道尔"在向导引领下游览冥王哈德斯的宫殿"。这个博物馆还收藏了海伦·邓肯(Helen Duncan)的水晶球,我希望他们洗过那个球。

我决定回房间拿件外套到学院各处走走。我手中的地图标识非常详细,甚至包含了"西交叉通道",但却没有指引我怎么在楼上布局疯狂的走廊里走明白。我费了九牛二虎之力,才终于满头大汗地找回了我的房间,气得直想找人打架。我的室友已经到了,这会儿正在床上看着浪漫爱情小说。我们简单地聊了几句后她说:"我还没来这儿的时候就预见我的室友会是一个金发,胖嘟嘟的美国人。"我既不是金发,也并不胖嘟嘟。不过鉴于我们之间的关系还没那么亲密,我还是别跟她讨论这个了。

院子很漂亮,大而空旷。我朝着一头警惕性很高的公牛站立的方向越走越远,它正立于学院一角的草丛里。等走回学院时,我被雨水浇得浑身湿透了。

晚上的学校情况介绍会由学校的首席教授格林·爱德华兹(Glyn Edwards)主持。爱德华兹的神经系统最近刚刚出了点问题,所以脸很不平整,呼吸深沉而急促。他的头很大,而且时不时地就会把他的大脑袋贴到你的脑袋边上问问题,这总会使人感到紧张。他的发型是典型的西部乡村后背头,连鬓胡子恣意生长,爬满了他宽阔苍白的双颊。在他圆翻领毛衣上挂着一块用丝带串起的镀金奖牌,就好像他刚刚在某个游泳比赛上收获了金牌一样。我觉得他这个人很奇怪,而且令人紧张,不过这里的人都对他评价甚高,至少觉得他是个相当出色的灵媒。与爱德华兹坐在一起就好像是在以5英镑的价格出售一张抽奖彩票一样。"灵媒的工作",他说,"是要证明死后生命是存在的,我要求大家在这个周末中证明你所感应到的一切都来自于另一个世界。"爱德华兹向我们介绍了其他5位教授,他们会每人带领一组学员进行学习。很难把我们这期学员的构成归为某种类型,除了一些新时代(New Age)崇尚者和老巫师外,有些看上去很时髦的欧洲人,有一帮长相普通的英国小子,还有一位马耳他老者和一位盲人。

"你们都是灵媒吗?"爱德华兹问道。还没等大家回答,他继续说道:"肯定不是。那么这里有人能成为灵媒吗?不。"他喘着粗气环视整个屋子,说道:"现在我们该来看看你们都有什么了。"

目前为止,我所有的东西是:时差,一套阿瑟·芬德雷箱形刀架,一个读浪漫爱情小说的室友和一个糟糕的态度。

第二天一早,我们被分到了各个小组。我的教授是另一位非常著名的英国灵媒——西蒙妮·凯(Simone Key)。她长得很像40多岁时的伊丽莎白·泰勒(Elizabeth Taylor),风姿绰约,眼波流转,脚上蹬着一双娇小考究的黑色高跟鞋。西蒙妮向我们讲述了她自己的故事。她是一天夜里在一名吉卜赛占卜师那儿发现自己的通灵能力的。她描述说:一席幕帘在她的天眼前徐徐升起,突然间她能够看到四处游荡的灵魂,她说在那儿之前她一直是一个无神论者。西蒙妮给我的感觉和杜柏一样,她们都是如此智慧精明。我很想在阿瑟·芬德雷学院内的酒吧把她灌醉,然后将她拉到一旁,对她说:"不,但是说真的……"但是我实在是没那个胆儿。和爱德华兹一样,她对人有一种威慑力。在这里,你会感到好像他们会把怀疑者都剁了做菜供人食用似的(你吃了这儿的饭后更加会这样想)。

灵魂沟通怎么看也不像是能通过学习而掌握的技能。我一直都很想知道一个人怎么能向别人传授这样一种难以用语言来描述的技能。西蒙妮给我们讲了15分钟也没交会我们什么，所有的指导基本上就一点：扩展你的能量。“释放出你的能量，让它充满整个房间。”这看起来是你只能尽力去做而无法真正完成的事情。我尽力了，真的，可是我不知道我的能量在哪里，不知道如何才能控制它的大小和方向。我注意到我在动耳朵。

一分钟过去后，西蒙妮说：“好，谁没有感到某种接触？”没人举手。我很诧异自己的能量还没出门，而其他人的能量却已经升上天堂，在那儿吃上冰激凌了。我举起了手。西蒙妮走到我面前，将她的手放在我的脸上，问我是否能感觉到自己的脸。她这是什么意思？我又没失去知觉，所以我猜答案应该是“是的”，于是点了点头。

“OK，很好，你也感到了这种接触。”说完她就回到了其他人中间。我无法读取别人的思想，不过我想我知道她在想什么：避免突发事件，突然事件会带来麻烦。

我们现在两人一组做我们第一个通灵感应。西蒙妮让我们尝试感应同组伙伴的信息，而不是和他或她去世的亲戚进行沟通。我的伙伴约翰约50岁，说话温柔，带着浓重的中部内陆口音。“将你的能量推向与你坐在一起的那个人”，西蒙妮指导我们说，“用你的能量将他包围，感受他。”

约翰看上去不太高兴。他看上去并不想被包围。他告诉我：“是我妻子把我拉来的。”西蒙妮在检查各组的进展，所以我们不能光聊天，得做点什么。约翰用手搓了搓脸，斜着眼睛看着我说：“所以我们应该把什么东西推出去对吗？”他紧紧闭上了双眼。一分钟后，他把眼睛睁开了：“对不起，我什么也挤不出来。”我们环视周围，大家都在和自己的伙伴热情的闲聊。约翰满怀希望地看着我说：“怎么样，你都从我身上感应到什么了？”

我告诉他我感应到了船。他的脸庞晒得黝黑，线条分明，和我一个航海的朋友很像。我说这些话不是要骗人，而只是为了要说点什么使这个活动继续下去。约翰摇了摇头。看来他和船八竿子打不着。我继续说：“棕绿色条纹墙纸，舒适的老沙发。”

约翰坐在椅子上，身体前倾过来，说：“太不可思议了。”

我其实不太肯定。我想象出墙纸和沙发是因为约翰的口音听上去像工人阶层的一员，而我刚才所说的那两点是我想象英国工人阶层家庭所应该有的。我并非有意识地想象一个工人阶层家庭的摆设，不过我想这就是为什么我会提到那两样东西。

西蒙妮拉了把椅子，坐在我和约翰旁边那组人身边。女的说她看见了一个书斋，她的伙伴点了点头。她补充说她看到了一张裱起来的证书，男的又点了点头。

西蒙妮问:“他的墙是什么颜色的?”女的说是米色,然后男的说的确是。西蒙妮赞叹道:“太了不起了。”然后从椅子上站起身。

我们是在学习,可我们学的究竟是什么东西呢?西蒙妮从未对我们说:“尽量说些生活中常见的东西。”但我们大家都试图说一些泛泛的信息,这是因为信息越是普通,你正确的几率就越大。我们也还是学了点东西,至少我是这样。你想正确地去学习,因为如果不这样的话就没意思了。所以你发现自己正倾向于说某些不精确的特征,一些可以应用在很多东西上的特征。没有人会说出类似于“三叶虫”这样的词,或者冬日里的杰弗逊纪念碑,再或者 Xavier P. Pennypacker 这样一个生僻的名字。这些信息都太精确了,出错的可能极大,没有人愿意给自己设套,让自己出错。感应出对的信息是件很令人兴奋的事情。也许通灵人是在不由自主地思考,也许也在不由自主地感知到了什么。一些小成功就是他们的回报。

我也学会了如何从视觉上找寻线索。西蒙妮从未告诉我们去观察同伴的衣服和配饰,借此猜测出他们的背景和生活环境。但是我发现我从开始与约翰讲话,就已经不假思索地在运用这个策略了。而且其他人与我交谈时也会这样做。结束前,已经有 3 个人告诉我他们感应到我是名学生。但我不是,我只是拿着笔记本在做笔记而已。

我自己已经对全班同学做了判断。当我们分组活动后聚到一起,大家都显得很兴奋。我决心要更加努力。

午餐的内容是汤和某种浇了褐色酱汁的外质状物质。吃过饭我们就又开始分组活动了。这一次我们要试图与灵界建立起某种沟通了。我们要感应伙伴某位去世亲友的信息。这次我和尼格尔(Nigel)一组。他是一个乐观并且讨人喜欢的家伙,他看起来对于西蒙妮要求我们做的事情一点都不感到困惑或忸怩。他自告奋勇先来做通灵感应。他毫不犹豫地说他看到了一个穿着吊带裤的大肚子男人。“他独自一人喝了很多酒。”他以为我爸爸可能是这样。可是我爸爸不太喝酒,也从来不穿吊带裤。他的描述听起来更像一位在我离开前死于肝硬化的朋友。如果你让我形容一下这位朋友,我会和尼格尔说一模一样的话:大肚子,吊带裤,孤独,酗酒。我想一般酒喝得很多的男人肚子都大,这没什么稀奇的。不过吊带裤这一点吸引了我,再加上我这个朋友刚刚去世,所以如果我是一个很容易被说服的人,我可能已经被说服了。

西蒙妮就在我们后方,正和一个名叫埃里克斯(Alex)的严肃年轻人一起合作。她在描述一座房子,一位去世的祖母住在这里。“我觉得房子的窗户可能有点问题。”

埃里克斯看上去有点迷惑不解,他摇了摇头。

"不过确实是这样的,"西蒙妮坚持说。"她有没有换过窗帘?"他耸了耸肩。"她有没有曾经想过要换窗帘?"

"嗯,有那么点儿想。"

我在电视上曾看过灵媒这样做。他们带着一点儿威慑力,并将这种威慑力与人类想要取悦他人的天性结合在一起,这样一来便很容易使某人同意你的观点。西蒙妮刚刚就给我们做了很好的一个展示,当然她不会认同我这种观点。她说一个名为安妮的女子正注视着厨房中一扇大而明亮的窗子。她的伙伴提出了异议,她说:我的厨房很暗,窗户很小。西蒙妮告诉安妮她可能在潜意识中渴望有一个宽敞明亮的厨房。我记得我当时望向窗外,凝视着田野上的公牛,希望有什么人能够感应到我在想什么。

晚餐时,各个组的学生都坐在一起,在长桌子上用餐。大家似乎一致认为这门课棒极了。我没有遇到一个与我的观点相同甚至相似的人。当然,来参加这种学习班的人都是倾向于接受新时代信仰的。仿佛我在这里遇见的每一个人都持有初级能量治疗执照(Reiki 1 energy healing license),而我是唯一一个认为他们并没有通灵能力的人。我在这里感到非常不自在。我经常会在听到周围人的谈话内容时几乎疯掉。早些时候,我听见有人说:"我感到自己处在创造的神圣源泉。"这可真是玛丽·罗奇在向导指引下游览冥王哈德斯的宫殿。我必须很努力地克制自己想甩开椅子的冲动,我想要大叫:**往后站!你们所有人!我有一个阿瑟·芬德雷箱形刀架!**不过事实上,我只是很安静地离开去了酒吧,去用我所知道的方法与灵魂谈心。

我在这个周末学到了一些东西,虽然并不是我原本想要学到的东西。我知道我误解了灵媒。我不再认为他们是故意愚弄他们的顾客。我相信他们是真的确信他们能够从超自然源头获取信息。这只是对于一系列事实的不同解读而已。灵媒们和那些相信他们的人,就像歌中唱到的那样,总向积极的一面看,而我却刚好相反。也许他们是对的,也许我是对的。

在我看来,在很多情况下,灵媒和巫师们之所以会成功,并不是因为他们故意欺骗,而是因为他们的服务对象是没有判断力的。拜访灵媒和巫师的人通常都有很强的动机,他们本质上倾向于相信灵媒们所说的话对于他们和他们的亲人来说是有意义的。就像赛博·施乌顿(Sybo Schouten)所说的那样:"是客户成就了灵媒。"

然而,在过去的几十年中,还是有一些臭名昭著的灵媒骗子,超自然研究界的男男女女们终于开始寻求方式来铲除这些中间人了,寻找那些能够与魂灵进行直接一对一沟通的方法。如果亚历山大·格雷厄姆·贝尔(Alexander

Graham Bell)能够使一个没有实体的声音跳到另一个大洲，如果古列尔莫·马可尼(Guglielmo Marconi)能够在空气中将看不见的信息从一个村庄传到另一个村庄，那么想要伪造一个与天堂(Great Upstairs)的直接联系能有多难呢？让我们来找出答案吧。

第八章

你听得见我吗?

与亡者进行电信通话

国家森林局(National Forest Service)不是有种很强的黑色幽默感，就是太没幽默感了。因为1846年，曾经有14人在移居加利福尼亚的途中被一场罕见的大雪困在森林中，最后饿死在那里，他们的尸体被其他移居加利福尼亚的人吃掉了①，而森林局中有人认为，也许森林局的整个委员会都认为在移民者被困的地方立起一个硕大的木质标牌是合适的。牌子上面是这样写的：当纳露营野餐地。

我是乘着观光巴士来到这儿的。这辆巴士是由戴夫·奥尔斯特尔(Dave Oester)和莎伦·吉尔(Sharon Gill)租下来的。这两个人是国际幽灵猎人协会(The International Ghost Hunters Society)的创始人。国际幽灵猎人协会是世界上最大的业余超自然调查组织(共有1.4万名会员遍布在78个国家)，为一些灵魂搜寻项目提供赞助。我们基本上看上去和其他的观光团体没什么不同：同样是穿着短裤，宽松的外套和运动鞋。我们还带着摄像机和录像机。不过和今天的大部分旅行者不同的是，我们还带了录音机。我面前有一棵松树，离这儿几尺远有一条凸起的人行道，指导着旅行者如何前行。我把录音机放在前面，就好像这棵树会说点什

---

① 这就是历史上著名的当纳吃人事件，也称当纳聚会(Donner Party)。之所以称之为“当纳聚会”，是因为队员们推选乔治-当纳(George Donner)为队长。当纳聚会的一行人于1846—1847年冬天被一场罕见的雪暴困在位于加利福尼亚齿状山脉的当纳湖附近，不得不在湖边面对漫长而严酷的冬季。饥寒交迫的队员们很快就将剩下的食物消耗殆尽，然后他们开始杀牲口取食。接着，他们又吃掉了自己的狗。最后，他们将兽皮和毛毯熬成胶状的汤来食用。当他们发现实在没东西吃了，就派了15名壮汉出发寻找帮助。又一轮暴风雪袭来，把救援困住了，后来这个地方被称为“死亡营地”。队员们只好决定等某人自然死亡之后再吃掉他。就这样，去世同伴的血肉给了活着的人力量，使他们最终翻过了高山。为使读者相信他们境遇的可怕性，下面我引述一下《不幸的移民者》(*Unfortunate Emigrants*)中的话：“1847年1月1日，他们将鞋带作为新年晚餐吃掉了，艾迪先生还吃掉了一双鹿皮鞋。”4个月后，救援队赶到了，大多数还活着的人是靠着食谱上没有的食物活下来的。

么能够引用的话似的。我们组的其他成员也都人手一台录音机在田野和灌木丛中四处乱晃,这幅场景就好像是新闻发布会受到了龙卷风的影响。

一对夫妇牵着狗走到我旁边问到:“你是在录鸟叫吗?”

我回答“是的”,原因有二。第一,因为事实上我们的确是在录东西。第二,如果我说我们希望录下当纳聚会魂灵的声音,我自己都觉得很傻。

上千美国人和欧洲人都相信录音机能够录下声带已经腐烂很久的人的声音。他们将这些声音叫做 EVP: electronic voice phenomena(电子语音现象)的简称。你在录音的时候是听不到这些声音的,但当你录好后播放磁带,这些声音就会神秘地出现。如果你在网上搜索电子语音现象的简写 EVP 的话,你会找到十几个收录这种声音文件的网站,上面有上百个声音档案。你会在一些文件中很清楚地听到单词或低语,但有些文件中只有混乱的,像是回声的机械声音。如果我们不改变自己对死后生命的印象,便很难想象这些声音是来自亡者的魂灵。天堂中应该有很多白色布料,和其他优质的吸收声音的物质。声音天堂听上去就像个飞机修理库。这很是奇怪。

电子语音现象运动开始于 1959 年。一位曾当过歌剧演员的瑞典画家那时住在斯德哥尔摩郊外,他的名字叫做弗里德里希·尤尔根森(Friedrich Jurgenson)。他在自家的外窗台上安装了一个麦克风,想要录下鸟的歌唱。尤尔根森称,一只山雀的声音突然被一个神秘的男子声音压了下去,男子说:“鸟儿在夜晚歌唱。”不久后,他听到有男生在哼唱著名的那波里民歌《飞翔》(“Volare”)。

刚开始,尤尔根森猜想他可能在无意中接收到了无线广播。录音机的电路系统也可以被当作接收器来使用,它能够接收无线电,民用波段或无线电话机的传送信号——特别是当这些电波的传送装置就在周围。他发现这种情况是不太可能的,因为在接下来的几个星期里,他录下的声音好像是在叫着他的名字和他讲话,更奇怪的是,那个声音竟然说出了尤尔根森养的狮子狗卡利诺的名字。

尤尔根森写了一本书。这本书引起了一位会说拉脱维亚语的心理学家康斯坦丁·罗迪夫(Konstantin Raudive)的注意。罗迪夫继续了对电子语音现象的研究,并通过数十年研究收录了 7 万多条“声音信息”,并将它们集结成书。《突破:与亡者电子通讯的奇妙经验》(Breakthrough: An Amazing Experiment in Electronic Communication with the Dead)正是罗迪夫出版于 1971 年的著作,它在世界范围内推动了各种民间电子语音现象社团的创立。这些社团遍及德国、美国、巴西等地,有很多今天仍然存在。

和尤尔根森不同的是,罗迪夫不是对着空气录音,而是自创出一套技术。他通常收录无线电的随机噪声,也就是不同电台间刺耳的嘶嘶声。和尤尔根森相同的是，罗迪夫也曾收录过非同寻常的广播，因为他收录到的人声跟他讲话时也叫了他的名字。而且，尽管罗迪夫是生活在德国，很多和他说话的人声用的都是拉脱维亚语。

当罗迪夫的这本书出版之时，一位名叫大卫·艾理斯(David Ellis)的剑桥大学学生提出把电子语音现象作为他为期两年的 Pérrott-Warrick 奖学金的研究主题。在过去的 3 天中，我一直在阅读艾理斯的书和《不幸的移民者：当纳聚会记述》(*Unfortunate Emigrants*：*Narratives of the Donner Party*)这本书。第二本书影响了我对第一本书的阅读。当我在书中读到"脱离躯壳的实体"时，我总会停下来想想它到底是指灵魂，还是人体内脏。

作为一名主修超心理学的学生，较之其他学英语或化学的学生，艾理斯更喜欢做研究。我猜，如果一个学生主修的不是超心理学，那他很可能会重新考虑是否采用艾理斯所选择的领域作为奖学金研究主题。因为在研究过程中，他可能会遇到很多不可思议的事情，比如有个人相信从他老式的 PTE 收音机中传出的嘀嗒声和噼啪声是来自于一个脱离躯壳的女性灵魂的人(艾理斯带着无比中立的口吻说："这位先生认为这一女性灵魂起到了电容器的作用。")。

艾理斯做的第一件事就是把罗迪夫博士请到一间屏蔽了无线电传输信号的房间里。尽管艾理斯从不相信无线电广播是电子语音现象的主要来源，但是他也得从这方面入手进行研究。有几次，罗迪夫所录的声音文件被认出是某个广播节目的片段。比如说，他解读出的"I follow you tonight(我今晚要跟着你)"，实际上是一个卢森堡广播节目的结束语："It's all for you tonight！(这就是今天为您奉送的全部节目)"。罗迪夫同意只进入这个被屏蔽的房间一次。罗迪夫在这个房间中没录到任何声音，当然了，也有可能是由于在此期间没有任何脱离躯壳的实体路过。艾理斯也尝试着自己录了几次，也的确录到了一些微弱的声音，但是他认为这些成果并不振奋人心，也说明不了什么问题。

在我们灵魂搜索队中有一名叫罗勃·村上(Rob Murakami)的队员，他现在正在给他的录音机倒带。一分钟前，我看到他离开木制走道，在旁边的树丛中站了半分钟。他弓着身子背对着我们，看上去好像是在白杨树中解手。他是一个生活态度非常积极的人，无论发生什么，他都能享受生活。他的名片上显示他是玫瑰城市野猫女子橄榄球队的脊椎指压治疗师，看起来他的生活还蛮精彩的。我猜他这次来参加灵魂搜索队八成是他女朋友多萝茜(Dorothy)的主意，因为她经常感到"喉咙后方有鬼魂想跟我说话"。昨晚在路易斯巴斯克角(Louis Basque Corner)，藏在多萝茜喉咙里的实体没有被她吃下的牛上肋和土豆给堵住，而是告诉我们"你们应该在甜瓜成熟的季节来"。总结一下人们的描述，我发现鬼魂年龄都挺大的。其实这也挺好理解的,一般鬼魂怎么也游荡了一两百年了。录音机录下的它们的声音听上去都拧着劲儿。罗迪夫所收集的电子语音现象声音档案中有一系列声音说的是:"Please interrupt(请打扰)","Might be Mary-bin(可能是 Mary-bin)","industrious! (勤勉!)"。

罗勃把他的录音机举到我耳边,说:"嗯,我录下了一些很奇怪的撞击声。也许是我不小心打了录音机几下,不过我不这样认为。"他又给我们的领队戴夫·奥尔斯特尔(Dave Oester)放了一遍。我很喜欢戴夫,他是某一身份不便透露组织里的中年牧师,有点斜肩,眼镜总是从鼻梁上往下滑。他的身子圆圆大大的,因为看不到脖子,所以头好像是直接安在身子上的,就像雪人一样。

戴夫笑着说:"有人在砍木头。"戴夫不论说什么都会微笑,不是因为话的内容本身好笑,而只是想保持友好的氛围。今天早上在我们启程前,他给我们放了一段他第一次到当纳营地时录的东西。我听完后并没觉得这个声音有什么实质内容,除了可能是火鸡们在聊天。我听到一声快速的金属声"gobbalobba-ob",可戴夫却听到:"I need more milk(再来点牛奶。)."一个国际幽灵猎人协会(IGHS)的会员雪莉说是的,她也听到了。那天早前吃饭聊天时,雪莉就把"Siegfried and Roy(拉斯维加斯两位表演者的名字)"听成了"Sigmund Freud(西格蒙德·弗洛伊德)"。此后一整天,我满脑子都是弗洛伊德一头长发,涂脂抹粉,与老虎同台的画面。

心理学家们也许会将"言辞转化效应"作为一个可能的解释。斯金纳(B. F. Skinner)曾做过一个实验,他给参加者放一串毫无意义的元音字母,如果有人听出了有意义的东西,就请告诉他。结果这些实验对象不仅听出了单词(是有辅音的单词),而且还十分确定他们的解读是对的。

人类的大脑非常擅长将毫无意义的东西转化成某些智能声音。席德(C. Maxwell Cede)是伦敦心灵研究学会(London's Society for Psychical Research)的荣誉秘书,他曾向艾理斯描述过他所做的一个实验。他给一组人放一段质量极差,声音微弱的演讲录音,然后让每个人根据自己所听到的将演讲转录在纸上。参与实验的人给出了几十个短语,甚至完整的句子。这些都是他们想象出来的,因为磁带中除了白色噪音什么都没有①。

罗迪夫好像特别倾向于"言辞转化效应"。艾理斯曾在研究中召集一组人来听

① 历史上对于白色噪音的创造性解读可以追溯到特尔斐神谕(Oracle at Delphi)。女祭司坐在寺院地上的一处缝隙处,能够听到地板下滚沸的温泉声。心智科学学院(Institute of Noetic Sciences)的高级科学家蒂恩·瑞丁(Dean Radin)认为,水中发出的似白色噪声的声音会在听觉上使人产生幻觉。(更为普遍的观点认为,在水中释放出的乙烯烟雾促使女祭司的状态发生了变化。乙烯更为人所知的作用是催熟橡胶。人们认为如果乙烯达到一定浓度会使人产生幻觉。)

一段罗迪夫收集的声音，并将他们听到的写下来。罗迪夫听到的是“Lenin（列宁）”，而其他人听到的是“glubboo”，“buduloo”，“vumvum”等毫无意义的东西，或者听到了牛蛙的叫声，磁带突然绞带的声音，或者“大象的低呼”等等。在他事业的后期，罗迪夫将注意力转向了长嘴小鹦鹉的发声法。他认为长嘴小鹦鹉为亡者提供了一个（用德语）沟通的渠道。

在这个美丽的秋日，在当纳营地，我们录到的最刺激，相对来说最为清晰的低语出现在人力资源专家查尔斯的磁带上。那个声音说：“settings（设置）”。一个不太牵强的解释是查尔斯可能在某个时候自言自语说要改变一下录音机的设置，而他忘了自己曾说过这个。查尔斯坚持说他没说过。尽管我相信他，但不论怎样这个解释都比说是乔治·当纳（George Donner）的灵魂在查尔斯的收音机中留下的声音要有道理。如果这个真的是当纳聚会中某人的声音，我会把我的鹿皮鞋吃掉。

最终，我们不得不同意艾理斯的结论：“除了自然原因，我们找不到任何原因来解释这些‘声音现象’。自然原因包括模糊的无线电传输片断，机械噪声和富有想象的猜测不小心留下的声音。”

西安大略大学心理学教授艾马特斯·巴鲁斯（Imants Baruss）的实验支持了艾理斯的结论。他在《科学探索期刊》发表了这个实验。巴鲁斯并不怀疑死后生命是存在的，而且正好相反，他告诉我他相信科学已经搜集到了足够的证据——就像施瓦兹（见第六章）和史蒂文森（见第一章）所搜集的证据——能够证明死后生命是存在的，但是他并不认为电子语音现象算得上强有力的证据。在 81 盘长度为 45 分钟的磁带录音中，巴鲁斯挑选了如下几个片断：一声低音口哨，一个偶然录进来的电台广播，一个刺耳的声音（如果你带着想象力听这个声音，可能会听到“Hello（你好）”），一个被截断的声音，一名技师认为这个声音是在叫她的名字盖尔（Gail），紧接着是接吻声和“Tell Peter（告诉皮特）”。盖尔认为这个声音听上去很像一个她认识的去世了的女人，这个女人的丈夫名字就叫皮特。巴鲁斯对这些声音片断总结道：“我们在录音带上发现了微弱的声音，就觉得是电子语音现象的复制，但是却没有找到任何清晰的不同寻常的游魂，更不用说类似于游魂的东西了。”

我觉得巴鲁斯说的有道理（而且如果有下次，我一定不会雇盖尔当技师），但是我也不惊讶为什么电子语音现象界会对这个结果感到不满：如果这些声音不是魂灵发出的，那又会是什么呢？我知道这项研究的任务不是回答这个问题，但是，这个问题还是会让人在脑中捉摸再三。

对于这些老旧的声音片断还有其他的解释吗？我联系了德国电子巨头德律风根（Telefunken），因为我得知他们在 20 世纪 80 年代曾对电子语音现象进行过研究。一个名叫尤尔根·格拉夫(Jurgen Graaff)的退休常务董事答复了我。他曾在德律风根集团当了40年的工程师,后来才成为了常务董事。他说他听说过电子语音现象,但对德律风根赞助的电子语音现象研究却毫无所知。他向我解释了所谓的"波导效应(ducting effect)",意思是说在大气电离层中的电传导层中出现了特殊情况,进而创造了一些"小导管",这些小导管使无线电广播或无线电话沟通能够传播几千英里。"在欧洲可以突然监听一名纽约出租车司机几分钟长的无线电话内容",格拉夫在邮件中这样写道。"可是从一个正统工程师的观点来看,这是不可能的,因为出租车的声音发射器的能量太小了。"但这种情况还是会发生啊。"几分钟后,导管瓦解,这种现象便消失了。你能够猜到关于电子语音现象我想说的是什么了吧。"

和格拉夫聊过之后,我开始觉得似乎电子广播能够为所有形式的超自然事件提供必要条件。如果传送信号特别强,或者传送塔就在周围,两片金属间的空隙,或者一片金属和地面间的空隙所产生的火花就能够解调无线电信号。格拉夫还回忆了一个歇斯底里的东德妇女,她声称每次打开烤箱的门,烤箱都会和她讲话。而跟她住在同一社区的一名男子的供热系统在晚上也会讲话。被派去调查的工程师发现,这两个听到的声音其实是一个美国地区广播的晚间广播片断。工程师将情况告诉了两位,并安抚了他们。

格拉夫通过那件事情确认了一件很久以来都被我当成是城市之谜的事情:牙齿填充物也能够接受无线电传输信号。也许你还能记得电视剧集《帕特里奇家庭》(The Partridge Family)中有这样一个片断,苏珊·戴伊(Susan Dey)宣称她能在自己嘴里听到滚石乐队的演唱。剧中的表演是说苏珊嘴里的音乐声非常大,如果戴维·卡西迪(David Cassidy)把耳朵凑到嘴边——这很接近我六年级时的幻想——他就能够听出那首歌的名字。格拉夫解释说,如果两片金属被一起使用——比如说在汞合金上面镀层金(或者在戴伊小姐的个案中,牙套和填充物)——两片金属之间的微小缝隙能够生成所谓的"半导效应(semiconductivity effect)"。你确实会听到两个音调混在一起,不过也许你只能在你自己的内耳部听到,所以如果卡西迪先生想要听的话,他必须得把脑袋伸到你的耳咽管中才听得到。

我问格拉夫是否德国人都会把电器说的话当作是来自来世的只言片语。格拉夫曾在汉堡北部的埃尔姆斯霍恩(Elmshorn)工作过一段时间,他给我讲了一个埃尔姆斯霍恩传输站附近一位农场主的故事。"他原本一直在检查农场的围栏,突然他跑到传输站经理那儿,脸色惨白地说:'先生,我听到了圣灵(Holy Ghost)在跟我讲话,声音来自从地底下穿出来的一根电线!'"这个鬼魂说话的方式受到了罗迪夫和尤尔根森的鬼魂的影响，说起话来也神秘而简短。格拉夫和经理跟着这个农民到了现场。他们发现了那条正在低语，发出咝咝声，并不时地发出一个有意义的短语的电线。经理把电线从地上拔了出来，圣灵便沉默不语了，农夫在一旁呆若木鸡，这和奶牛身上压着20万瓦的无线电接收塔产生的效果是一样的。

如果一个地方装有类似于美国之音在加州格林威尔郡设的传输塔那样的特别强大的传输装置，你在那里也会听到你自己的圣灵讲话。如果传输装置四周的围栏是金属质地，你要是夜间在周围闲逛，也许就会看到金属围栏到处都有微弱发光的火花。如果你俯身靠近这些火花，你也许会听到它们在唱歌——或者在说话，这取决于电台正在播放什么节目。

威尔森·凡杜森(Wilson Van Dusen)在北加州蒙多塞诺(Mendocino)州立医院担任首席心理学家已多年。这家医院是为严重精神疾病的病人设立的住院机构，该院的病人包括慢性精神分裂症患者，重度酗酒者，脑损伤患者和老年病人。所以凡杜森要花很多时间去倾听患者们向他讲述“那些人”，那些在他们的头脑中反驳他们，威胁他们，嘲笑，骚扰他们——或者偶尔会激励他们的声音。有时，他试图自己和那些声音对话。“我会直接向这些声音发问。”他在一本名为《显现于疯狂中的灵魂》(*The Presence of Spirits in Madness*)的小册子中这样写道。“然后指导病人将这些声音的回答逐字地复述给我。这样，我就可以和病人的幻觉进行长时间的对话。”他也曾对这些声音进行过罗夏墨迹板测试(Rorschach inkblot test)。我开始把这些幻觉想象成为真正的病人。它们也许是穿着破旧拖鞋，满脸愁容的男人，在走廊中不停地嘀咕，还时常插进别人的宾果游戏中。采访了20个病人后，他得出了最后的结论，他同意他的病人的看法：“那些人”并不是病人的幻觉，而是确实存在于不同秩序中的人。

凡杜森是18世纪著名矿藏工程师、发明家、解剖学家伊曼纽尔·斯韦登伯格(Emanuel Swedenborg)学说的忠诚追随者。斯韦登伯格在40多岁的时候开始信仰宗教，他为人所知的是他哲学家的身份。他详细地描述了他眼中的天堂，一个没有翅膀的天使和魔鬼居住的梦想国度。他认为这些天使和魔鬼曾经也是终有一死的人类。凡杜森开始注意到在他病人脑中的“那些人”只分为好、坏两种人，坏人数量远多于好人，而且他们和斯韦登伯格的对立灵魂实体们有着大量相同的性格特质。

你也许会想搞不好是斯韦登伯格自己患了精神分裂症，而不是那些精神分裂症患者具有符合斯韦登伯格所说的症状。你会觉得这种解释听上去更有道理，我也不能怪你这样想。然而不管怎么样，斯韦登伯格并不是精神病患者，他是位多产的政治家和神学家。而且世界上很多人都对他十分崇拜，也正是由于这个原因斯韦登伯格教堂(Swedenborg Church)才会如此兴旺。

我是通过一个电子语音现象热衷者而了解到凡杜森的理论的。此人认为精神分裂症患者所听到的声音很有可能和电子语音现象带子上所录的声音是相同的，比如那些无形实体发出的声音。他正在考虑要对这种可能性进行调查。我通过英国听到网(England's Hearing Voices Network)的工作人员了解到了这个情况。这个网络为出现听觉幻觉的人提供帮助。回我邮件的是一位名叫米奇的听到网工作人员，他负责倾听各种声音。他很热情而且很直接。米奇告诉我说，虽然听到网的政策是接受所有会员对自己所听到声音的解释，而且他对电子语音现象并不了解，但他本人认为这种观点是荒谬的。然而，他的确遇到过一些人，他们听到的声音似乎非常真实，所以试图把这些声音录下来。这些声音倾听者和电子语音现象热衷者所面临的问题截然相反：前者永远都会听到声音，而后者的磁带里经常没有声音。

托马斯·沃森(Thomas Watson)是电话的发明者之一。他在自传中描述过有几个精神分裂症患者曾联系过他。他们认为自己脑中的声音其实是来自远方的人秘密播送给他们的。大部分的精神分裂患者都想请沃森帮助他们阻止掉这些信号，但是有一位患者相当有胆识，他向沃森开出每周 15 美金的价码，想要雇用沃森“揭开他的头盖骨，研究一下他大脑的工作机制”。沃森在自传中这样写道：

> 他以一种陈述性的口吻告诉我有两个著名的纽约人……暗中将他的大脑和他们的电路连接在了一起。这样一来，他们就可以随时随地和他进行交谈，无论是白天还是晚上，也不管他人在哪里，他们都能联系到他，并像朋友一样给他提出建议……他不知道他们是怎么做到的，但是知道整个装置都在他脑中……他要求我马上把他的脑袋打开，我以还有个重要约会为由谢绝了他的请求。

> 米奇指导我进入了听到网上的研究部分。它们的研究显示，如果在一个精神分裂患者听到声音的时候对他进行脑扫描，就会发现他大脑负责生成词语的部分显示正在进行活动，也就是说这些患者所听到的声音实际上是他们自己在脑中自言自语。

尤尔根森和罗迪夫早就转移到录音机的另外一边去了①。(艾理斯在《心灵研究学会期刊》(JSPR)上为罗迪夫撰写了讣告。在讣告中，艾理斯以一种 JSPR 中

① 实际上，电子语音现象记录显示尤尔根森曾在一位意大利电子语音现象爱好者的磁带上献声，而罗迪夫经常以静止的状态出现在一对卢森堡夫妇的电视屏幕上。

惯有的语气说“一系列有关长尾小鹦鹉声音的会议……对罗迪夫来说多得难以负荷。”)这两个人的死和艾理斯奖学金研究项目的结果都没有消除人们对电子语音现象的热情。在翻阅电子语音现象组织内部的通讯杂志时，我发现了上面确实刊登了与亡者进行沟通的现象。为什么呢？备受尊敬的学者都已经给出了否定的研究结果，而这些人为什么还会如此肯定呢？

巴鲁斯说：“找出足够的证据说服你自己是一回事，而要向整个科学界证明你的想法完全是另外一回事。”蒂恩·瑞丁(Dean Radin)曾是一名电器工程师，并曾在加州帕塔鲁马(Petaluma)心智科学学院做过高级科学家。他同意巴鲁斯的观点，认为：“电子语音现象研究者们的确非常真诚，但他们却没有充分客观地评估过自己的研究结果。”他们相信自己所听到的，并认为这就足够了。他们中很多人认为他们与去世的亲人建立起了联系。为什么他们愿意投入精力到那些很可能会被证明是毫无理由的事情中呢？

太阳就要下山了，戴夫走到了我身边。我告诉他今天一无所获。他问我在录音前是否向这些无形实体介绍了自己。“这是非常重要的，”他说，“我在开始录音前都会说：‘我是国际幽灵猎人协会的戴夫·奥尔斯特尔，我想要记录死后生命的存在，希望能够得到你们的允许。’”

我清了清嗓子：“嗨，我是玛丽·罗奇……”你不知道这些实体在哪儿，所以也拿不准自己的声音该有多大。“我来自国际幽灵猎人协会，但我不是这个组织的会员。”

“玛丽，你可以在心里默念这番话，它们能够阅读你的思想。”

“它们能吗？”

戴维点了点头：“当然啦。”

咳，怪不得它们不理我呢。

纵观历史，在沟通科学上所取得的每一次新突破都是不可避免由某位发现新的灵魂事件的人物所引发。随着胡迪尼和英国人哈利·普雷斯这些魔术师开始揭露灵媒的骗人把戏，死后生命的宣传者们开始在日常生活中制造一些小装置，为他们的信仰注入了某种应该被科学所尊重的意味。他们承诺与亡者建立起一种更加纯粹的联系。你无法相信某人不会拿绵羊的肺脏充当外质，你总可以相信机器吧。

所以你让灵媒操作一台“心灵”打字机或莫尔斯电码(Morse Code)控制台或凡德米伦灵魂指示器(Vandermeulen Spirit Indicator)，而不让它们陷入某种通灵的状态。你并没有消除这些中间人，而只是给他们配备了像模像样的机器而已。这使降神会在技术上更加复杂了，但并没有改变它的本质。

录音设备很快就受到了灵媒们的欢迎，这并不是因为这种设备能够收录到正常状态下无法听到的沟通，而是因为它能够使通灵更具可信性。难道是因为录音就是一种捕捉或保存某种原本短暂而无法证明的东西的手段吗？我认为尼维尔·怀曼特(Neville Whymant)博士给出了最好的解释。他是一位著名的东方学者，曾经受他的法官朋友佳能(Cannon)之托，于1926年在佳能家乡举办的一场降神会上出面证明一份由灵媒乔治·瓦利安蒂尼(George Valiantine)之口传达出来的关于孔子(Confucius)的留声机录音是真实的。怀曼特说瓦利安蒂尼是用一种"已经绝迹"的中国方言来传达这份记录的。怀曼特说："我想你们会同意我的观点，也就是使人产生幻觉是可能的，但使留声机产生幻觉是不可能的。"

留声机历史学家梅森(D. H. Mason)花了数周的时间试图寻找一份孔子布道的留声机记录，但是没有成功。不过他倒是找到了对于瓦利安蒂尼的一盒录音资料的详细介绍。其中比较重要的介绍包括瓦利安蒂尼的主要灵魂向导可可安(Kokoan)的战时呐喊，和他的另外一个灵魂向导伯特·埃维尔特(Bert Evertt)用令人毛骨悚然的假声演唱的"一首悲惨的歌"。①

梅森就降神会录音这个主题发表了一篇由3部分组成的文章，其中还包含了一份录音目录。最早的录音文件都是降神会现场的录音，后来录的就是灵媒们陷入恍惚状态后以其灵魂向导的身份和声音唱歌。由于大部分的灵媒都是女性，所以她们的灵魂向导(大部分都是男性)都是男高音，这并不奇怪，奇怪的是这个组合：高亢甜美的歌声的演唱者却有着非常阳刚的名字，如Power(力量)。也许这解释了一位意大利灵魂向导的出现。1930年，意大利男高音萨巴蒂尼(Sabbatini)开始出现在著名的海角城(Cape Town)灵媒巴特斯夫人(Mrs. T. H. Butters)的降神会上。梅森援引了1931年出版的一期巫师全国联盟的报纸《两个世界》(*The Two Worlds*)上对于萨巴蒂尼演出的描述："巴特斯夫人受到了灵魂向导的控制，为了取悦在场的人，灵魂向导开始用响亮的男高音演唱意大利歌曲。他的演唱非常有震撼力，因此在今年的3月份，巴特斯夫人的一帮朋友决定为这个声音灌录一张留声机唱片。"由于巴特斯夫人唱歌时总是偏离话筒，而且在屋内到处走动"做歌剧动

---

① 关于灵魂向导的一点说明。你也许不时会听到一些无聊的话，主要是关于灵媒和她的灵魂向导之间的脑电图记录差别，而且这些差别如何能够证明灵媒的向导是一个与她完全不同的实体。现为德州公共卫生局一名流行病学专家的加里·赫塞尔廷(Gary Heseltine)在1981年针对两位不知名的灵媒和她们灵魂导师施阿里安(Shoalian)和蒙桑托(Monsanto，一位科曼奇族首领)的脑电图做了实验。赫塞尔廷写道，由于感官和新陈代谢输入都会对脑电图记录产生影响，所以必须使灵媒处于绝对麻痹状态并维持她们的生命，这样才能控制这些会影响脑电图记录的因素。甚至在那时，赫塞尔廷都不能确定是否能找到证据。他总结说："由于没有高脑干横切图，我们无法排除脑电图记录的差异不是不同感官输入的结果。

作”，因此唱片的质量稍微受到了点影响，不然的话，这会是张质量上乘的唱片。

这种音乐形式在1939年4月3日达到了顶峰。伦敦巴勒姆心灵研究学会(London's Balham Psychic Research Society)在Decca唱片公司内举行了一场降神会。现代歌手出唱片时一般会起个名字，我们的灵魂歌者被宣传时所用的名字是鲁本(Reuben)，它是通过灵媒杰克·韦伯(Jack Webber)的声带为降神会现场的观众演唱了男中音曲目《引导光明》(*Lead Kindly Light*)和英国著名女低音歌唱家克拉拉·巴特(Clara Butt)①的著名曲目《那里有一片陆地》(*There's a Land*)。

不管灵魂是歌唱还是说话，新的录制技术都为灵媒提供了更多的赚钱机会。除了举办降神会，他或她还可以卖专辑或唱片。“直接声音”是指死去的人不通过灵魂向导，而直接透过灵媒的嘴讲话。建立起最大的“直接声音”录制企业的是1994年去世的英国灵媒莱斯利·弗林特(Leslie Flint)。他曾成功地将一帮自以为有高度文化修养的游魂吸引到自己的降神会中。如果你在网上输入他的名字搜索一下，你会发现有很多网站都收录了冗长的人死后的录音，其中包括甘地(Gandhi)，奥斯卡·王尔德(Oscar Wilde)，肖邦(Chopin)(我了解到肖邦在身体稍稍腐烂后就又开始创作了)，坎特伯雷大主教(Archbishop of Canterbury)，还有莎士比亚名伶艾伦·特里夫人(Dame Ellen Terry)(我们稍后还会提到她)。

弗林特的降神会遵照传统，在黑暗中进行。他坚称声音并非出自他自己的喉咙，有一个网站是这样描述的：“来自于从灵媒身上释放出的外质和他们的服务对象。”网站还登出了一张摄于1960年左右的弗林特照片。照片中的弗林特身着西装，打着领带，戴着角质架眼镜，平静地坐在椅子上，身上沾满了类似于食物的物质，就像是在餐厅跟人打架后拍的照片。照片下的说明是这样的：“弗林特肩上趴着外质”。我不知道甘地或肖邦生前说话是什么声音，所以也就无法对录音的逼真度发表看法。弗林特说他有一晚在电影院听见了“黑暗中的低语”后——我们在电影院中经常会听到——发现了自己的才华。对于这一点，我是可以发表点看法的。

并不仅仅是那些喜爱小装置的灵媒自己，超自然研究者们也助他们一臂之力了。最开始，技术的应用是为了防止欺诈行为，或者更常见的是用来记录或量化灵媒的能力。这些装置一般都有一个音节过多的名字——Serious laboratory Device(严肃实验室装置)，只有少数例外。显微镜现在要与动力检测器和遥控活动电影放映机一同分享实验室的长板凳了。沉着庄重的Ometer家族在这之前只生产热

---

① 噢，那个时候，一个身高6英尺2英寸，名叫克拉拉·巴特的牡蛎工的女儿竟然成为了一个国家收入最高的明星。她的声音非常出色，因此在年龄很小时便为维多利亚女皇举办私人音乐会了。她的歌剧演唱备受赞赏，这为她之后虽有名无实，但仍很受欢迎铺平了道路。

电,压力,速度,脉搏等方面的仪器,灵媒们开始使用仪器后,他们有开始生产肌力计、生物计、显示计、电磁计和流电计等稀奇古怪的仪器。我曾试图找到这些机器,甚至是找到一个也好,但是令我感到很奇怪也很失望的是没有博物馆和个人收藏这些仪器。位于美国纽约的美国心灵研究学会的前经理格雷迪·亨德里克斯(Grady Hendrix)说:"心灵组织对待这些东西和历史学家不一样。现代超心理学家们并不认为这些东西值得收藏,那不是一个令他们引以为荣的时代。"

随着灵媒们的声誉不断下降,超自然研究者们将他们的注意力转移到了设计某种能与灵魂直接进行沟通的仪器,一种能够将灵媒完全排除在通灵过程之外的仪器。梅尔顿(F. R. Melton)的心灵电话成功地把了灵媒赶出了房间,但并没有彻底将他们排除在通灵之外。这个心灵电话的话筒上粘着一个膨胀的橡胶质球状物,并接着一对耳机。据说这个球状物中含有"心灵气体",气体中充满了灵魂的声音,这些声音能够被放大,然后传送到耳机中。如何才能在气球中装上心灵气体呢?你让一个灵媒吹气球就行了。魔术师兼超自然学家哈利·普雷斯在他的国家心灵研究实验室检查了这个装置,发现里面充满了热气。

这个小发明对于当代的超自然爱好者们来说仍有巨大的吸引力。这一点在今天金色凤凰酒店的 A 号聚会厅中得到了证实。我们今天早上聚在这里来听戴夫·奥尔斯特尔做讲座。这是一个标准的酒店会议室,室内有长长的折叠桌子,木质的讲台和紫红色的地毯。众人都喝着咖啡等待戴夫的到来,而刚入会的成员则在讨论在他们面前桌子上摆着的东西:米尺、指南针、相机、录音机。灵魂鲜有人类的感官系统,不过我们的观点并不代表真的不存在。

那些搜索灵魂的人提出,之所以人类一般看不到也听不到亡者,是因为它们是存在于视觉和听觉图谱的最边缘,并也是通过这里进行沟通。比如说我们看不到光波也听不到声波,这就是为什么灵魂搜索队的相机中装的是红外线感光胶片,为什么戴夫·奥尔斯特尔会带着一个蝙蝠探测器到处走。他认为也许亡者和蝙蝠一样,发出的声音都属于超声波的范围。我回到家后给比尔·热罗萨(Bill Gerosa)打了个电话。他是一家生产 Belfry 蝙蝠探测器公司的董事长。我告诉他灵魂搜索者们认为他的公司所生产的产品能够探测出灵魂的沟通。比尔沉默了一会儿,说到:"我不支持也不反驳这个观点。"他接着告诉我,不只蝙蝠发出的声音是超声波,啮齿动物、昆虫、电视机和汽车刹车等发出的声音也是超声波。因此,通过蝙蝠探测器与戴夫进行沟通的实体很可能是树螽(Katydid)或雪佛兰汽车。

坐在我旁边的女士正在摆弄着某种手握仪器。她打开了使用说明。我看到一个标题是"90 年代的小精灵研究"。我很喜欢这位女士,所以我不想去想那些我被迫对她产生的看法。我问她是否曾见过小精灵。

她怀疑地盯着我，好像她用不着 Belfry 蝙蝠探测器就能**看见**它们四处飞。"没，没有……为什么这么问？你见过吗？"

我斜着眼睛看了看使用说明，上面写着："你看不到，闻不到，摸不到它们，但是它们存在于你的日常生活中。"我正在捉摸我的下个问题怎么问，她男朋友探过身来说："是 E-L-F，不是 elf，后者是精灵的意思，而前面这三个字母是"Extremely Low Frequency（极低频率）的简称。比如背景辐射的频率，微波炉和头顶输电线的频率都属于 E-L-F。"

哦，原来如此。

我们队中几乎每个人都带来了某种仪器，要么就是 ELF 检测仪，要么就是 EMF（measuring electromagnetic field（检测电磁场）的简称）检测仪。电与灵魂之间有着很强的联系，这可以追溯到大约 150 年前。站在戴夫倾斜着的肩上的都是些显要人物：托马斯·爱迪生（Thomas Edison）、尼古拉·特斯拉（Nikola Tesla）、亚历山大·格雷厄姆·贝尔（Alexander Graham Bell），还有贝尔的伙伴托马斯·沃森（Thomas Watson）。

我想你得知道招魂说的全盛时期——各种降神会和灵魂沟通在乙醚中愉快地进行着——恰逢电器时代的黎明。也就是说如此欣然拥抱招魂说的一代人也必须接受通过电、电信、无线电波和电话进行的沟通。这些新式沟通方式看上去像巫术一样：飘忽的声音神秘地穿越了几百公里，从"听筒"中传出。（贝尔和沃森称它们发明的电话在问世之初所遭受的呵斥和指责要远多于灵媒们的降神会把戏。和爱迪生[①]一样，贝尔和沃森也带着他们的发明到全国各地进行巡展。）在这个情境下，降神会和电话这两个很难理解的现象就都不怎么可信了。

电磁脉冲（electromagnetic impulses）似乎能够为巫术沟通提供之前所没有的科学解释了。如果一个人能够接受无线电和电话，那么接受招魂说也不是太困难的事。加文·卫特曼（Gavin Weightman）在《马可尼先生的魔法盒子》（*Signor Marconi's Magic Box*）一书中写道："这些装置必须使整个过程更加可信，必须使人们觉得一个人能够拥有特殊能力，起到'接受器'的作用来接收看不见听不着的

① 和他的发明相比，爱迪生的全国巡展并不为人所熟知。1903 年，他制定了一个反对交流电系统计划（爱迪生是支持直流电的）。作为计划的一部分，他参与了一个乱七八糟的大象事件中去。这头科尼岛（Coney Island）的母象杀死了它的 3 个训练员，并因此被判处死刑（其中有一个训练员竟然点了支烟让它抽，所以我一直都觉得在审理过程中没有陪审团参加）。对于一头大象施以快速而人道的死刑有点困难。氰化物行不通，绞刑会引起混乱。爱迪生给 ASPCA 打电话建议实施电刑。他拍摄下了这个有效刑法的实施过程，并以此作为交流电非常危险的证据。

信号。"卫特曼补充说，阿瑟·柯南·道尔爵士是坚定的招魂说信徒，他会说明能够在夜间走行很长距离的电磁脉冲就是"招魂灵媒们具有神秘'黑暗能力'"的证明。

甚至发明家自己都对乙醚和电投以同样敬畏的目光。对电有着独特见解的迈克尔·法拉第(Michael Faraday)在描写他的电鳗实验时惊叹他的工作是："建立在人类被允许对世界有多少了解的基础上的"。托马斯·沃森在他的自传中认为电是一种玄妙的力量。和很多科学同行一样，沃森也涉足了招魂说。他有两年相信自己身上有光环围绕①。他和贝尔发明的电话的样机一度无法传递连贯的句子，沃森没有告诉贝尔就私自通过灵媒用突破性的沟通方式向那些年长的专家咨询，那些人已经死了。沃森本质上总是倾向于跳出盒子思考——不不不，他是跳到盒子很远以外去思考。在调整新生电话的语言传送质量时，他尝试用很多东西来充当振动膜——就是人对着话筒讲话，听筒内振动的那个东西——其中包含人的耳膜和骨头，这个他是向人类语言结构方面的专家亚历山大·格雷厄姆·贝尔借的(**贝尔，把你的耳朵借我！**)。贝尔从一个名叫克雷伦斯·布雷克(Clarence Blake)的耳科医生那里要来只耳朵，这只耳朵是布雷克从一个病人那儿拿到的。沃森很小心地指出，这个耳朵是在那个病人"用完之后"才被拿来做实验的。

沃森的招魂说信仰为他的科学观增添了颜色，反之也是一样。他认为灵媒拥有特殊力量，能够将人体射线转化成机械力，就像电报能够将电流脉冲转化成能够听到的摩尔斯式电码一样。电磁力量科学为降神会中敲打并抬起桌子提供了合理的解释。我在晚上搜索时碰巧看到了一位名叫安德鲁·库克(Andrew Cooke)的皇家艺术学院学生的硕士毕业论文。他的论文探讨了为什么招魂说激励了、而不单单是影响了很多伟大的发明家，非常有见地。当然，电报的发明促使灵媒们在降神会上开始记录魂灵传来的摩尔斯电码。这没什么奇怪的，更有趣的是另外一种可能性：如果早期灵媒，比如说福克斯姐妹，敲打桌子能够激发出人们利用摩尔斯电码进行远距离沟通的想法，那会多有趣啊。

在伟大的电学家中，沃森对于灵媒的信念很特别。虽然爱迪生、特斯拉、贝尔都认为人死后灵魂会离开身体，像无线脉冲一样跑到某个乙醚国度中去，但是他们并不相信那些灵媒。(爱迪生曾在日记中写道："为什么另一种存在中的人要浪费自己的时间……和张桌子瞎胡闹？")他们认为如果有人能够与亡者进行可靠的，能

---

① 他最终发现自己身上的"光环"不过是阳光在某一角度的折射。不过在发现这点前，他相信自己有光环的原因是被上帝挑选出来去完成某个伟大的使命。"我把我有光环的事情告诉了我妈妈。"他写道。虽然沃森夫人没有直接说她看见了儿子身上的光环，但是她做了一件很具母性的事，说"她并不觉得那个光环很奇怪，也认为她儿子因此而与众不同了。"沃森很大胆地把这件事告诉了亚历山大·格雷厄姆·贝尔。贝尔让他去检查一下眼睛。

理解的沟通，那么这种人就是他们这些发明家。贝尔和他的兄弟约定，无论谁先死，都必须要通过比灵媒的降神或更为可靠的途径与另外一个人取得联系。

特斯拉的情况比较特别。据特斯拉自己描述，他是一个特别敏感的人。“我能够听到3个屋子外的房间中的表的嘀嗒声。”他曾在日记中这样写道：“落在桌子上的一只苍蝇会让我觉得很吵。”特斯拉的良师是威廉·克鲁克斯（William Crookes）爵士，他能够使稀薄的空气在真空管中发出绿色的光，并因此而举世闻名，同时也因为相信这种绿光是外质而臭名远扬。在特斯拉的母亲去世的时候，特斯拉曾在克鲁克斯的劝说下将他敏感的触觉伸向超自然。一天晚上，在他妈妈临终的床前，他睡着了，“头中的每一个纤维都纠结着，仿佛预示着什么”。第二天一早，他妈妈真的就去世了。他想起那天晚上梦见了一个有着他妈妈面部特征的天使，不过最后他断定梦中的那张面庞是他那时刚刚研习的一幅画上的图景，而且认为这件事情证实了“一切都与科学事实相符合”。虽然特斯拉对于死亡之谜很感兴趣，但据我所知，他也没有因此构造一个能够与亡者沟通的装置。

但爱迪生这样做了。他在《日记及各种实验观察报告》（*Diary and Sundry Observations*）一书中写道，自己正在设计一个装置，使“所有离开地球的人都能够与我们进行沟通”。爱迪生将活着的生命想象为无穷小的“生命单位”的暂时聚合物。这些生命单位在活体死后还能够以一种松散而悠闲的形式存在，而且最终能够重新组合成新的某人或某物。他把自己的机器描述成某种扩音器。他认为“这些来世生命所拥有的物理能量是极为微小的”，就像动画片《霍顿与无名氏》（Horton Hears a Who）中的那些斑点大小的无名氏们一样，它们需要某种扩音设备将它们的声音放大后才能被人们听到。不幸的是，爱迪生还没发明出这个装置，他本人就变成无名氏飞到无名氏村去了。

也许正是因为爱迪生的扩音器项目，他才会常常被认为发明了一种叫做心理电话（psycho-phone）的东西。戴夫说这个心理电话启发了他现在的研究——他正与一位熟识的电器工程师一起设计开发一个超声无线电收发机。戴夫希望这个机器可以帮助我们与亡者进行双向的实时沟通。他把这个装置命名为TEC，是Thomas Edison Communicator（托马斯爱迪生沟通器）的简称。

我想爱迪生应该还有第二个计划，所以着手对心理电话进行调查。根据蒂姆·法布里齐奥（Tim Fabrizio）和乔治·保罗（George Paul）在《发现古老留声机》（*Discovering Antique Phonographs*）一书中所写，心理电话确实存在过，但并不是为超自然沟通而设计的。那是一个早期留声设备，是现代那种能够帮助人在潜意识中进行自我提升的磁带的先驱。听者一般是在睡眠状态中播放磁带，希望磁带能够起到某种心理电话的作用，改善他们的潜意识。磁带中播放的内容经常是：

“精力充沛地醒来——充满活力——享用一顿丰富的早餐。”

2003年，一个心理电话被拍卖。拍得这个心理电话的女士认为她拥有了一个爱迪生的发明。她在装电话的盒子中发现了一份潜意识信息记录，作者“应该有点疯了”。她对这条信息感到很疑惑，这是可以理解的。她将这封信的内容登在了某网站上：

> “我喜欢喝干净的水，喝纯果汁味的干净的水。每天早上我会按时起床做运动来强身健体。随着血液在我体内充分地流着，我的头皮一天比一天健康……我的头发乌黑美丽。我的头皮闪着健康的光芒，上面生长着美丽的头发。我是个喜欢交际的人，而且我的记忆力很好。”

今天，电、无线电波、电话在我们日常生活中随处可见。它们已经远离神秘，而且发展出超声、红外线、电脑空间。在戴夫摆弄超声波之前很久，超自然学者就把这种神秘力量作为每日研究的对象了。在20世纪80年代，一位名叫威廉·奥尼尔(William O'Neil)的电子迷对超自然产生了兴趣。他的实验室中装满振荡器、超声波接收器和一个发达的灵魂沟通装置Spiricom。他声称正在和一位亡者进行双向沟通。这位亡者名叫乔治·穆勒(George Mueller)，曾是国家宇航局的一名工程师。奥尼尔和另外一位超自然学家乔治·米克(George Meek)合作公布了几百页他们通过灵魂沟通装置和穆勒进行沟通的文字记录，其中包含很多购物对话：

> (亡者)穆勒：顺便问一下，你们有那种多面水晶吗？
> 奥尼尔：不，我是从艾德蒙德(Edmund)买的五面水晶。
> 穆勒：艾德蒙德？他是谁啊？
> 奥尼尔：是一家公司，艾德蒙德科技公司。
> 穆勒：哦，我知道了，不错嘛。

亡者生活的那个世界发生着那么多新奇的，令人兴奋的事情，可他们却不善交谈，这挺令人惊讶的。他们就像是业余无线电接线员。我曾在网上无意中发现一些业余无线电播音记录。有两个人，就叫他们Minnesotan和Vanuatan吧，他们好像是分别在不同的星球上彼此聊天，他们实在想不出什么可聊的，就只能聊聊彼此的装备。一个说：“你们在那儿用什么呢？KW-50？”另一个说：“噢，不。我喜欢Hammerlund，因为里面内置了Q增效器。”

虽然这些人很无聊，不过和死去的人聊天这个概念本身还真挺令人兴奋的，因此米克决定将实验公之于众,这是个让人质疑的决定。1982 年,他定下了华盛顿特区国家记者俱乐部正厅(National Press Club Ballroom),向媒体宣布“有电子证据表明人类的大脑、记忆库和性格不会随着人的死亡而消失”。一位《芝加哥太阳时报》(Chicago Sun Times)的记者对此表现出了失望的态度,为由于技术困难而不可能在发表会上进行现场展示感到遗憾。为了弥补这一遗憾,米克播放了盘磁带,声称通过灵魂沟通装置录下了已故报业巨子威廉·伦道夫·赫斯特(William Randoph Hearst)和莎士比亚名伶艾伦·特里夫人(Dame Ellen Terry)的声音。

和弗林特先生不同的是,米克和奥尼尔都没有计划要从他们的爱好中获取利益。他们是请人写的书,然后在记者招待会上交出了仪器的设计蓝图,鼓励其他人进行研究(没有人成功)。如果这是个骗局,也是个复杂的骗局。他们做了这么多事,结果也只能是备受质疑。可是如果这不是个骗局,那么……会是什么呢? 难道是真的? 在他们的实验中好像没有中间地带。我问蒂恩·瑞丁(Dean Radin)对此有什么看法。他说:“在绝对真实和彻底欺骗间的中间地带是无意识的错觉。”

英格兰有很多老房子都被认为有鬼魂出没。斯塔福郡的西木会堂(Staffordshire's Westwood Hall)就是其中之一。1998 年,学校的管理者正在准备一篇普鲁顿西娅·特伦森女王(Lady Prudentia Trentham)生平的论文,特伦森正是死在学校所在地,所以应该是出没在这里的鬼魂中的一员。当管理者开始检查论文的拼写,奇怪的事情开始发生了。文档标出“Prudentiaa”这个词拼错了,但它给出的建议拼写不是“Prudentia”,而是“dead(死了),buried(入葬了),和 cellar(地下室)”。有两台电脑上出现了这种情况,但当他检查其他文档时就没有这种情况发生。

管理者认为,普鲁顿西娅女王是试图通过拼写检查系统①跟他进行沟通,于是他打电话给心灵研究学会(SPR)。心灵研究学会非常重视他提供的线索,因为毕竟这不是他们第一次接到类似的电话,过去也曾有人报告说有灵魂通过控制电脑与人进行沟通。还不止这个呢,如果你读过“instrumented transcommunication(灵异讯息沟通)”(与电子语音现象很类似)的介绍的话,你就会知道它们不仅用电脑,而且还用电视、录放机、闹表和答录机来进行沟通。

2001 年,对这个案例进行调查的心灵研究学会研究组聘请了软件专家朱莉·卢梭(Julie Rousseau)和戴维·卢梭(David Rousseau),请他们来对管理者的电脑

① 我也曾遇到过拼写检查系统被控制的情况。我的系统最近通知我“fucking(该死的)”不是个单词,但它告诉我“cucking(马桶)”,“rucking(褶皱),”“funking(惊恐)”都是好词,建议我替代使用。

和软件进行检查,确定是否有脱离肉体的无常灵魂侵入了程序当中。卢梭夫妇证实,一个有经验的电脑编程人员可以不费力气地使电脑出现管理者遇到的那种情况。但由于这种程序太简单了,很容易就会被发觉,所以他们很快否定了这种可能性。

最后只剩下两种可能性:软件中毒或鬼魂作怪。为了对前一种可能性进行测试,他们试图在自己的电脑的一个文件中,运用管理者所使用的所有步骤和软件(Microsoft Word 6.0)重现当时的场景。他们很快取得了成功。(值得一提的是朱莉·卢梭供职于心灵研究学会,因此她并不排出超自然力量能够影响电脑这个可能性。)

病毒潜伏在管理者所设置的常用字典和他对字典所做的非常规修改中。我们的专家注意到有些特别的拼写建议都来自于一个管理者的常用字典。由于他相信拼写检查系统出现的异常情况是普鲁顿西娅女王在和他沟通,他于是决定扩大女王和他交流的词汇。他在常用字典中加入了几十个普通单词,而不仅仅是与文件相关的专有名词和地名。

朱莉发现当她在自己的电脑上使用 Word 6.0 时,病毒便开始作用于常用字典中的 21 个误拼单词。她判断反常的拼写建议仅仅是最近一次从字典中选出来建议代替错拼单词的那个词。因为管理者的电脑当时有 4 个常用字典同时在运行,所以病毒能够快速作用,这也说明了为什么没有其他用户报告发现了这个病毒。

你可能觉得事情到了这里就差不多结束了,但是没有。管理者坚持说一些反常的拼写建议的单词并不是他添加到常用字典中的词。对此卢梭夫妇又给出了一个合理的解释。管理者曾有个帮手把这些词打进去了。朱莉举了“Fernyhough”这个例子,这个词是系统建议替代“Trentham”的一个词。(Fernyhough 碰巧是一名声称见过女王灵魂的清洁女工的姓。)在网上查找,你会发现有几个学术著作的作者也姓 Fernyhough,所以我们就不难想象,可能曾经有一个学生几年前在论文中引用过这几篇学术著作,所以就把作者的名字添加到常用字典中,过后便忘记了。

朱莉·卢梭说,研究者们告诉她有些解释有些牵强,并且不认为这个案子解决了。有趣的是竟然有人认为有灵魂通过控制拼写系统和人类沟通这个解释不牵强,而病毒作怪这个解释反倒牵强。我们还是要对两位 IT 专家对于这个案例的调查给与肯定的。

对于灵魂问题持相反观点的两派在这件事上都应该吸取教训。相信灵魂存在的一方和持怀疑态度的一方都倾向于根据对事件的简单概述就匆忙下结论。这个时间应该让他们知道匆忙下判断对哪一方都没有好处，无益于我们得到最终的答案。

戴夫还没讲完。今天早上我从他那儿听到了很多新东西，这些东西让我总是想举手问："什么???"对，就是有3个问号。我想问："戴夫，你有证据吗？你怎么知道鬼魂放掉了你汽车的电池是要证明它们存在？你从哪里读到公墓计划者将他们的坟地选择在靠近'入口处(portal openings)'"？入口？我倒是可以让你看看入口是什么样子的……不过似乎在座的人中只有我这样想，所以我只好保持沉默。

今天早上的最后一个话题是灵魂摄影。戴夫在谈论"灵魂球体(spirit orbs)"，这是一种假想出来的能量污渍，很像相机镜头有污渍或灰尘的话，在照片上会留下的那种污点。人们经常通过电子邮件给戴夫发一些明显就是灰尘的"灵魂球体"的照片，戴夫就会很不高兴地告诉他们这一点。

戴夫笑着说："人们经常说建筑物翻修时会惊起鬼魂，因为他们照出来的照片中有很多这样的灵魂球体，不过翻修同样会惊起灰尘。"

换句话说，我们要考虑各个方面，就好像电磁场和灵魂间的联系一样。我打电话给 Trifield 牌天然电磁仪的制造商，询问他们有什么根据确定这种仪器能够探测到鬼魂，因为没有研究能够对此提供支持。蒂恩·瑞丁曾说："没有证据显示电磁场探测仪(EMF)能够探测到电磁场探测仪之外的任何东西。"电话那头的男人说他也不确定，但他猜想一定有人，而且不只一人在鬼魂出没的场所发现电磁场探测仪的指针跳动了一下。

但如果我们把鬼魂从等式的另一端拿走会怎么样？要是人的大脑接触电磁场就会感到有什么看不见的东西存在，那怎么办呢？要是这种能量*真的*是鬼魂呢？

为了寻找到答案，我把我的大脑带到了加拿大。

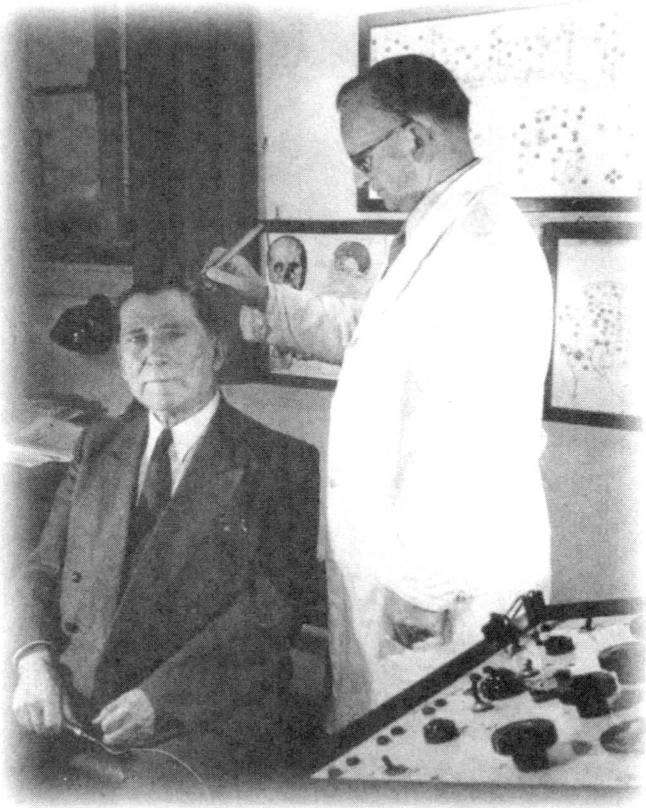

第九章

在闹鬼盒子中

电磁场会让你产生幻觉吗?

很难想象会在加拿大安大略省的苏德布瑞(Sudbury)受到惊吓。这个小城位于多伦多北部150千米,温和而友好。苏德布瑞矿产丰富,尤为著名的是大镍矿,它实际上是利用采空了的镍矿井修建成的博物馆。它门口有一个30多英尺(约10米)高,重达13吨的5分镍币(Big Nickel)巨型雕塑。冰上溜石游戏(curling)在这里很流行。在苏德布瑞网站的"其他有趣东西"中,游客竟然将一个蔬菜小店列为有趣的地方。所以你看,这样的一个小城和恐惧是很难联系在一起的。

可是恐惧却是我今晚的行程中的重要内容。我现在正前往劳伦森大学意识研究实验室(Consciousness Research Lab at Laurentian University)去接受利用电磁场而形成的"鬼魂附体"。该实验室的负责人是神经系统科学教授迈克尔·普新格(Michael Persinger)。他对于鬼魂有着自己的一套理论。他认为某些类型的电磁场活动——不论是地球天然电磁场,还是人为通过器械和输电线而制造出的电磁场——很可能会使大脑出现幻觉,特别是那种无形的、能够感知到某种存在的幻觉。

在1988年发表的一项研究中,普新格将《命运》(*Fate*)杂志在过去37年间所刊登的闹鬼报道与在相同时间内进行的电磁活动对比后,发现了一种联系。他在《神经系统科学论文集》(*Neuroscience Letters*)上发表了他的对比结果。3年后,爱荷华大学的两位心理学家沃尔特·兰德尔(Walter Randall)和史蒂芬妮·兰德尔(Steffani Randall)也进行了一项类似的研究。他们监测了太阳风(Solar Wind)每月的波动(会影响地球的地磁场)。他们想要看看能否在旧心灵研究学会所称的"具有人类特点的幻觉(humanoid hallucination)"中检测到每月的波动。他们的研究发现两者的波动都在4月和11月达到波峰,而在这两个月间达到波谷。

普新格于是将注意力转移到了人造电磁场(EMFs)上。1996年,一对苏德布瑞夫妇在家中发现了奇怪的现象，于是联系了普新格。他们听到呼吸和低语的声音，并一度觉得有人在他们躺在床上的时候碰他们的脚。丈夫发现有一名女子的幻影在他们的床上移动。普新格和他的两名同事开车来到了这对夫妇的家，在每个房间内安装仪器对人造电磁场进行监测。结果与他的理论完全吻合，这个房子到处充满了电磁场，因为地线接得很差，电路上负荷着过多的电器。在这对夫妇感到有"鬼魂"出现的地方人造电磁场尤其密集，不仅如此，这些人造电磁场还出现了明显的不规则现象，普新格认为这是导致鬼魂出现的电磁场的标志。

如果这种电磁场能够产生"鬼魂"的话，那么我们可以合理假定，如果让人接触一种与此相似的、在实验室中产生的人造电磁场，人就会创造出一种普新格所称的人造鬼魂(synthetic ghost)。在我的要求下，普新格博士在今晚就要在我的身上做这个实验。在实验室的后部有一个隔音房间，也就是鬼盒，里面放了一张很舒适的椅子，实验对象会坐在椅子上戴上嵌着电磁石，缠满电线的头盔。普新格就通过这个方式将形式复杂的人造电磁场导入实验对象的大脑中。

通常情况下，我是反对别人将某种力场导入我的大脑中的，但是普新格在大学拥有教职，而且还在核心医学期刊上发表了很多论文，所以我想"这能有多危险呢"。我在去往实验室的出租车后座上一直都在思考这个问题。出租车司机是劳伦森大学的毕业生，他问我要去劳伦森做什么。我告诉他我要去拜访迈克尔·普新格，他转过来看着我说："这个家伙很奇怪，我听说他完全在夜间活动，而且他还养老鼠。"

看来在苏德布瑞，迈克尔·普新格比 5 分镍币巨型雕塑还要出名。他确实有趣多了。"他们说他除草时穿着一套 3 件式西装。"

普新格博士没有在实验室欢迎我，一名研究助理告诉我他稍后就到。我要先填写一些性格调查表，这些将成为我实验资料的一部分。研究助理让我坐在门边的桌子上，在接下来的半个小时里，我一直坐在那张桌子前对着一堆表格打着勾或叉。表格上的陈述稀奇古怪，比如：*我曾被劫持到宇宙飞船上。我有时逗弄动物。我有时觉得自己很没用。我的脑子有点问题*等等。

我无法想象能在这些陈述后打钩的人究竟有着怎样的性格。或许我也可以。*我穿着西装除草。我喜欢老鼠。*

研究助理有事出去了，可不知道为什么她临走前把门锁上了。我坐了一会儿，站起来来回踱步。靠墙的桌子上堆着塑料储物瓶，每个里面都装着两大块人脑，浸在透明液体中。"哦，妙极了。"我这样想着，然后注意到在储物箱盖子上的标签上写着："肖恩和克里斯蒂(Sean and Kristy)"，"米歇尔和霍莉(Michelle and Holly)"，"布伦特和德里克(Brent and Derek)"。在这之后，每到晚上我就会想象那些学生正在解剖人脑，而且不会想到储物瓶中的人脑就是"肖恩和克里斯蒂"。

我身后的门开了，一个穿着3件套西装的男人走了进来。他的西装是黑色细条纹布料，上面还有一个怀表袋。普新格博士头发花白，看起来整洁而理智。他走过来介绍了自己后，还没来得及坐下就开始检查我的性格测试表。他看上去恨不得马上把我关到那个小房间里。我跟他说我想先问几个问题。他说没问题，还说我们可以去病理室，在那里聊聊。我想象那个房间的镶板是黑色的，理事们低声地交谈着。

普新格博士在建筑的另一端打开了一扇看起来很普通的房门。房间里有两长排笼子，气味刺鼻，是一股动物群居在一起的味道，比如说老鼠。但是这些啮齿动物并不像出租车司机说的那样是宠物，它们是人造电磁场效应实验的研究对象(普新格认为某种人造磁场能够治疗包括抑郁和多发性硬化在内的一系列疾病)。他告诉我他经常在夜里来这里好几次，做做调整，搜集资料，到了凌晨4点才去睡觉。这就是他所谓夜间行动名声的由来。

他在检查老鼠的同时，给我讲述了他的理论。某种电磁场如何能够使人们听到东西，或感知到某种存在？答案集中在这样一个事实上：人类接触电磁场会降低褪黑激素(melatonin)的水平，而这是一种抗痉挛物质。如果你身体系统中这种物质偏少的话，你的大脑，特别是大脑中的颞叶(temporal lobe)就会更容易出现类似于癫痫的微小痉挛，这些痉挛会使人产生微妙的幻觉。普新格补充说，失去亲人的悲痛情绪会产生应激激素，而这种激素会提高这种痉挛出现的可能性及强度。

普新格不是研究灵和颞叶痉挛之间关系的第一人。2002年的《心理学报告》上发表了一项针对242名大学志愿者所进行的研究。这项研究设置了一项问卷，以评估一系列复杂的部分癫痫症状，包括幻觉、恐惧和一种脱离肉体的感觉。志愿者们在98项灵性评估问题上的得分很大程度上反映了整个问卷的得分。这些部分癫痫症状也被称为颞叶癫痫(temporal lobe epilepsy)，这种症状经常诊断不出来。由于他们的这些神秘经历缺乏合理的医学解释，这些病人通常会将其解读为灵异事件，并由此调整了他们的信仰体系。

看上去普新格博士已经将整个鬼魂事件漂亮地解决了。产生天然微小痉挛的人——复杂的部分癫痫的受害者——确实经常会出现幻觉。而且人体接触人造磁场确实会降低人体褪黑激素的生成。这些现象已经在魁北克麦吉尔大学奶牛综合症[①]

---

① 回家后，我写信给奶牛综合症研究员贾维尔·博查德(Javier Burchard)，向他询问奶牛是否曾表现出好像在房间中感知到了某种存在。他回答说他从未看到过任何能够引导他“向那个方向进行研究”的足够异常行为。这让我觉得他真的看到过奶牛出现微小的异常行为，所以我再一次写信给他，希望他向我提供点相关细节。我在信中的语气显然好像我自己也有一个奶牛综合症研究室，所以他回信说：“对不起，不过我不能向你提供任何奶牛故事。”

“牛科动物接触房间”中的老鼠和奶牛身上得到了印证。

普新格的实验结果显示确实能够通过实验室中生成的人造磁场来唤起那种闹鬼的感觉。普新格博士在大约1 000人身上做过这个特别实验。博士在他们的右颞叶处安装上电磁发射装置，结果有80%的实验者感觉到了某种存在。2002年，普新格在《神经和精神疾病期刊》(*Journal of Nervous and Mental Disease*)上发表了一篇有关在实验室中制造出鬼魂的论文。48名大学学生分4组接触了电磁场，第一组的是右颞叶接触，第二组是左颞叶接触，第三组是两边颞叶同时接触，第四组是虚假接触。实验结果显示，右脑接触电磁场的学生较之左脑接受电磁场和虚假接触电磁场的学生更容易感觉到恐惧并感知到某种存在。

普新格用来让他的客人感到鬼魂附体的隔音房间大约有货运升降梯那么大，看上去大概装修于20世纪70年代。房间的地板上铺着黄色和棕色的粗毛地毯，实验对象所坐的那把椅子用廉价的墨西哥毯子盖着。此刻有一半的我期待着有人能向我伸出援手。

实验室主任琳达・圣皮埃尔(Linda St-Pierre)正将插脑电图描记器(EEG)导线接在我的头皮上。我忽然想到刚才在做问卷的时候有一条陈述让我颇为不解，于是我决定趁这个时候问问普新格。这条陈述是这样说的：“虽然这些幻影是极端状况依赖(state-dependence)的人为产物，但是我们不能排除这些幻影也可能预示着人们产生了某种能力变异。人类有可能能够探测出通常无法鉴别出的刺激。”他所说的这种“通常无法鉴别出的刺激”是由死人产生出来的吗？换句话说，某种特殊类型的电磁场可不可能并不是令人产生幻觉，而是强化了人们感知到某种真正超自然刺激或实体的这种能力？

普新格承认这两种解释都可能是正确的。很可能是人们在生理上受到了电磁场的影响后从他们自己的文化层面(“鬼啊！”)上来解释这种经历，也可能是人们——至少一些人——在大脑受到电磁场影响后突然获得了某种普新格所称的“环境中的真实信息”。普新格认为后一种解释可能性较大。他说：“特别是当人们在同一个地方不断经历同样的事情的时候。”我来实验室前认为普新格是一个怀疑者，一个骗局揭露者，不过现在看来他显然两者都不是。

普新格一边讲着话，一边在我头上缠了一条佩斯利涡旋纹花呢围巾来保护脑电图描记器导线。他说这条围巾他已经用了很多年了。说到这儿，他突然停顿了一下，说：“如果结果证明我们的所有猜想都是错的，如果所有的问题都出在这条围巾上，那岂不是很有趣？”普新格将一个橘色的斯基杜牌(Skidoo)头盔扣在头巾的外面，上面粘了8块小电磁石，它们将向我的大脑传送几毫秒长的脉冲。普新格向我保证，电磁波的强度不会高于干发机。重要的并不是电磁强度，而是电磁场的类型和性质。然后他关了灯,退到了门口。

"准备好了吗?"

没有。不过我还是回答说:"哦,好了。"

门被重重地关上了,伴有低低的放气声,就好像宇宙空间站的气锁阀被锁上了。5 分钟过去了,我希望能够感知到某种存在,可是我只有失去的感觉,失去了声音,失去了光线,失去了我所期望的那种可怕效应。如果你有过曾在黑暗中等待惊喜派对开始的经历,你会明白我现在的感受。我感到很失望,我担心我会使普新格博士同样失望。那张问卷上的一些陈述看来是对的。*我的确有时觉得自己很没用。我的脑子一定有问题。*

实验快接近尾声时,我开始看到听到一些东西。我脑中快速闪过了人的面孔,听到了人们说的话。不过因为这一切实在是太快了,一秒钟后我就不记得自己看到听到了什么。我一度听到远处又不断重复的警笛声,就是那种提示机动车停下的警笛声。

实验结束后,普新格博士走进房间,坐在长软椅上问我刚才的感受。我打断他:"你听到警笛声了吗?"

"没有。"

"我听到了。在那个方向很远处。"

普新格从记事本中抬起头说:"这个房间是隔音的。"

"哦。那么我一定是打盹了。"

"你在给这一经历定性,"普新格博士说。"不要定性。"他站起身给我撤下脑电图描记器导线。然后他翻看了笔记本上整洁连续的笔记。"你没有打盹。你清醒得很。"

不管我为什么会听到看到东西,但由于这一经历让我感到很真实,所以我不会把它解读成一种超自然现象。在大约 5 年前,有几个月我经常在半夜从梦中惊醒,听到有人在敲前门或者后门,声音很大。敲门声非常清晰,非常真实,所以第一次听到后,我甚至下了床,穿上睡袍蹒跚地摸索到门口。我丈夫艾德(Ed)当时正在客厅读书,我的这副模样让他觉得很有趣。没有人在门口,也没有敲门声。那个经历比这个离奇多了。不过可能因为这次是坐在实验室中期待着什么事情发生,而那次是躺在床上睡大觉,所以不同的场景可能会使实验室经历好像更诡异。

普新格说我的性格评估显示我是左脑主导型,是"最不容易有反应的人"。为了让我做个比较,他把针对那些反应积极,右脑主导型对象的实验记录拿给我看:

"我觉得背后有东西,它移动到了我的左边……当它移动到我的右边时,我觉得非常安全……当我觉得它慢慢消失了'我们改变了磁场参数',我禁不住哭了出来。”

“我开始感到有人存在，但我看不到他们；他们在我的两边移动。他们是没有颜色，看起来灰灰的人。我知道我是在屋子里，但那一切非常真实。”

最令人印象深刻的，至少对于我来说，是一位曾经是超自然研究者，后来转为超自然怀疑者的苏珊·布莱克莫尔(Susan Blackmore)的反应。她当时正在为《新科学家》杂志撰写一篇文章，采访普新格时她已经转变为一名超自然怀疑者。她在实验后说：“我觉得有什么东西拉住了我的腿，然后一边拧它，一边把它往墙上拽。”

我之所以没感知到鬼魂的存在，很可能确实因为我的颞叶天生无法感知到这一切。而且超自然怀疑者(苏珊·布莱克莫尔除外)和相信者的最大区别就是他们天生神经结构不同。但是问题还没有解决：那些大脑受到电磁场影响的人，他们是否真的接收到了一些我们无法接收到却真实存在的东西，还是他们只是出现了幻觉？我们只能又一次无奈地耸耸肩了。

第十章

倾听小精灵

一位心理声学家在英格兰闹鬼地扎营

福禄克·格伦威尔爵士(Sir Fulke Greville)自1605—1628年生活在华威城堡(Warwick Castle)。1628年,他被其心怀不满的男仆拉尔夫①(Ralph)刺死。这宗谋杀案发生在伦敦,不过,格伦威尔爵士的灵魂却像是走失后坚定不移要回家的宠物一样回到了华威城堡。我猜它是搭了杜莎集团(Tussaud Group)的顺风车回家的,因为正是这个开蜡像馆的集团于1978年买下了这个城堡,并创立了一个以福禄克为灵感的特别节目"华威鬼魂——还活着!"("不宜于神经错位者观看")。

福禄克爵士是考文垂(Coventry)最有名的鬼魂,也是这个小镇最大的收入来源,但我却不认为它是这个小镇最有魅力的景观。到了考文垂,你不能不去拜访一下特许工程师和心理声学家维克·坦迪(Vic Tandy)的家。坦迪在考文垂大学教书,他是一个身形硕大的中年男子,笑容灿烂,鼻子上架着高度近视镜。也许是由于镜片太厚了,镜框一边有点失去了平衡。他太符合我心目中典型的工程师形象了,所以当我听到他说"我是气道二级"和"我还是个魔术师"时,我必须控制自己不把"真的吗?"说出口。我现在正和坦迪、他妻子林恩和儿子保罗一起坐在客厅里。保罗在当地的集市上租了个摊位卖恶作剧玩具。如果你了解这个家庭的话,你会知道保罗拥有哲学博士学位。

坦迪遭遇的鬼故事发生在20多年前的一家生产生命维持系统的工厂旁。坦迪为这个工厂设计产品经常加班。一天夜里,他喝完咖啡回到实验室,清洁工拎着

---

① 一个吸引人的时刻使整个事件变得不那么单调了。格伦威尔是大英百科全书所称的"简单写作风格"的支持者,他在活着的时候没有出版任何著作。由于他的良好出身和不参加社交的习惯,格伦威尔最终被授予"巴斯勋爵称号(Knight of the Bath)"(巴斯爵士是一个女王陛下官方勋爵士团。女王陛下不喜欢蒙蒂·皮东(Monty Python)风格的滑稽表演,或者她也许是喜欢的,约翰·克莱斯(John Cleese)就被授予了——后来又被撤销了——不列颠帝国勋章。)

水桶从他身边走过，表情僵硬。“她告诉我实验室里有鬼，这让她一直感觉不安，就好像有什么人一直在跟着她，然后一个灰色的东西映在了她的眼角，她马上就跑走了。”

坦迪当时首先想到可能是麻醉药瓶没盖紧，所以漏出的气体使清洁工出现了幻觉。检查后发现一切正常，然后他想到这可能就像华威城堡那些人所指的是神经错位现象。第二天晚上坦迪又工作到深夜，这一次他自己开始觉得有东西不对劲。“我觉得我颈背部的毛都立起来了。”①这一次，坦迪又怀疑是麻醉烟雾的问题。坦迪的实验室同事那时使用四氯化碳（tricoethylene）为机器零件去油污，所以他猜想会不会有人没有把装四氯化碳的瓶子盖严。“我检查后发现不是这个情况，所以我想，好吧，我先去喝杯咖啡。我回来后，一切如常。”他又感到颈背部汗毛竖立。“然后我看到这个灰色的物体在我周围晃来晃去。我承认我是为它附加了一个形状，使它能有点意义，但是……一度我真的看见了它的胳膊和腿。但我转身看它时，它却消失了。我第二天要去参加一个击剑比赛，所以……”

“真的吗？”

“对，所以我把花剑带到办公室准备修一下。我把花剑放在虎钳内，然后走去我的办公桌，我回来的时候，发现它自己在动。啊!!!!!”我不知道应该如何形容坦迪刚才发出的声音。你可以想象一下一位歌剧演唱家被上绞刑时，唱出的声音渐强的咏叹调，差不多就是这样。他的意思是他被吓坏了。不过只是一会儿而已。“我想，不，不，冷静一下，一定是有原因的。”

曾经当过工程师的坦迪决定找出答案。如果这个时候清洁女工刚好走进来的话，她一定会对她工作的这个地方的安全性和正常性产生怀疑，因为她会看到维克·坦迪（Vic Tandy）双手双膝着地，在油毯上缓缓移动着一个隔离工具。每过几秒钟，他会停下来在笔记本上写点东西。通过观察刀片的震动，他能够测量到某种声波的波峰和波谷，并确定它的频率。坦迪怀疑所谓的鬼魂就是这种声波。（音压力波（sound pressure waves）会令它们所接触到的物体震动；如果这个物体是耳膜的话，大脑便会捕捉到这些震动——特定范围内的震动——并将它们默认为声音。）

坦迪怀疑他遇到的这个鬼魂是一种听不见的、低频率的声波——次声（infrasound）的产物。他确实在实验室的测试仪器上发现在19赫兹时，这种声波出现了

① 坦迪在这里用的是比喻的说法。人类的颈背部并没有可立起的毛发或羽毛。对这一问题进行调查后，我发现可立起的羽毛在飞蝇鱼钩中应用得比较广泛。我花了很长时间才搞清楚这个，因为在Google上搜索出的内容都是类似这样的话：“这是梅斯灰母鸡颈背部羽毛，可以用来做马图卡风格飞蝇鱼钩的饰带式毛钩翅（streamer wing）。同时也是饰带式毛钩领（streamer collars）的首选材料，因为它质地非常柔软，而且小羽支‘打开’后会跳动。”

陡峭的波峰(次声的频率是0—20赫兹)。如果声源足够强大的话,次声不仅能够使隔离银箔震动,而且还会引起一切形式的诡异的现象。2001年9月,在利物浦大都会教堂(Metropolitan Cathedral)举行的钢琴音乐会在几个固定的时刻发出了次声脉冲。演出开始前,观众们在毫不知情的情况下收到了一份问卷,并被要求在演出结束后填写这份问卷。观众在问卷中反映他们在某些时候感到了身体不适,比如说颈背部有麻刺感,"胃部有奇怪感觉",还感觉情绪高涨。而他们出现这些症状的时间正是次声脉冲被发出的时间。

次声也被证明能够导致视觉异常:有时会出现视觉模糊,视觉景物震动。坦迪向我解释说眼球的共鸣频率是19赫兹,也就是说当接触到频率为19赫兹的次声,人的眼睛会和声波一起震动。这种情况类似于强有力的歌剧声音对酒杯的影响:当声音——由震动着的声带的压力波创造——的频率达到玻璃的共振频率,玻璃便会开始随着声波振动,而且如果这个频率的歌声一直持续下去,玻璃很有可能粉碎。

坦迪还向我解释说外围视野(peripheral vision)对运动特别敏感,这使我们能够敏锐地察觉到有人鬼鬼祟祟地走到了我们身边。"如果你的眼球抖动,那它就会偏向于外围视野。"清洁女工视线边缘出现了形态模糊的灰色鬼魂可能就是眼球抖动的结果。

坦迪接下来开始探索这种声波的来源。他在地下室发现了它。"建筑维护部门的人更换了一个排气扇",坦迪说,"我想他们是自己做的换气扇。有太多太多能量我们是不需要的。我的意思是说当看到排气扇晃来晃去,而且对面整个大楼'随着它'在晃动时,我很惊讶。"

所有这一切使坦迪开始思考:要是去拜访一下英格兰著名的闹鬼景点,并采集那里的声音资料会有什么发现呢?人们声称自己看见鬼魂的这种现象会不会就是次声作用下人产生的幻觉呢?坦迪越想越觉得这事可行,因为一般古老建筑的墙更加厚重坚固,因此共鸣效果更好。而且古老废弃的城堡和地窖中一般没有家具或窗帘来吸收声波,所以是非常好的研究地点。次声也能够帮助解释为什么人们看见鬼魂的地方都很集中,为什么他们都是在房子中某个特定房间里发现鬼魂。这是因为次声很容易"汇聚"在某个地方——它在波峰和波谷重叠的地方最强,在波峰和波谷相抵的地方消失。坦迪甚至用次声解释了为什么人们在遇到鬼魂的地方通常会觉得很冷。次声能够刺激某种挑战或逃避反映(fight-or-flight response),而这种反应会将血液流动降至极限,因此人们就会感到寒意(觉得心跳加速,不安也是这个原因)。

坦迪从当地流传的谣言中知道考文垂游客信息中心(Coventry Tourist Information Center)是一个开始实验的理想场所。虽然中心的工作人员一直向游客推荐“华威鬼魂——还活着!”这个景点,可是他们自己认为他们所在的这个地方实际上就有灵异事件发生。工作人员在信息中心的地基中的洞穴处发现了一个建于14世纪的地窖,他们把它作为储藏室使用了。坦迪在《心灵研究学会期刊》上就这个实验项目发表了一篇文章。他在文章中引用了一个曾经陪着一位加拿大游客到过地窖的导游所说的话:“这位先生在地窖中都要冻僵了,脸上没了血色。”

坦迪到地窖中做过几次测量。我问他有没有什么异常感觉。他说他只有一次瞬间感到有什么东西“从头上扫过”。坦迪的妻子林恩曾陪他去过几次。她主动跟我说她什么也没感觉到。“尽管我曾在塞恩斯伯里奶品场(Sainsbury's dairy area)里有过几次奇怪的压抑感。”这话是我说的,不过由于我想学她说话的语气,或者说是以我小学四年级的语气说话,我说出来的是竟然是“塞恩斯伯里的臀部(Sainsbury's derriere)”(“dairy area”和“derriere”发音相似——译者注)。林恩的表情表明我的幽默并没有取得预期效果,而且好像我自己就是个“diary area”。

坦迪没有在地窖内部发现次声频率,不过在地窖外部发现了。通往地窖的走廊中存在着频率为18赫兹的次声波(尽管还不知道声源是什么)。坦迪猜测,人们之所以认为地窖中有鬼,是因为它的外观。“你不会在一个采光良好,墙壁雪白的走廊中看到鬼,而你会在一个穹形的建于14世纪的地窖中看见鬼。”

多特蒙德大学非致命性武器专家尤尔根·阿尔特曼(Jurgen Altmann)认为,次声能够引起很小一部分人耳蜗中液体的震动,这些震动的产生是由于耳部骨结构罕见的解剖学缺陷所造成的。它们能够创造出一种突然的,无法说明的移动感,而这正是地窖参观者产生不安情绪的原因。

然而大部分的访客都没有任何感觉。坦迪在那周的早些时候做了个报告,之后把所有听众带到了那个地窖。尽管他们都做好准备要在那里感知到什么东西,但是50个人中只有一人有了奇怪的感觉。在工业次声上也会出现这种奇怪的现象。美国宇航局(NASA)的宇航员们在发射舱中会接触到大量次声震动,但是没有证据显示他们受到了有害影响。(事实上,坦迪就是在一份国家宇航局承包商报告中读到眼球效应的。国家宇航局在20世纪60年代曾做过实验让志愿者接触次声。坦迪说他们的目的是确定“他们不会在月球上造成干扰。”研究表明只有一少部分人对次声敏感。坦迪认为,如果办公室工作人员开始谈论不良建筑综合症(Sick Building Syndrome),那么次声很可能就是罪魁祸首。据说有些人对次声尤其敏感,甚至是海洋发出的超低频次声都会使他们感到恶心。但我们不能随时随地就竖起个扩音器来播放次声,致使人们出现生理和心理不适。

这一事实令军事工业界很是失望。多年以来,次声被鼓吹为下一个最有力的非致命性武器。很显然,如果要作为武器,次声需要用强有力的扩音器来提高分贝水平,除非你只想要你的敌人感觉怪异。如果过度接触次声,人体会出现各种不适症状:恶心、大量分泌唾液、“极度心烦”、心跳加速、视野震动、“心脏兴奋过度”、窒息、呕吐、肠痉挛和“无法控制通便”等等。尤尔根·阿尔特曼是我在这个领域所能找到的最为权威的专家。他说刚才列数的可怕症状有一半是来自传闻。阿尔特曼曾翻阅过大量相关文献资料,他发现只有呕吐症状的记载,并没有资料显示会出现肠痉挛或无法控制通便①这两个症状。

与甚嚣尘上的网络流言相反的是,次声武器在现实生活中非常罕见。阿尔特曼发现了一家名为对人类具有非致命性影响的装置测试中心(Center for the Testing of Devices with Non-lethal Effects on Humans)的俄罗斯机构,它声称已经开发出能够将频率约 10 赫兹,棒球大小的脉冲推进几百米的一种装置。阿尔特曼无法找到任何有关这一装置功效的信息,但是他的语气分明表示出了不屑。

尽管如此,人们依旧担心。坦迪说:“还是有人打电话给我,说他们觉得自己的邻居正在通过向他们发射次声波而企图将他们赶出房子。”我曾经有个邻居经常从窗户中发射分贝极高的老鹰乐队的歌曲,不费吹灰之力就让我们感到恶心和极度心烦。如果可能的话,我倒是想用次声波报复他一下。

“不妨试试教堂的风琴,”坦迪建议说。“大风琴能够释放出大量次声。或者你也可以租头大象,效果差不多。”

科学家新近发现大象、鲸鱼和犀牛是通过次声波进行沟通的。它们能够释放也听得懂次声波。北卡罗来纳动物沟通研究学院(Fauna Communications Research Institute in North Carolina)的最新研究成果显示,老虎也是通过次声进行沟通的动物。老虎们通常要守护大片领地,而次声所具有的能够长距离传播和穿透密集植物的优点。这样一来,老虎们就可以利用此声来警告入侵领地者。

坦迪能够理解老虎利用次声进行沟通,但是他对于人类——虽然只是一小部分人类——能够感觉到次声这个事实感到颇为困惑。如果我们在日常生活中并不利用次声进行沟通,人类的这种能力为什么没有退化呢?能够利用次声感知是否有老虎埋伏在周围对于原始人类来说的确实一种宝贵的技能。“也许在地窖中,有

---

① 这个和通便有关的谣言可能来源于一件马克·吐温(Mark Twain)轶事。一本格里·瓦斯雷托斯(Gerry Vassilatos)所著的有关声音武器的畅销书中记载了这则轶事。据说,古怪的物理学家特斯拉(Nikola Tesla)曾经拿温和的次声做过实验。他让人站在震动的讲台上整整一分钟后才让他下来,如果中间实验对象的心脏兴奋症状演变成了心悸,他就会马上结束实验。有一天,马克·吐温来拜访特斯拉,他很喜欢这个实验讲台,拒绝从上面下来。瓦斯雷托斯在书中写道:“特斯拉的担心被震动着的机器和马克·吐温难以控制的兴奋所淹没……又过了几秒钟,马克·吐温差点弄脏了他的白色西装。”

些人的老虎探测器被打开了。”

这项研究和坦迪的工作非常吻合。尽管老虎的发声频率很广，有些是我们听得到的，有些是我们无法听到的，但是他们的吼叫声的频率低于 18 赫兹——这与次声的频率非常接近。这一发现使得坦迪跃跃欲试。为了验证老虎利用次声吓走潜在敌人这一理论的正确性，一直记录老虎发声的研究员伊丽莎白·穆更塔勒(Elizabeth von Muggenthaler)架起了一个超强扬声器来向老虎播放它们自己的吼叫声和咆哮声。如果声学能够模糊听力敏度图(audiograms)和光谱分析(spectrum analyses)之间的界限，那么这个实验就做到了这一点。穆更塔勒总结说这些老虎发声的录音使老虎们“咆哮着扑向扬声器”。

你自己在家就可以做这个实验。你只要把你的电脑音箱的声音调到最大，然后登陆到 www.acoustics.org/press/145th/Walsh2.htm，在关于老虎咆哮那段的末尾点击声音图标就可以了。我做了这个实验。尽管在实验前我做好了充分的心理准备，不过播放这段声音时，我还是被吓了个半死。老虎们和狮子们站在笼子里连续咆哮了整整一分钟。听了这段录音，尽管我心里并不觉得难受，但还是忍不住哭了起来。在这之前我也曾有过两次这样的反应，我猜也许就是次声在作怪。一次是站在屋顶，头上有蓝天使战斗机(Blue Angels fighter plane)在盘旋，另外一次是在一座被爆破的建筑倒塌时站在距离出事地点仅两条街远的地方。我也曾在周日作弥撒时感到胸部有说不出的异样。我当时把这归因于上帝把我看穿了，发现我并没有认真在听，所以对我进行了惩罚。现在看来，我想应该是教堂的风琴，而且我想我应该是对次声波敏感。

我很快就会知道确切结果，因为坦迪承诺让我接触一些 19 赫兹的声波来测试一下。事实上，我们现在正要开始做这个实验。坦迪从沙发上站起身。现在已经是晚上 6:30 了，考文垂旅游办公室已经关门了。我们是不是应该到华威城堡找个闹鬼的炮台去做实验呢？坦迪在一楼走廊中间左转了。看来我们是不去华威城堡了，我们现在是去坦迪和林恩家的餐厅。“你在这里会接触到连续的 19 赫兹声波。我已经准备就绪了。”

坦迪的笔记本电脑已经建立起了一个次声传输渠道，它会将电脑生成的次声传入一个汽车立体声放大器的次重低扬声器中(subwoofer)，然后再传入另一个扬声器中。他拉了一把餐椅示意我坐下。扬声器就放在我面前的餐台上。坦迪问我：“准备好了吗？”

他在笔记本电脑上敲了几个键。我们安静地坐着，低着头，就好像在等扬声器做饭前祷告似的。坦迪在椅子上挪动了一下说：“对不起，我的肚子响了。”然后整个餐厅又归于安静。

我觉得我感知到了什么东西，但这一次还是由于我期待感觉到什么，是对它有所期待，所以我这是不是心理作用。坦迪说一般扬声器播放次声的时候他什么也感觉不到，但当他关掉扬声器时就会发现房间有些不同。所以我们把次声关掉了，聊了一会儿，又把它打开了。很难说我有没有感觉到什么异样，这种感觉特别微妙。

林恩进来摆餐具准备开饭了。她走后我请坦迪最后再放一次次声。他身子向前倾了倾，又敲了几个键。我的脑中有没有轻微的嗡嗡声？一种微弱的，难以形容的异样感？有的，我觉得有。我低声说道："我已经能够感觉到什么了。"

坦迪从键盘上抬起头说："我还什么都没感觉到。"

如果你问我哪一个才是更加可能的解释——次声还是魂灵——我会告诉你将奥卡姆剃刀(Occam's razor)的智慧应用其中，那就是在两个互相矛盾的理论中，哪个最简单，最不牵强，你就应该把筹码放在哪个理论上。但是根据刮胡者的不同，奥卡姆剃刀的观点显然也不同。如果你相信死后生命存在，那么对于听到了你死去父亲这一现象最直接的解释就是你听到了他的灵魂在说话，而次声、眼球震动和挑战或逃避反映这些解释就显得不重要了。但是如果你不是那么相信灵魂说，那么这种人死后灵魂会离开肉体继续以某种有序形式存在，并能够和人进行沟通的论调便需要更为详细和复杂的解释了。

我们已经把自己搞得晕头转向了。也许我们应该停一停，不用科学方法来解释这个现象。也许我们可以用一些其他的方法。比如说，有没有人曾经尝试过在法庭上证明灵魂的存在呢？事实上，在北卡罗来纳州中部农场地区的确有人这样做过。那是在大约8年前。

Jas L Chaffin (seal)

this January 16 1919

第十一章

查芬和穿大衣的死者

法律做出对灵魂有利的判决，作者找来专家证人

1925年夏天，一位普通的北卡罗来纳州农民的普通生活因为一件事而起了波澜。詹姆斯·平科尼·查芬(James Pinkney Chaffin)和妻子女儿生活在一幢四居室的房子中。房子坐落在他们自家的甘蔗和棉花田里，旁边有一条小溪缓缓流过。平科尼自己采摘，捆绑棉花，并把自己种的甘蔗酿成糖浆，再把糖浆装在桶里，卖给左邻右舍，或者背着糖浆桶到莫克斯威尔(Mocksville)镇上卖给那里的居民。他还自己刻斧柄，25美分一只。妻子做的黄油也会被他拿出去卖钱。周日，一家人会步行2千米到埃詹姆斯浸礼会教堂(Ijames Baptist Church)做礼拜。他每周都坐在同一个靠窗的座位上——"这样一来他就可以向窗外吐烟叶了，"他的外孙里斯特(Lester)回忆到。到了晚上，平科尼会坐在火炉旁把靴子擦得锃亮，把刀刃磨得更加锋利。他不抽烟也不喝酒。里斯特说他"简单得像张白纸"。

1925年6月的一天早上，平科尼告诉妻子他去世4年的父亲昨夜在他的床边出现了。他很严肃，并没有讲述预示未来的梦、鬼故事或恶作剧之类的东西，所以你可以想象那天早餐的气氛有点怪怪的。他向妻子坦白说在过去的几个月中，他曾几次梦见父亲面带愁色地站在他床边。前一晚，他梦见父亲穿着黑色大衣①，他认出那件大衣是父亲生前穿过的。父亲走近床边，打开外衣的一边，就好像小偷急于要将偷来的表脱手一样。莫克斯威尔镇的《戴维记录》(*Davie Record*)报纸记录

---

① 心灵研究学会(SPR)创始者之一的弗雷德里克·迈尔斯(Frederick Myers)写过一篇文章讨论"鬼魂所穿的衣服——或穿衣服的鬼魂这个问题……如果A的灵魂穿着黑色外套，是因为A穿了黑色外套，还是B(看见A灵魂的人)习惯看到A穿黑色外套？如果A死后喜欢上了棕色外套，而这件外套B没有见过，那么A的灵魂所穿的那件外套在B的眼中会是黑色的还是棕色的呢？A在葬礼上穿的寿衣是不是就会成为他死后所穿的唯一一件衣服？"迈尔斯猜想A的灵魂触发了他在B心目中惯有的形象，因此在B看来，A所穿的那件外套是他经常看见A穿的黑色外套，或者是A下葬时穿的寿衣。

了平科尼的描述："父亲指了指大衣的里袋，说：'你会在我大衣的口袋中发现我最后写下的遗嘱。'"

那个时候所有人都知道平科尼父亲的最后一份遗嘱写于1905年，后来被戴维郡法务助理办公室保存。由于经历了被子女出卖事件（这事儿还挺复杂），这位老农将自己的全部不动产——约102英亩（413 100平方米）的农田——都留给了三儿子马歇尔（Marshall）。平科尼和他的哥哥约翰以及最小的弟弟艾伯纳（Abner）什么都没分到。而在那个年代，土地一般都由长子继承，因此这对于约翰的打击尤其大。虽然3兄弟对遗嘱多少有些不满，但还是接受了。

平科尼的家人和朋友这下子都知道了他那个离奇的梦。几经找寻，平科尼终于在他哥哥约翰家的阁楼上找到了父亲的黑色大衣。他说："我检查大衣内袋时发现袋口被缝上了。我马上把它拆开，在里面发现了被细绳系着的一卷纸，纸上是父亲的笔迹，内容只有一句话：'参见我父亲那本老《圣经》创世纪第27章，（27章是关于一对兄弟的寓言故事，讲的是一个兄弟骗走了另一个兄弟的合法遗产）。"在女儿艾斯特尔（Estelle）和邻居桑姆·布莱克卫尔德（Thom Blackwelder）的见证下，平科尼前往母亲家，并在阁楼中找到了那本老《圣经》。布莱克卫尔德打开了这本残破的圣经，翻到创世纪，发现第27章的第一页被折起来了，里面夹着一小张黄色格子便签纸。这第二份遗嘱写于1919年，内容是将所有土地平均分给4个孩子。得到父亲全部遗产的马歇尔在继承遗产后不到一年就由于心脏瓣膜有缺陷而去世了。不过他的妻子苏茜，这个被里斯特形容为比查芬家任何弟兄都要象"城里人"的女人，马上对第二份遗嘱的有效性提出异议。于是双方择期上庭。

和任何包含了鬼魂、大笔金钱和亲戚结仇情节的故事一样，查芬家的故事快速传播开来了。到了开庭那天，媒体记者们蜂拥而至，堵在了查芬家的起居室内。平科尼带着10名证人——其中包括家人、朋友和邻居——来到了法庭。这些人都已经做好出庭作证的准备，他们要证明第二份遗嘱上的签名确实属于老查芬（James L. Chaffin）本人（遗嘱上并没有见证人的签名）。陪审团宣誓后，法官宣布午休。重新开庭后，苏茜的态度发生了逆转，她声明承认第二份遗嘱上的签名是真实的，并撤回了自己的反对意见，很显然苏茜和3兄弟在午休期间达成了某种共识。这一举动使到庭的媒体记者和镇上居民都惊呆了，并且十分失望。苏茜和3兄弟同意平均分配土地。陪审团于是正式判决受到质疑的文件——其秘密藏身地点是由鬼魂指出的——确实是老查芬的第二份遗嘱。这个案子就这样结案了。法庭做出了对鬼魂有利的判决。

尽管记者们没有看到预想的亲戚间互相指责咒骂的场景，不过他们带回了更好的新闻素材。一家地方报纸的头版标题是"亡者在梦中回归"。另一家报纸抛出了这样的问题“死人真的能从坟墓中说话吗?”。

大约1年后,英国心灵研究学会得知了这个案子,并且雇佣了一名来自北卡罗来纳州阿伯丁(Aberdeen, North Carolina)名为约翰逊(J. McN. Johnson)的律师来对案子涉及到的各方进行采访,然后集结成一份报告。约翰逊称他对英国心灵学会成员的信仰“缺乏尊重”,不过他承诺会以开明的思想来完成自己的工作。他声称已经获得平科尼和他的邻居桑姆·布莱克卫尔德的证词。就是布莱克卫尔德用车载着平科尼和他女儿去找他父亲大衣和祖父的《圣经》的。平科尼一家的真诚给约翰逊留下了深刻的印象。他在1927年给心灵研究学会的信中写道:“我可以确定地告诉你们,只要你们和这些诚实的人们交谈过,只要你仔细观察过他们纯净、不谙世事的表情,你们的怀疑就会和我的一样,消失在稀薄的空气中。”他最后得出结论,认为第二份遗嘱是真实的,而且那个看似不可能的鬼故事也是真实的。

约翰逊排除了第二份遗嘱被伪造的可能,因为不仅仅是证人证明了遗嘱字迹的真实性,就连被告自己——马歇尔的妻子苏茜——都承认第二份遗嘱上的确是老查芬的笔迹。

你可能会觉得心灵研究学会应该就此罢休了,不需要更多的证据了。你会觉得约翰逊的这样一封信和一场法庭胜利应该打消了他们的怀疑,他们应该把这封信和这个案子刊登在学会的期刊上作为死后生命确实存在的证据。但如果你真的是这么想的,你就错了。约翰逊的信邮出不久,他便收到了心灵研究学会荣誉官员索尔特(W. H. Salter)给他的长达10页的回信,这份回信至今都保存在心灵研究学会的查芬遗嘱档案中。索尔特认为——你也会同意他的观点——这个案子有诸多疑点。如果老农夫真的改变了心意,决定把土地平均分给4个儿子,为什么他要如此费心地把新遗嘱藏起来而没有告诉任何一个儿子,甚至没有告诉任何人?索尔特写道:“当然我承认并不排除立遗嘱的人会做出荒唐的事,也不排除农夫们有这种隐秘从事的习惯,但是这个案子中的遗嘱设立者似乎把这两点都发挥到了极致。对于这个幽灵来说,他的遗嘱如果没有告诉别人的话就永远都不可能实现。我们很难想象他在活着的时候就已经料想到自己能够以鬼魂的形式出现。”

作为心灵研究学会的创始者之一,弗雷德里克·迈尔斯(Frederick Myers)在他长达700页的著作《活人的幻影》(*Phantasms of the Living*,中间有一章讲的是死人的幻影)中阐述心灵研究学会的态度。麦尔斯认为大部分的幻影都是观察者自己在脑中创造出来的,特别是像老查芬这样“传达出口头信息的幻影”,这种情况被认为是“鲜有发生的”。事实上,在一份学会年度幻觉统计(Census of Hallucinations)中,我们发现在427例鬼魂经历报告中,有197例完全是在视觉上看到鬼魂,107例完全是听到鬼魂发出声音,只有66例是既看到了鬼魂,也听到了它们说话。

约翰逊律师回信给索尔特,并给出了一个合理的解释。平科尼的一位邻居曾告诉他,老查芬对于三儿媳苏茜有着“致命的恐惧”。更改遗嘱就意味着要和苏茜对抗,毫无疑问这是老查芬决不愿意做的事情。也许他因此就把新遗嘱藏了起来,准备在他临终前告诉他的 3 个儿子,这样一来他就不用面对苏茜的怒火了。然而,我想他错误地估算了时机,还没来得及把写遗嘱的事告诉自己的儿子们就撒手人寰了。约翰逊在信中写道:“平科尼是一个非常诚实的人,而且他的的确确相信他父亲的灵魂出现在了他的床前,并将寻找遗嘱的线索告诉了他。他表现出的举止令我尊敬万分,让我觉得怀疑他就是有违神意。”

索尔特并没有被说服,他给出了另一种解释。他认为遗嘱是被伪造的,同时也同意平科尼是无辜的。他猜想是大儿子约翰,也许在他最小弟弟的帮助下,伪造了遗嘱,并在大衣的内袋中放了一张纸。平科尼在整个阴谋中被利用了却并不知情。他认为他看到了父亲的鬼魂,但他其实看到的是穿着父亲大衣的哥哥约翰。

谜团还是没有被解开。2004 年 4 月,我决定去一趟莫克斯维尔。我要和查芬兄弟的后人聊聊,并将两份遗嘱公开。我会雇佣一个业内顶尖的文献鉴定专家。我会让科学一次性地判断出第二份遗嘱和穿着大衣的鬼魂是否都是伪造品。

詹姆斯·平科尼·查芬曾经背着糖浆,拿着斧柄走过的土路现在已经变成一条有 4 个行车道的大路。雅德金威尔路(Yadkinville Road)周围现在商场林立,每隔一段都会看到汉堡王(Burge King)和简阁(BoJangle)餐厅。我在莫克斯维尔舒适酒店(Mocksville Comfort Inn)的房间的窗户正对着这条街。我站在窗前想象着年老的平科尼曾如何蹒跚地走在这条路上,4 吨重的雪佛兰卡车从他身边呼啸而过,他的背心被卡车的冲力吹得翻飞。

今天在莫克斯维尔镇已经很少能见到农场了。查芬家族到了这一代也没有人当农民了。平科尼的外孙里斯特·布莱克卫尔德(平科尼的邻居桑姆·布莱克卫尔德后来娶了他的女儿)曾是罗斯顿-普伦那集团(Ralston Purina Group)的一名推销员,现在已经退休了。他带着典型推销员式的微笑,嘴里叼着牙签向我眨着眼睛。他那种热情真诚和见人就会拍拍对方肩膀的那种亲和力对他的事业帮助很大。他和妻子鲁比·吉恩(Ruby Jean)舒服地住在位于高消费区的一所宽敞的大房子里。平科尼的另一个外孙劳埃德(Lloyd)是英格索尔-兰德公司(Ingersoll-Rand)的一名工程师。这两兄弟的工作离种田都很远,他们甚至都不在自家后院种点柠檬什么的。这一切都令我很吃惊,因为来之前我曾和里斯特夫妇通过电话。根据他们的口音和他们的讲话方式,我想象他们应该坐在舒适的农场厨房中,窗户上挂着方格纹棉布窗帘,厨房的一角吊着一个装满鸡蛋的篮子,而现实完全超出了我的想象。

这天下午，我和里斯特夫妇去拜访了劳埃德。我们正坐在劳埃德家的客厅中，兄弟俩正在回忆(里斯特和劳埃德兄弟俩是平科尼活着的后代中最年长的。马歇尔和艾伯纳已经没有还健在的后代，而约翰健在的后代年龄太小，没有办法回忆出我想知道的细节)。外祖父平科尼给他讲述那个梦和遗嘱的故事时，里斯特还是个十几岁的孩子。他妈妈埃斯特尔和平科尼还有桑姆·布莱克卫尔德一起坐着福特 Model T 汽车到 20 英里(32 千米)外的约翰家寻找那件大衣。"全是土路，"里斯特说，"车上没有车窗，妈妈说她记得大衣的样子。内袋是手工缝上的，灰都在上面筑巢了。"

我不明白他说的是什么，不过显然其他人都听明白了，因为鲁比吉恩把冰柠檬茶放下对我说："玛丽，就像是黄蜂巢一样。"有时候我听不明白他们的口音。他们说到"Pie safe(有通风口的碗橱)"时我就没听明白，他们重复了 4 遍，还把我带到厨房指给我看我才懂了。

我问他们平科尼长得什么样子。里斯特说："他长得不太好看，6 英尺(1.8 米)高，非常瘦，满脸皱纹，脸上长着胡子。"

鲁比吉恩搅动着她玻璃杯中的冰块说："亲爱的，他没有胡子。"

里斯特想了想，伸了伸下唇，说："我还以为他有胡子呢。"

后来鲁比吉恩找出了一张照片给我看。这是一张平科尼夫妇和宝贝女儿穿着漂亮衣服照的合影。平科尼的条纹衬衫看起来很新，他的头发也梳得很整齐，但还是能够看到他指甲缝中的泥。他平静，清醒而大胆地注视着镜头，也许就是这种眼神感染了约翰逊律师。他没有胡子。

劳埃德是两兄弟中年轻的一个。他穿着 Levi's 牛仔裤，玉米色的马球衫。他对于外祖父的回忆都是一个小孩子的回忆。他回忆曾坐在外祖父的大腿上，祖父抖着腿，他在上面也跟着晃来晃去。他记得祖父曾用晒干的玉米秆给他做玩具马，还用一撮棉花做马的鬃毛。劳埃德穿过房间走到一个玻璃门的壁橱前面，从里面拿出了一段残破玻璃手杖的上半部，最上面的一段玻璃被弯成一个圆形的手柄。"这是他的豪华手杖，"他说。玻璃手杖红蓝相间，像极了棒棒糖。我只看过平科尼的黑白照片，实在很难将这个鲜艳浮华的手杖嵌入我在脑中建立起来的那幅平科尼满是污垢的黑白图景中。

里斯特和劳埃德都想不起他们原本继承了全部遗产的叔祖父米歇尔了。劳埃德能够回忆起弥漫在米歇尔妻子苏茜周围的一种恶意气氛。大家还记得苏茜吧，就是那个拥有了米歇尔所继承的全部遗产的苏茜。有趣的是，第一份遗书是老查芬在米歇尔和苏茜结婚一年后写的，说不定是迫于儿媳的压力而写的。里斯特说外祖父很喜欢讲鬼魂和秘密遗书的故事，但却不记得外祖父曾谈到过米歇尔和他的妻子,还有第一份遗书的情况。他能记住的唯一一件事情是老查芬自己的房子曾被一场大火烧为平地,之后他便一直和米歇尔夫妇住在一起。也许老查芬因此特别感激儿子米歇尔。而且事实上,米歇尔的名字出现在了老查芬死亡证的"通知人"一栏中,这充分证明了两者的密切关系。

劳埃德和里斯特兄弟完全不认为外祖父可能会为了夺回土地而编造了那个梦,然后与另外两个兄弟合谋伪造了一份新遗嘱。他们也不相信鬼魂、大衣和《圣经》都是那3个被父亲抛弃的兄弟们编造出来的。

"平科尼根本不会考虑做那种事情,"里斯特说。

"不会的,"劳埃德说。"他会觉得那样做是不正直的。"

当年,平科尼看到父亲灵魂的老农舍还在。里斯特和劳埃德主动提出要带我去看看。里斯特和鲁比吉恩钻进了我租来的现代汽车(Hyundai)里,劳埃德和他儿子布拉德(Brad)则开着劳埃德的卡车跟在我们后面。里斯特开着车,所以我可以一边和他们聊天一边记笔记。后来他把左转指示灯打开了,可是我们的左边没有路也没有车道,只有一片田地,里面长满了高高的草。有幢农舍就在田地远处的边上,原来那里就是里斯特的目的地。"这本来有几条小路,可现在都没了。"野草刷过车底,在车内听起来很像是令人心烦的洗车声。里斯特和鲁比吉恩看上去很习惯在田里开车。"里斯特,那儿有棵柿子树。"鲁比吉恩用颤抖的声音说。

"啊,"里斯特说。他在田里开车和在柏油马路上开车的速度差不多。"外婆做的柿子派最好吃了。"

平科尼房子的一面爬满了厚厚的一层忍冬(honeysuckle)。房子有些地方已经只剩下架子了,部分原因是由于被弃置太久了,还有一部分原因是由于劳埃德从里面抽调了些木板回去打了橱柜。兄弟俩带我到处逛了逛,并指给我看哪里是厨房,哪里是卧室,哪里是厕所,哪里是用来保持牛奶凉爽新鲜的土井。卧室有个后门。如果约翰·查芬真的穿了他父亲的大衣来过这间卧室,那他很可能就是从这个门进来的。我把心灵研究学会官员的理论告诉了里斯特和劳埃德。"哈,"里斯特说。"我不相信这个。约翰和平科尼太像了。不怎么讲话,也不会干蠢事。"

扮成鬼的样子骗人,让别人认为自己真的见了鬼,这可能吗?令人高兴的是,有一项公开发表过的研究能够回答这个问题。这是剑桥大学超心理学研究协会在1959年所进行的一项研究。协会会员轮流将白色棉布床单盖在身上扮鬼,然后在国王学院操场后面一片经常有人通过的田地里走来走去,不时也会像鬼魂那样举起双臂。协会的其他成员会躲在灌木丛后面观察路人的反应。尽管他们认为至少有80个人看到了这个由人假扮的鬼魂,可是却没有人对此做出反应,甚至没人再看它第二眼。这让协会成员感到十分诧异，特别当他们发现在田里吃草的一小群奶牛的反应与行人完全不同。它们对这个“鬼魂”产生了浓厚的兴趣①，常常三三两两地跟在它后面。令我十分失望的是，1959 年 9 月《心灵研究学会期刊》上发表的《幻影观察实验及结果》（“An Experiment in Apparitional Observation and Findings”）一文中没有附加图片。

几个月之后，这些研究者对实验进行了修改。他们变更了实验场所，并且在表演中又加入了“低声的呻吟”，还有一次在身上涂了发出磷光的油漆。他们将一个实验场所设置在一条主路边上的墓地里，在来往的车辆中的人能够很清楚的看到这个墓地。这次，观察者们躲在树丛中不仅仅为了观察，还为了“避免交通事故”，同时“安抚被吓得歇斯底里的人”。但是看到“鬼魂”的 100 多人中没有一个人觉得自己见了鬼，其中还包括两名印度留学生。“虽然印度人都迷信，”留学生们告诉研究者，“但是我们看到了那个人的腿和脚，所以一眼就知道那是穿着某种白色袍子的人。”

研究队决定最后试一次。他们抛弃了传统的闹鬼布局，将试验转移到了电影院内进行。那家影院当时正在播放一部限制级影片。论文作者康奈尔（A. D. Cornell）解释说，他们之所以选择播放这样一部电影的时候做实验是因为可以确保不会有儿童被鬼吓到，仿佛这就能够解释了为什么闹鬼实验要在一家播放色情片的影院中进行。“鬼魂”在播放预告片时缓缓走过屏幕。这次没有用磷光油漆，低声呻吟似乎也有点多余。论文中没有提到“鬼影”身后屏幕上当时播放的是什么画面，不过显然比“鬼影”有趣得多，因为影片结束后的观众调查显示，46％的人并没有注意到这个披着床单到处走的人（有一个人说他看见了北极熊）。

所以我们可以得出一个很肯定的结论。如果约翰确确实实假扮成他父亲的鬼魂，从他弟弟卧室的后门呻吟而入，詹姆斯·平科尼·查芬一定不会相信那是鬼魂。不过如果平科尼的奶牛当时也在场的话，它们一定会被迷住。

我在南方待的时间不长，因此我没有意识到那里的人们是如此的热情。即使你没有寻求他们的帮助，他们也会主动来帮你。昨天我去 Food Lion 食品超市买东西，结账时收银员说，如果我有贵宾卡，当天我买的酸奶可以打折。当他得知我

---

① 这对我来说没什么好奇怪的。我曾经在不同的大洲做过两次相同的实验，目的就是要证明奶牛有很强的好奇心。我强烈建议你们自己也做一下这个实验，纯粹是为了刺激。走进一块远处有奶牛在吃草的草地，大叫一声吸引它们的注意，然后迅速卧倒。你卧倒的那一刻，它们就会飞奔过来，围在你周围，带着奶牛所特有的强烈兴趣凝视着你。

没有贵宾卡时，就对旁边的装袋工说："特鲁迪(Trudy)，你的贵宾卡借用一下。"在西部，如果你打电话给一个陌生人，他妻子会说："等一下，我会跑去看看能不能在他驾着拖拉机走掉前把他截住。"我至今遇到过的和不礼貌最贴边的东西是一个车牌架，上面写着吃牛肉(EAT BEAF)，它竟然用"命令"的口吻，我在心里责备它说："要说：'请您吃牛肉。'"

有了南部人民的热情好客和陌生人的倾力相助，寻找查芬家的两份遗嘱就变得非常简单，只需要打电话给资料搜集办公室就可以了。接电话的女士把我的电话转到法庭的法务助理办公室，接电话的正是法务助理肯·伯格尔(Ken Boger)本人。他告诉我旧的档案资料放在了法院的地下室，我什么时候去都行，他会帮我找到那两份遗嘱。

这天是我去法院的日子。我约了来自田纳西州的问题文书及笔迹鉴定专家格兰特·斯培瑞(Grant Sperry)和我一同前往。我是通过美国问题文书鉴定协会(American Society of Questioned Document Examiners)找到斯培瑞的。他已经在约300例联邦和州案件中作过专家证人，其中包括韦科混乱事件(Waco mess)。这个案件中的一位助理美国律师否认了解那个化合物中使用的烟火装置，而斯培瑞在这位律师笔记本中发现了他对这些装置做记录时在笔记本下一页留下的笔迹印。他的证词使这位律师被判有罪。(这里要给粗心大意的人提个醒：这些笔迹鉴定专家能够阅读你笔记本上写记录那页纸后面10页留下的痕迹。)斯培瑞当时正在北卡罗来纳州探望他的父母，对查芬这个案子很感兴趣，所以同意帮助我，而且只收取他通常向审讯律师收取费用的1%作为报酬。

我们在法院前厅的金属探测器那里等着，旁边堆着斯培瑞的检测仪器。我们已经等了有几分钟。过了一会儿，一个身穿保安制服的人发现了我们，"已经有两个月没人用过这个探测器了。"他挥手示意我们进去。

这是一个忙碌的周一上午，但是伯格尔马上从他的办公桌前起身领着我们来到了地下室。没用5分钟，我们就找到了那两份遗嘱。斯培瑞将就着在一摞装着旧案资料的盒子上搭了一张桌子。这里大部分的盒子都是档案盒，只有一个盒子上面写着：欧尼尔斯全猪肉香肠。斯培瑞戴上了湖蓝色橡胶手套，依次拿起两份遗嘱，并将它们放在了扫描仪上。现在他就可以在电脑上将两者进行比对了。由于两份遗嘱内容都比较多，所以我们原本认为要对比这两份遗嘱要花费很长时间，但斯培瑞很快就判断出第一份遗嘱的正文和签名不是出自同一个人。他猜想也许是一位律师代替签名人起草了正文，因为正文是用标准的法律文书用语写就的，而且是写在标准的法律文件用纸上的。斯培瑞说第二份遗嘱从正文到签名都出自同一个人，这份遗嘱写在一张学校用的格子便签簿上，用辞混合着法律用语和生活用语，内容如下：

> 阅毕创世纪之27章，吾，詹姆斯·L. 查芬(James L. Chaffin)于此立下吾最终之遗嘱与见证。望能妥善安葬吾遗体。吾别世之日，吾四名儿等若在世，望吾微薄之财产，囊房产与私产，均传与吾四子。倘吾儿不幸辞别尘世，将其应得之产传与其子。若姆妈尚在人间，知为子之道，当孝尽娘亲。此嘱。詹姆斯·L. 查芬亲笔(wit my hand)。
>
> 杰斯·L. 查芬(Jas L Chaffin)

斯培瑞马上就看出不论第二份遗嘱是谁写的，他并没有想要模仿他人的笔迹。整个笔迹流畅而随意，快速而有力，不可能是伪造的。他说仿造他人笔迹就像画画，仿造者写得很慢，很刻意，常常写写停停，有时甚至还会出现字母重叠现象。我曾在《问题文书》(*Questioned Documents*)一书中读到过这一点。这本书是笔迹鉴定领域的权威书籍，作者是学识渊博、有时脾气暴躁的阿尔伯特·奥斯本(Albert Osborn)。他在书中写道："一份正品笔迹一般来说不会让你觉得书写者是在思考如何使用他的笔，而如果你仔细检查一份伪造的笔迹，你会发现，这份笔迹的书写者满脑子所想的只有如何使用他的笔……这一点愚蠢的观察者是无法明白的。"很显然第二份遗嘱的书写者写遗嘱时很放松。所以它要么就是老查芬自己写的，要么就是另外一个并没有过多考虑要模仿老查芬笔迹的人写的。

斯培瑞继续开始对比两份遗嘱上的签名。由于第一份遗嘱有两位见证人，所以第一份遗嘱很可能是老查芬自己签的字。斯培瑞现在的工作就是要看看没有见证人的第二份遗嘱上的签名和第一份遗嘱是否出自一人之手。由于这两份文书是14年前就写的，而笔迹——特别是签名——会随着时间的流逝而发生变化，这令我们的鉴定工作变得复杂了。

虽然如此，斯培瑞还是得出了结论。他一边脱下手套，一边说："这里有个亘古不变的真理，你永远无法超越自己写过得最好的字。"也就是说，我永远都无法令人信服地伪造我妈妈的签名。我妈妈的签名美丽而流畅，甚至有点书法的味道，而我的签名总是像狗扒的。她能够伪造我的签名，而反过来是行不通的。当你一旦达到了"书写成熟期"——一般来说是在你十几岁的时候——你就达到了书写能力的顶峰，而且永远都不可能写得比那个时候好。如果在那之后你的书写发生了变化，那也只能是变得更差了。随着衰老，人的书写水平也会退化，因为衰老会伴随一些症状——视力下降，手指僵硬，双手颤抖，而这些都会影响到书写质量。

在查芬这个案子中,这种情况倒了过来——这很可疑。1905 年的那份遗嘱上的签名的书写水平要远低于 1919 年的那份遗嘱。如果两个签名出自同一个人,那么这种情况就说不通了。斯培瑞指出立下 1905 年那份遗嘱时,老查芬 50 多岁。这份遗嘱的签名十分笨拙,而且看得出写字人当时很犹豫——不是那种仿造他人笔迹时会出现的犹豫,而是显示出写字人书写很不娴熟。考虑到那个年代戴维郡的教育水平,这是很正常的。詹姆斯·沃尔(James W. Wall)所著的《戴维郡史》(*History of Davie County*)中记载在 19 世纪中晚期,那一地区的农民普遍是文盲。在老查芬 50 岁的 1900 年,戴维郡里 1 230 名处于适龄入学年龄的男童中只有 690 人进入公立学校学习,而且学期只有几个月长(学期通常在庄稼处于休耕期的冬季)。里斯特曾告诉我他外祖父只读到了小学三年级,全部上学时间加在一起只有 9 个月。那么作为他曾外祖父的老查芬受教育的时间可能更短。

"现在我们再来看看第二份遗嘱,"斯培瑞说,"字母书写流畅多了。看看他写的'fs'这两个字母。他们看上去比第一份遗嘱舒服多了。"而这份遗嘱写就的时候老查芬已经 70 岁了。"如果老查芬在 1905 年那份遗嘱上的签名能够代表书写者真实的书写水平,而且我也确实这样认为的,那么在 1919 年的遗嘱上签了名一定不是同一个人。"看起来第二份遗嘱是伪造的。

斯培瑞还发现第二份遗嘱中的一些措辞对于一位文盲农夫来说有点太复杂了。"Wit"这个词是标准法律用语,同样的"房产与私产,均传与吾四子"也是标准法律用语,一位文盲农夫应该写不出这样的文字。

斯培瑞特别强调了第二份遗嘱中的一句话:"注意看这句话的用词。他希望财产能被平均分配给 4 个儿子'吾别世之日,吾四名儿等若在世……倘吾儿不幸辞别尘世,将其应得之产传与其子……'让我们假定第二份遗嘱是假的,是另外 3 个查芬兄弟在马歇尔死后为了从苏茜手中夺回土地而伪造的。我们都知道苏茜与查芬 3 兄弟一向不和,遗嘱中如果有了这项条款,苏茜不就顺理成章地被排除在遗产继承之外了么:遗嘱将马歇尔的那份土地分给了他的儿子,而不是她。所以让我们想象一下上庭那天的场景。法庭午休的时候查芬全家在一起吃午饭(这一点是有资料记载的),期间查芬兄弟和苏茜坐在一起,说出了他们的想法:'我们有 10 位证人能够证明这个签名是真实的。苏茜,你现在可以做出选择。你可以回到法庭承认这个签名是真实的,这样我们会把遗产的 1/4 分给你——尽管新的遗嘱规定你无权继承遗产。要么你就冒着失去一切的危险让陪审团来裁决吧。'"

斯培瑞的理论有点道理。如果伪造者的目的就是以此要挟苏茜,而不是向她证明签名的真实性,那么伪造者愉快而毫无顾虑地写下新遗嘱就说得通了。可是如果通过要挟苏茜达到了目的,他们干嘛还要费尽力气编个假故事骗她呢?

不论是谁为老查芬的墓碑选的碑文，那个人的眼中当时一定闪烁着兴奋的光芒，因为墓碑上写着："遗嘱得到了履行。"里斯特、鲁比吉恩和我现在是在埃詹姆斯浸礼会教堂公墓中，来拜见这个家族去世的成员。

里斯特走到了一位熟人的墓碑前。"他在自家后院开枪自杀了。"他一边走着，一边用平缓匀速的语调谈论着死亡，就好像是在播报股票新闻。"这座坟里葬着一个在车祸中死去的婴儿。这座是桑姆儿子的坟。他是被闪电击中而死的，那是——"鲁比吉恩打断了他，说："玛丽，快来看这个，有个男人将两个妻子合葬在了一起。很想知道两个女人对此什么看法！"又过了 3 个公墓，我们路过了一个名叫弗洛西·戈勃尔(Flossie Gobble)的墓。有些人我们不用见就知道我们一定会喜欢他们，弗洛西·戈勃尔就是其中之一。

我很小心地把笔迹鉴定专家的发现告诉了里斯特和鲁比吉恩。我小心地说斯培瑞将平科尼在法庭文件中的签名和第二份遗嘱中老查芬的签名进行了对比，发现两者并不吻合。

"所以不是外公干的，"鲁比吉恩说。她听上去如释重负。我没有告诉他们除非我们相信约翰或艾伯尼真的穿上老查芬的衣服扮鬼，不然的话平科尼一定参与了这个兄弟密谋。

"哈，"里斯特说，"你对这个结果感觉如何？"

我告诉他，对于斯培瑞的鉴定结果我并不感到惊讶，不过有点失望。我希望会有证据，哪怕是某种不可靠不确定的证据，只要能够证明老查芬的灵魂真的存在。然后，我向他们讲述了斯培瑞猜想的查芬兄弟在午饭期间与苏茜摊牌的故事。我重复这个故事的时候突然觉得对于几个农夫的儿子来说，这个故事实在是太复杂了。他们为什么要为鬼魂、大衣和一张纸片儿烦心呢？为什么就不能简单地说在《圣经》中找到了第二份遗嘱。

里斯特用脚趾扶起一个被放倒的花盆，说："嗯，对于我、你或任何人来说，试图对我们所掌握的少量事实进行解释是很难的。"我想他的意思是，我希望你和你那个穿着奇装异服的鉴定专家快停下来吧。不过他很有礼貌，说不出那样的话。

我们在回程的车上都很安静。现在是周六傍晚时分，正是家庭聚会的时间。各个家庭成员可能齐聚在厨房或门廊中，聊着八卦，啃着玉米，不时地赶赶苍蝇。明天这些男男女女会聚集到教堂。他们对人类灵魂及其快乐的死后旅程的存在深信不疑，并对一名笔迹鉴定师和一位加州作者的观点毫不在意。对于他们来说，这种事情简单而确定：查芬兄弟是诚实的人，老查芬显灵的事是真的，弗洛西·戈勃尔(Flossie Gobble)的生活在死后会继续下去。

唉，对于我来说，信仰不是与生俱来的，也不是你在某一天突然决定信奉的。我认为信仰是需要证据来证明其合理性的。所以我得继续漫游。我只剩下最后一站：弗吉尼亚大学。那里正在进行一项研究。我把它作为最后一站，是因为我觉得它是我能够找到一丁点证据来证明人类死后灵魂离开肉体而存在的最好机会。

第十二章

六 尺 之 上

手术室天花板上的电脑正在等候记录下濒死经历

在弗吉尼亚大学医院一间手术室的后墙上挂着一幅巨大的高山牧场图。和很多旅游风景图和过敏药物广告一样，图中天空湛蓝，绿草青青，野花遍地。这一美丽的景色出现在这里是为了缓解外科手术病人们的紧张情绪，但是对于一位名叫韦斯(Wes)的病人来说，这些美丽的花草已经没有了用武之地，因为在这间手术室中，韦斯将会短暂地失去生命。

这是一个植入心脏自动减颤器手术。你在《急诊室的故事》(*ER*)看到，医生在对病人实施心脏抢救时，经常会用通电叶片对病人的胸部进行电击，以缓解心肌纤颤，使病人心脏恢复正常的心跳。自动减颤器的作用也是如此。现在他们将这种自动减颤器做成手机大小，植入心律不齐的患者体内。

这个濒死实验是为了测试刚刚植入韦斯体内的自动减颤器是否能正常工作。实验者会在韦斯的心电图(EKG)显示出某一波峰时，用电流击打韦斯的心脏，使他的心跳突然停顿，这时心脏就会成为一块无法传送血液的颤动组织。由于脑部缺氧，韦斯会在几秒钟内进入临床死亡状态。(只要患者在4分钟内恢复心跳，他的大脑就不会出现永久损伤。)然后，韦斯体内的自动减颤器就要开始工作，让韦斯恢复心跳。像韦斯这样的病人是进行濒死体验实验最好的对象。

除了墙上的高山牧场图，1号房间是一个非常标准的手术室。屋内有巨大精密的手术台，高大的心脏监测器储库，麻醉师工作台，墙上还挂着白色书写板(上面写着“还有21天就到全国护士周啦！(National Nurses Week)”)。你必须很仔细的观察才能够发现这间手术室与众不同的地方，那就是在天花板附近，最高的监视器上绑着一台打开的笔记本电脑，就好像学校图书馆带书架的阅览桌不够用了，于是学校看看把学生能往哪儿塞就往哪儿塞一样。这台笔记本电脑的主人是布鲁斯·格雷逊(Bruce Greyson)，他在弗吉尼亚大学的精神医学系工作，离这里只有几个街区远。

格雷逊已经研究濒死体验29年了(研究者们通常将濒死体验简称为NDE)。很难用一句话总结濒死体验。具体说来,濒死体验是指一个人在接近死亡时感到自己并没有失去知觉而是离开肉体的一种体验。有些人回忆自己当时像个热气球飘离身体,飞到了天花板上。有人发现自己通过了一个黑暗的隧道,朝一束环形的光芒飞去,有时向自己已故的亲朋好友[1]飞去。感到自己飞到了天花板上的人回忆自己像一个旁观者一样俯视医生在自己肉体上做手术,观看着自己复活。尽管他们的形容非常详细精确(我们后面还会对此多有提及),可还是有人认为这很可能是病人们从他们听说和感觉到的东西中推断出来的,或者在描述中毫无意识的加进了自己曾在电视剧中或医院中看到的景象。

格雷逊试图彻底解决这个问题:他们到底有没有到过天花板?他从2004年开始了一项研究,希望能够采访80位身体内植入了心脏减颤器的病人,并且是在他们从昏迷中苏醒后马上采访他们。如果他们在描述自己濒死体验时提到了离开肉体,那么格雷逊会请他们详细描述他们从上面俯视到的一切。格雷逊在笔记本电脑中输入了12个图像,共计5种颜色,电脑每次会随机选取一个图像,并把它显示在屏幕上。图像中的物体十分简单:一只青蛙,一架飞机,一片树叶,一个玩具。他们的颜色十分鲜艳,而且被做成动画效果以吸引患者的眼球(或任何在你离开肉体后能够帮助你看到东西的物质,因为你那时不会带着视网膜)。笔记本的设置非常有独创性:屏幕是冲着天花板的,所以你从下面是看不到这些图像的。

我很少会对超心理学实验感兴趣,但是如果在这个实验中,有一个人准确地描述出了笔记本电脑上播出的图像,我会激动得也要跳到天花板上。到目前为止,格雷逊采访的对象中没有人报告出现过任何类型的濒死体验。阻碍格雷逊实验的是病人上手术台前喝下的麻醉剂,其中有一种药物会阻碍病人的记忆,使他们回想不起任何可能经历过的事情(如痛苦、恐惧、到天堂走了一圈儿等等)。“既然意识已经离开了大脑,记忆还重要吗?”我们今天走到这儿时,格雷逊一直在思索这个问题。最后他耸耸肩说:“我不知道。”4年前,英国南安普敦总医院的心脏病专家山姆·帕尔尼亚(Sam Parnia)和神经精神科专家彼得·芬威克(Peter Fenwick)也曾做过一个类似的研究。他们采访的心脏抢救幸存者中只有6个人回忆起曾有濒死体验,但是没有人说自己曾经脱离肉体,以一个旁观者的角度观察手术的进行。

---

① 有时也可能是前夫。一个明星网站曾报道伊丽莎白·泰勒曾在濒死体验中看到了她的前夫迈克·托德(Mike Todd)。报道中引用了泰勒的话:“他把我推了回来,于是我复活了。”不知道托德这样做是为了泰勒好,还是他自己都不清楚为什么要这么做。

格雷逊正在和由保罗·穆恩西(Paul Mounsey,他拒绝和我说话)领导的UVA心脏病专家组一起工作。有趣的是,发表了大量广为人知的濒死体验研究成果的竟然是心脏病专家而不是超自然心理学家。最著名的例子是荷兰心脏病专家沛姆·凡·拉迈尔(Pim van Lommel)在2001年的《柳叶刀》(*Lancet*)杂志上发表的论文。他的目标很简单,当然也很有野心:找出导致濒死体验的原因。

有很多解释濒死体验的理论。脑缺氧和麻醉剂中的药物成分最常被提及。药物作用和缺氧确实能够导致出现类似于濒死体验的症状(包括觉得自己穿过了隧道,看到光线,离开肉体等),但并不是在人们处于濒死状态时发生的。(吸食大麻,服用高效麻醉剂克他命(ketamine),致幻剂酶斯卡灵(mescaline),战斗机飞行员接受的灯火管制训练等都会导致出现类似濒死体验的经历)。人在承受巨大的压力或处于紧张的精神状态下也会出现痉挛或幻觉。还有一种就是格雷逊现在正试图证明的理论:也许病人的意识的确以某种特定的方式存在,并且能够脱离肉体自由活动。这是一种荒谬而不可思议的可能性。

拉迈尔和他的工作组在荷兰10家医院中采访了344位经过心脏抢救的患者。所有患者都进入过临床死亡状态,而且对于他们的采访都是在他们醒来后几天之内进行的。拉迈尔对于在心脏抢救过程中出现的濒死体验的医学悖论大感吃惊,他发现在病人昏迷后的一段时间内,他的意识、直觉和记忆仍存在。引用拉迈尔自己的话说:"大脑皮层和脑干的所有机能……此时的大脑就像一台被拔掉电源的电脑,它不可能出现幻觉,它不可能做任何事。"

在拉迈尔采访的病人中只有18%的人经历了濒死体验,这使他排除了大脑缺氧这样的医学解释。他写道:"如果濒死体验出现的原因纯粹只是大脑缺氧之类的生理原因的话,那么大部分进入过临床死亡状态的人都应该报告自己出现了濒死体验,而不应该只有18%。"

数据还显示出拉迈尔所采访对象所服用的药物也与他们出现濒死体验无关。在麻醉剂是导致濒死体验出现的原因这个问题上,布鲁斯解释说,没有处在死亡边缘的人通过服用麻醉剂而出现也会出现濒死体验,但其数量要远少于没有服用麻醉剂,处于死亡边缘的人出现濒死体验的频率。因此,他说:"看不出药物是如何导致濒死体验的。"

恐惧和濒死体验出现的频率也没有关系(同样无关的还有宗教信仰,性别和教育水平)。最后一个还没有被推翻的解释就是你在《柳叶刀》杂志上最有可能读到的那个解释:引用拉迈尔论文中的话,也许濒死体验真的就是一种意识状态……在这种状态中,身份,认识力和情感脱离肉体而独立存在,但可能仍保有非感官感知。拉迈尔在论文的结尾鼓励研究者们去探索,或者至少不要排除这样一种可能性:体验到濒死体验的人正经历着一种超然体验,也就是说,他们的意识仍然存在于“看不见的非物质世界”中,最后这一点是拉迈尔在更近的一篇论文中的描述。

格雷逊和穆恩西正在探索这种可能性。他们为此费尽周折,因为医院的人体试验伦理委员会对于这项研究感到很不舒服。为了避免吓到他的实验对象,委员会要求格雷逊在同意书和研究标题中除去“死亡”这个词,这是你在进行濒死体验研究时要做的一件狡猾的事。好好想想,这些人都有威胁生命的心脏问题,他们到医院来是接受救治的,而不是来*让心脏停止的*。格雷逊笑着说:“现在这部分最危险了:我要问问你是否记得起任何事情。”

我们回到了格雷逊的办公室。他的办公室位于一座破旧的夏洛特维尔民房(Charlottesville)的一层,里面有一个宽敞诱人的门廊,但却没人有时间坐在上面休息。格雷逊在他繁忙的教学和精神病治疗工作中挤入了濒死研究。我经常在晚上 9 点收到他从办公室回复给我的电子邮件。我不知道他到底有没有成家。在他医院办公室的书架上有两个相框,一张是一个小女孩儿的照片,另一张照片上是几只山羊。我曾问过他:“这是你女儿吗?”他说不是。我就不知道接下去要说什么了,因为我能想到的只有:“这是你的山羊吗?”他解释说他是和别人合用一间办公室。今天格雷逊穿了一件有衣领扣的深绿色衬衫,一条休闲裤,戴了个金丝边眼镜,还留了撮棕色小胡子,头发整齐地立在头上,双手放在了大腿上。墙角的壁橱下放了一个杠铃,我试图想象他练杠铃时的样子,但是失败了。我并不是说他不善于运动,而是我很难想象他运动起来是什么样子。我只能想象他坐着工作、工作、再工作。

我们一直在讨论超心理学的恶名。弗吉尼亚大学是美国 3 所设有超心理学研究小组或实验室的大学。他们有没有后悔过呢?格雷逊说学校就是否接受超心理学研究小组创立之初所接到的捐款进行过大量的辩论。1968 年,施乐复印机(Xerox)的发明者查斯特·卡尔逊(Chester Carlson)在妻子的力劝下将大笔遗产捐赠给了弗吉尼亚大学,用于学校研究人死后意识是否继续存在。学校的最终决定似乎并没有引起异议。“不过如果你和不同的人聊起这件事,”格雷逊说,“你会发现人们的观点相差甚远。一些人认为这种研究浪费时间和资源,而另一些认为这是对医学界的巨大贡献”。也许比起格雷逊的精神病学同事,他的超自然科学同事们更加尊敬他,但格雷逊似乎在精神病学领域仍被认为是一位杰出的研究者,因为我在壁炉架上看到了一座铜像,这是弗吉尼亚大学颁给拥有杰出研究的住院医生的威廉·詹姆斯(William James)奖。我在看到这座铜像前从来都没意识到威廉·詹姆斯竟然和托马斯·杰弗逊(Thomas Jefferson)长得这么像。

“那*就是*托马斯·杰弗逊,”格雷逊说。“这是你在弗吉尼亚夏洛特维尔能找到的唯一的铜像。”

第一个参与到濒死体验研究的心脏病学家是迈克尔·萨博姆(Michael Sabom),他现在正在亚特兰大开私人诊所。萨博姆曾拜读过心理学家雷蒙·穆迪(Ramond Moody Jr.)的著作。就是穆迪创造了“濒死体验”这个词汇,并在1975年出版的《死后生命》(*Life After Life*)一书中列举了一系列的案例。萨博姆被吸引了,不过对此很是怀疑。他对于穆迪的这种讲述轶事的态度很不满,因为穆迪没有另外试图证明这些声称自己脱离了肉体进行观察的人所说的话是真实的。

萨博姆那时是一名心脏病科教授,供职于位于亚特兰大的艾默里大学(Emery University)。他决定自己对此进行研究。他把研究对象分为实验组和对照组。在实验组中,他采访了116名心脏抢救存活者,发现其中6人能够提供出他们在濒死状态下离开肉体所经历的医学细节。然后萨博姆将这6人对于他们复活的描述与医学档案中对这类事件的记载相比较。他发现两者之间没有任何冲突,而且这6人的描述中也没有出现任何医学错误。

在对照组中情况却有些不同。萨博姆很好奇一些长期心脏病患者是否也能够就恢复心跳这一过程提供出令人信服的详细描述,于是他对25名长期心脏病患者进行了采访。这些人都曾在心脏看护病房中住过,那里的环境和实验组患者所处的环境很类似。而且这些人对于心脏急救病房的陈设都很熟悉:心电图监视器、心脏减颤器叶片、救护手推车等。对照组中的患者被要求想象他们心脏停止跳动,医护人员对他们进行急救的场景,并尽可能详细地描述当时的情况。25人中有22人的描述中有明显的医学错误。心脏起搏器在他们的描述中被连接在了氧气筒上,或者上面装着吸盘。他们想象中的医生击打病人的腹腔神经丛(solar plexus),而且他们在连续重击病人的后背而不是前胸。皮下注射针头被用来制造电震。整个描述就好像黑猩猩被放进了急诊室。

下面一段是萨博姆和那6名体验了濒临死亡患者的对话记录。他们都很详细地描述了自己复活的过程。这些对话很能代表了这些人记忆的精确连贯程度。

他们把心脏减颤器叶片放在了你前胸的什么位置?

嗯,医生,那不是叶片,而是两个镶着把手的圆盘……他们将两个圆盘中较大的一个放在了这儿,把另一个放在了这儿。

他们在将这两个圆盘放在你胸前之前做了什么?

他们把一个大针头插进了我的前胸……他们用了两只手——我当时也觉得很

奇怪——把针头猛推进了我的前胸，然后用手根部和大拇指将针管中的液体推进我体内。

他们在对你实施电击前做了些什么？

他们没做什么。不过有另外一位医生在我刚被扔上抢救台时打了我……他把拳头远远举到脑后，然后重重地打在我胸膛正中央……然后，他们把一个好像我们经常插在汽油桶上的那种塑料管插到了我嘴里。

另外一名病人描述了自动减颤器上的一对指针："其中一个是固定的，而另一个到处移动。"这完全符合20世纪70年代产的自动减颤器的特征。（这位病人的心脏病发生在1973年。）萨博姆问他其中一个指针是如何移动的，他回答说："它似乎移动的很慢，不像电表、电压表或其他测量仪器上的指针走得那么快……第一次它走了1/3—1/2刻度。他们后来又用了一次，这一次指针走了一半多刻度。"尽管这名患者是空军飞行员，但他之前从未在训练中见过心肺复苏装置。

当然，萨博姆实验对象的描述很可能是从他们在心脏停止跳动之前或之后感觉到和听到的东西推断出来的。（这些采访都是在事情发生几年之后才进行的，所以医生们也无法对具体细节进行核实。）很可能病人下意识地将他所听到的医生和护士说的话转换成了视觉信息，因为当病人失去知觉后，听觉最后消失。多年来，医学期刊上刊登了很多文章探索麻醉后的病人是否可能在手术过程中听到医护人员所说的关于他们的话①。这里不仅仅是指抢救时医生和护士的对话，还包括像"这女的已经失去知觉了"和"这男的怎么能胖成这样？"这种话。1998年《英国麻醉期刊》(*British Journal of Anaesthesia*)上发表的一篇论文中列举病人醒来后报告在手术中所听到的话时就拿上面的后两句话作了例子。

如果病人在手术中听到别人说话是可能的，那么他们在中途睁开眼睛看见了发生的事情也是可能的。他们看到的景象也许就变成了他们在天花板俯视所看到的景象了。几年前，瑞士日内瓦和洛桑的各个大学校医院功能神经学和神经外科

---

① 相关文章中我最喜欢的是发表在1962年的《直肠病学期刊》(*Journal of Proctology*)上的一篇文章，题目叫做《麻醉病人的所听所忆》(The Anesthetized Patient *Can Hear* and *Can Remembe*)。作者写道："病人在手术过程中所听到的内容会大大影响他们对于手术压力的心理适应能力。"这段话让我误以为他是一位有同情心的内科医生。然后他接着写道："就算我们对病人毫不在意，这种现象也是有很明显的法医学意义的。"我坐在那里眨了眨眼睛，真是不敢相信。12页之后，我看到了国际直肠学会(International Academy of Proctology)的会徽：两条蛇缠绕在权杖上，中间的权杖是一段自由飘动的肠子。我又一次不敢相信地眨了眨眼睛。

学项目组的癫痫病研究者们意外发现，在人脑中有一个地方如果受到了刺激，就会导致出现从上俯视自己身体的这种幻觉。有一个例子很有说服力，一名女患者被要求将膝盖抬起时，她将身体向后撤了撤，因为在她看来自己的膝盖已经快要打到脸上了。而这种视觉图像只局限于病人自己的身体部位，而不包括周围的家具、仪器或研究人员。而且病人还可能将这些视觉图像与自己听到和看到的事物混在一起。

因此，濒死体验最好的证明应该是能够证明超感官感知确实是超感官的，那么最好是有一名又聋又盲的患者在醒来后能够证实他在体验濒临死亡经历时“看到”了东西。由于他看不到也听不到，所以这个经历就不可能是他从曾经听到或看到的东西中推断出来的。

萨博姆的实验中最成功案例的主角是位名叫帕姆·雷诺兹(Pam Reynolds)的妇女。她在 1991 年曾接受过脑外科手术。在手术过程中，她的双眼被蒙住，双耳被塞住。尽管她的脑电图描记器显示出的曲线是平直的，也就是意味着她所有的大脑活动已经停止了(医生们为了割除动脉瘤而把她脑中的血都抽干了)，但她醒来时候仍报告说她“看到了”Midas Rex 牌骨锯在锯开她的头骨。她说那个骨锯看上去像个电动牙刷，它的可替换配件放在一个类似于管钳箱子的容器里。我到 Midas Rex 网站上去看了看他们生产的骨锯。确实，他们的骨锯和我看到过的一点儿都不一样，的确看上去很像电动牙刷，不过不是你我平时用的那种，而是牙医用的那种，上面有可换刷头和金属手柄，手柄接着一根长长的灵活管子，一直通往监测室。当我从阅读它们的骨锯描述的恐惧中恢复过来“真正的高速锯骨性能！……“用于切、钻、铰除……”我点击打开工具箱网页，骨锯的各种配件的确都放在了一个箱子中，可这个箱子怎么看也不像管钳箱。

可是为什么雷诺兹无法描述出手术室中的任何一个人？萨博姆提出“武器瞄准现象”理论。你在 1990 年的《法律和人类行为期刊》上能够读到这一现象的所有信息。研究表明，武装罪犯的袭击对象中有 90%能够精确地描述出对着他们的那杆枪的样子，而只有 35%的犯罪分子能够描述出那杆枪是什么样子。因此，也许骨锯吸引了雷诺兹的全部注意力。或者，谁知道呢，也许她也上过在 Midas Rex 网站。看吧，这就是这些轶事的麻烦之处。

尽管没有在又聋又盲的患者身上进行过濒死研究，但有位盲人却有过濒死体验。国际濒死研究联盟(International Association for Near-Death Studies)的创立者之一，心理学教授肯尼斯·瑞恩(Kenneth Ring)和当时的一位心理学博士生莎伦·库伯(Sharon Cooper)联系了 11 个盲人机构，寻找曾有过濒死体验或灵魂出窍经历的盲人。他们最后找到了 31 个有过类似经历的盲人(他们在 1999 年合出了一本名为《灵眼》(Mindsight)的书,记录了这项研究),其中 24 人报告说他们曾在这些经历中"看到"过东西。一些人"看到"了自己的身体躺在下面;一些人"看到"医生或他们所在的房间和大楼的物理特征;还有一些人"看到"了他们去世的亲戚或宗教人物。

奇怪的是,这些自称"看到"东西的人中有些人天生就看不见,他们的梦里几乎从未出现过视觉图像,只是声音和触觉印象。一个名为布拉德(Brad)的男子就是个例子,他称自己飘到了建筑物的上方,在那里他能看到路边的雪堤,上面的雪"又软又湿",非常泥泞。当被问到有没有可能他并没有看到这些形象,而只是感觉到了,布拉德回答说:"我很清晰地看到了它们。我记得我当时能够看得很清楚。"(还有一些人不太确定,一个名叫克劳蒂娅(Claudia)的女士说:"我的确是在看,可是看到的不是视觉图像。")这很可以理解,这种体验本身就很让人困惑,用一位女士的话说是恐怖。她告诉瑞恩:"那就好像你听到了什么东西,你知道那是单词的组合,但就不知道是什么意思。"

我最感兴趣的是这些盲人所描述的那些他们"看到"的详细而独特的细节会不会也有别人看见,并且能为他们作证呢。这本书中有一章专门讲的是证据,不过有点令人失望。因为我们一般都找不到这些证人,而且就算找到了,他们也想不起事件的任何细节。不过有一个例外,一名叫做南希(Nancy)的女士由于一次手术后的并发症而失明。(他们不小心把她心脏旁的一条大静脉切开了,并将它缝和了。)在这场灾难后,她被推往了紧急手术室,在路上她"看到"了她的情人和她孩子的父亲两个人站在走廊的尽头望向她。瑞恩找到了情人和孩子他爸求证。两人都证实了他们当时确实在走廊中目送着南希被推走。然而现在的问题是,她到底是什么时候失明的(比如,是在被推向电梯之前,还是之后呢?)。我们希望有人确实"看到"了这两个男人,或至少其中的一个(而这一点有第三者能够证实),看到他们做了一些什么特别的事情,而不是闲待着,比如吃根香蕉什么的。

我所接触过最令人惊讶、印象最为深刻的濒死体验来自一位盲人。一位名叫玛丽亚(Maria)的移民工在西雅图心脏病发作,她被抢救过来后称她看到了一只运动鞋。玛丽亚告诉重症急救室(ICU)的社工——这位社工姓克拉克(Clark),而他的父母却给了取了一个很恶心的名字基姆伯利(Kimberly)①——她不仅亲眼目睹了急救室的医护人员对自己进行急救的全过程,而且她的灵魂还飘出了医院大楼,

① 在网上输入"Kimberly-Clark"进行查找,我发现这个个人卫生用品生产帝国不仅仅生产卫生纸巾。这个高效的跨国企业还生产多个品牌的婴儿尿布,成人尿布,一次性运动裤,尿床内裤,"可冲得(flushable)潮湿擦拭产品",曾经获奖的一次性泳衣,"布一般强韧的吸水纸巾,能够解决大麻烦",不过这个大麻烦可能不是指无数已经用过的卫生用品。

飘到了停车场。正是从停车场这个角度，她发现了在医院三层北角的一个壁架上有一只网球鞋。那天晚些时候，这位社工到了医院的三层，并在玛丽亚所说的那个位置的确找到了一只网球鞋。不幸的是，她没有带个目击者一起去。

这个运动鞋的故事最终还是传到了瑞恩那里，就好像所有未经证实的盲人在濒死体验中"看到"东西的传闻都会出现在他的《灵眼》研究中一样。瑞恩着手开始对其他"玛丽亚运动鞋事件"的变种案件进行研究。他在 1993 年的《濒死体验期刊》上发表了一篇文章，其中描述了 3 个类似的案件。很奇怪，这 3 个案子中有 2 个都跟鞋有关。在第一个传闻中，瑞恩和一名在重症急救室工作的护士进行了交流。这名护士称她那时刚刚度假回来，鞋上绑了一双新的苏格兰纹鞋带。那天工作时她参与救活了一位女士，隔天这位女士看到她时(假定她穿了另外一双鞋)对她说："哦，你就是那个鞋上绑着苏格兰纹鞋带的人啊。"护士表示出了惊讶，那位妇女接着说："我看见它们了。昨天我死了的时候我一直在注视发生的一切。"另一个奇异事件是一位心脏病发作后灵魂出窍的病人和一位护士说他在医院楼顶看到了一只红色的鞋。一位住院医生对此表示怀疑，他说服看门人让他上屋顶查看，结果确实在那儿找到了一只红色的鞋(消除了他所有怀疑)。所以有人在一份期刊上写了一篇有关"鞋焦点现象"的论文就不足为奇了。不过在论文成稿时，出窍的灵魂和鞋之间的密切关系仍旧是个谜。

瑞恩未找到第三方能够证明这些事件的真实性，不过尽管如此，他还是采访了这几位护士。很有可能这些病人由于某些原因在手术前就看到过这些鞋。在房顶找到鞋的那个事件很可能只是个巧合。你无法确定这些事情，因为你只能听到一家之言。这种信息的危险性在瑞恩书后的勘误表(errata slip)中体现出来了。这个表是在最后时刻用手粘上的，内容如下：

> 建议读者完全忽视附录。附录中描述了一位自称有濒死体验的女士的案例……我们非常懊恼的发现了这一故事的欺骗成分。向我们提供这个故事线索的麦克吉尔(McGill)医生现在相信她被这位妇女给骗了。

这就是为什么我喜欢这个将电脑拴在天花板上的实验。这是个实验，而不是记录什么灵异事件。不幸的是，这个实验的进展非常缓慢。由于人体试验伦理委员会设置了重重限制，格雷逊至今采访了还不到 10 人。

有没有其他实验途径能够证明大脑(灵魂、人格、意识，怎么说都行)能够独立于人体而游荡？的确有。不过这是一条主流研究者都不愿意走的研究之路。有人声称能够在精神上控制自己，使自己的灵魂出窍——简单的就像是把意识拉出车库兜兜风一样[1]。

如果你想证明一个人的灵魂独立于大脑和身体之外是可能的,你可以试着在距离一个自由飘移的灵魂很远的房间里架起某种探测器,然后指导灵魂飘到这里,并因此可以进一步得出我们死后灵魂就会到处飘移的结论。但这能使我更容易接受濒死体验并不是神经学/心理学现象。

1977 年,一组超自然心理学家就在杜克大学的校园内进行了这样的一个实验。我很高兴的发现这项实验报告的主要作者是前爱丁堡大学教授罗伯特·莫里斯(Robert Morris)。我在多年之前写过一篇有关莫里斯心灵感应工作的文章。我很高兴他能够和超自然声称科学调查委员会(Committee for the Scientific Investigation of Claims of the Paranormal,简称 CSICOP)合作设计了实验计划。

莫里斯和他的同事们集中对一名实验对象进行了研究。此人名为斯图尔特·哈瑞利(Stuart Harary),他曾经参与过杜克大学过去进行的灵魂出窍实验。实验共设了两个探测室,科学家们指示哈瑞利离开自己的身体,飘到一个 50 英尺或 1/4 英里远处的探测室中。为了确定哈瑞利是否真的做到了这一点,莫里斯派人蹲守在检测室中感觉哈瑞利是否"到访"。实验结果也就是碰运气。在哈瑞利声称自己灵魂出窍那段时间内获得的检测结果和其他与之对照时间内的结果差不多相同。

莫里斯猜想动物应该更能感知到某种超感存在,于是他下一步用蛇、沙鼠、小猫为探测器做了一系列实验。他们将动物笼子被放到了一个活动平台上,这个平台能够记录波动描记器的异常移动,然后将描记器上的读数与哈瑞利"到访"的时间作对比。结果用蛇做的实验没有取得成功。当哈瑞利的灵魂飘到检测室时,那些蛇动也不动,哈瑞利不在的时候它们也不动。沙鼠表现得同样漠然。莫里斯写道:"这些啮齿动物大部分时间不是咬笼子栏杆就是安静地休息。"

莫里斯最终选定了一只似乎对哈瑞利显示出了亲密的小猫。他们没有把小猫放进笼子,而是在地上贴了一个网栅,让小猫在里面随意走动。在这个实验中,小猫行为衡量标准是每 100 秒内小猫行走的格子数和小猫的发声频率。遗憾的是,当哈瑞利暗示其灵魂出现时,小猫似乎很不活跃。这使一些研究人员怀疑他们弄错了,也许哈瑞利的出现并不能刺激这些动物,而是使它们平静下来。莫里斯和他

① 当然,对于他们是否确实灵魂出窍了,还是只经历了一场生动的幻觉大家意见不一。书后参考书目中列出了苏珊·布莱克莫尔(Susan Blackmore)所写的名为《怀疑的探究者》(Skeptical Inquirer)的文章。苏珊在文章中对这一问题进行了很好的讨论。她是从一名超心理学家转变为怀疑者的。她自己就曾有过灵魂出窍的经历。你可以在 TASTE 网站上科学家超然经历档案(Archives of Scientists' Transcendent Experiences)中读到苏珊的经历。

的同事们对实验做了一系列调整。实验者这次将小猫藏在一个倒扣的盒子中，并将盒子与一个滑轮装置连接。当哈瑞利“到访”，盒子就会像舞台幕帘一样缓缓升起。这时我想加进一个图景：一群头发苍白的杜克大学毕业生正回学校参观，这时他们正漫步进入大楼。

这个实验拖了很久，到了第 11 页，莫里斯已经将小猫称为猫了，这表示小猫已经长大成熟了。他公布了几个有趣的现象——令人沮丧的是一群旁观者被证实比这些正式的“人类探测器”们能更好地感知哈瑞利的灵魂——这些现象似乎暗示着确有异常情况发生，但是总体上来说还无法证明哈瑞利的灵魂跑到了他的身体之外。虽然如此，每个人似乎都挺开心的，而且科学文献中还大篇幅阐述了将“每分钟猫叫声数量”作为衡量单位。

几年后，一组独立超自然研究员又进行了一项类似的实验，他们用变形测定器(strain gauge)代替了小猫和沙鼠。这一次我们的出窍旅行者是一位来自于缅因州的业余超自然心理学家，名字叫埃里克斯·塔诺斯(Alex Tanous)。这里需要澄清一下，塔诺斯先生将离开肉体的自己称作埃里克斯 2 号，留在肉体中的自己称作埃里克斯 1 号，所以我也将使用这两个称呼。埃里克斯 2 号的任务是飘到 6 个房间外的一个悬在空中(为了防止地面震动引起变形测定器发生变化)的立方体中，然后观察 5 个随意生成的图像，这些图像会在 4 个象限中以 4 种不同颜色出现。同时，埃里克斯 1 号会告诉研究员他看到了什么。研究人员会把整个过程录下来，这样就能够确定当埃里克斯 2 号准确说出自己所“见”的同时，仪表是否会记录下特殊力量的存在。如果仪表确实有记录，那就会说明他真的到了正方体中，而不是通过某种普通的超感官知觉感知到了远方物体。

主要研究员卡里斯·奥西斯(Karlis Osis)于 1997 年去世了。他曾报告说塔诺斯给出了 144 个正确答案，83 个错误答案。这是否意味着塔诺斯将图像的三元素(颜色，象限，图像)同时说对的比率是 63%？如果是猜测的话，猜对的概率应该是 1/80。可为什么没有人报道他呢？他为什么还没把世界搞得天翻地覆？奥西斯进一步称，当埃里克斯 2 准确地看到目标时，屋内侧定器的平均激活水平比他没有准确看到目标时明显高出很多。论文最后总结到：“所以，我们的观点是：在屏蔽了的房间中出现的被测试者出窍的灵魂是最有可能导致「变形测定器」出现这种结果的原因。”

尽管我怀疑与塔诺斯聊天后搞不好我得撞墙，可我还是决定给他打电话。我没有成功，因为在 1990 年，埃里克斯 2 号离开他的肉体去了很远的地方，而且是单程。所以我们只能认为，要么塔诺斯是某种奇怪的鬼魂，要么奥西斯就是个被蛊惑了或马马虎虎的研究员。

让我们先假设一下有过濒死体验的人确实灵魂出窍了。他们确实在一个不同的维度空间展开了一段超然旅程，而最终的一次灵魂出窍会将他们带入来生。这意味着濒死体验能够——或仅是可能——让我们预览一下我们自己日益迫近的永生。要是有人保存一份所有濒死体验人对来生的描述该有多好啊。

有人这样做了。萨博姆在书后附录中收录了所有28个有着濒死体验的人对“超然环境”的描述。整个描述主要分为两种：天气报告和农场报告。有一半对于环境的描述除了天空什么都没有。据他们的描述，天堂和地球的气候系统似乎非常相似。在这一半的报告中，晴天和阴天数量大体相当。只有一两个气象学爱好者在报告中同时提到了晴天和阴天，例如：“晴天少云”。

另外一半主要描述了花园和牧场，而且这些地方一般都有个门。天堂牧场看起来多少有些荒芜，除了有一个人描述牧场上有牛群在吃草，另一个人描述出一幅“不同国籍的人们都在潜心钻研艺术和手工”的图景。

整个情况一目了然。这些人正在体验着一种耀眼欣快而又完全陌生的经历，并根据个人对天堂的想象对这种体验进行解读。格雷森表示同意：“这种经历是难以用语言来表达的，因此我们就把我们所知的所有框架、模型和类比都套了进去。”格雷森说这种文化覆盖(cultural overlays)还出现在穿越隧道的体验中。“我曾采访过一个卡车司机，他将隧道称作排气管。”濒死体验体验者被送回肉体时也有同样的感觉。我曾在一份期刊上读过一篇文章，一位居住在印度的濒死体验体验者的灵魂返回肉体后被告知“出了点小岔子”。

当然，另一种解释是这些濒死体验体验者们确实看见了天堂，而且这个天堂和圣经中描述的一模一样。当然这一点是很难考证的，需要去过天堂的人带回来几张照片才行，而且这个人最好是爱好科学并值得信赖的。

> 1993年12月26日，哈勃望远镜(Hubble Telescope)与天堂取得了视觉联系并拍下数百张照片，并将照片发给了位于马里兰州的戈达得飞行中心(Goddard Space Flight Center)……在这些天堂照片中，你可以看到明亮的光线，很像圣城(the Holy City)……天堂位于宇宙的尽头。

上面这段文字是网络宗教新闻(Internet Religious News)向我们友情提供的。在一个风和日丽的日子，我打电话给戈达得飞行中心，询问他们对此有什么要说的。“嗯，”和善的国家宇航局发言人艾德·坎比恩(Ed Campion)说，“哈勃望远镜的确拍到了距离我们最远的宇宙所发出的微弱光线”。这就是为什么国家宇航局向太空发射了一个望远镜——就是为了能够更接近这个古老的、距离我们最远的宇宙,获取自宇宙大爆炸(Big Bang)时就存在的东西。但是坎比恩从没听说过天堂照片,也没听说过某个秘密的国家宇航局探测项目曾录下了几百万个声音一遍又一遍地齐唱“赞颂,赞颂,赞颂万能的主”,也没听说过国家宇航局拍到过“两个硕大的人眼在距地球几十亿光年外的深邃宇宙中凝视着地球”的照片。

“最后这个,”坎比恩说,“让我觉得有点恐怖”。

实际点说,如果濒死体验体验者所到过的这个地方真的存在的话,那么宇航员们也不太可能找到它的具体位置,就像早期的解剖师们无法在人体中找到灵魂一样。这个地方存在于(如果它存在的话)一个不同于时空的维度空间中,我们无法接近这个空间(如果我们需要接近的话),除非我们死了。格雷森认为,如果大脑像处于临床死亡状态那样停止了日常活动,那么意识很可能会转到一个通常情况下被阻断的频道中。他告诉我说:“这就好像大脑在正常运转时阻止你到那个地方去,而当你让阻止你前往的大脑部件休眠,你就可以去了。”

除了与死亡擦肩而过,有没有其他的方法能够阻止这种烦人的日常感觉能力而体验到那种可能永世存在也可能不存在的超然现实呢?当然可以。下面这段文字是选自一本有关高效麻醉剂克他命(ketamine)的书,书名是《麻醉学》(*Anesthesiology*):“我突然感到自己正高速穿越隧道……当我从隧道中出来,浑身笼罩在一道金色的光线下。我飞向光源,发现自己正在与光线做着无言的交流。我相信这道光线就是上帝。”伦敦精神病医生,克他命研究权威卡尔·简森(Karl Jansen)在他自己的《克他命:梦境与现实》(*Ketamine: Dreams and Realities*)一书中引用了这段话。今天克他命已经不是一种常用的麻醉剂,而更常被作娱乐药物。简森曾抱有这样的观点:既然克他命——或迷幻药(LSD),大麻等类似药物——能够创造出虚假的濒死体验,那么心脏急救的病人所体验到的濒死体验也可能就是类似的幻觉。

他最近改变了口吻。“可以人为创造濒死体验并不意味着本能出现的濒死体验在某种意义上是‘不真实的’”,简森在《克他命》一书中这样写道,“很可能这两种方式都包含着一个‘重新调整’大脑,使人能够体验到一种与日常世界不同的现实的过程。”如果这是真的,那么服用克他命很可能就能够预览死亡了。自称是精神力战士(psychonauts)的提莫西·里瑞(Timothy Leary)和约翰·李利(John Lilly)在他们所谓的“自愿死亡实验”中就这样做了。

我在简森的书中读到,如果你希望体验由克他命诱发的濒死体验,你必须摄入大剂量的克他命,而且最好通过注射的方式摄入。同时你还要准备好可能出现的一切生理副作用,有些副作用非常危险,有些会令你十分尴尬。你的眼睛可能会四处游移,你的身体可能会无法控制地抽搐。在他的书中,简森介绍了《迷幻指南精要》(*The Essential Psychedelic Guide*)一书的作者特纳(D. M. Turner)的建议。特纳提议,在你服用克他命时,应有一位朋友或接受灵媒服务的“坐者(sitter)”在场(简森表情冷漠地说特纳死在浴缸里,边上放着一瓶克他命)。

我在前往英国学习灵媒课程前曾计划在伦敦对简森进行访问。我希望请他做我的“坐者”,但是我当时并没有告诉他,因为我希望他能主动提出做我的“坐者”。我想象我们坐在他的办公室里聊了一会儿,然后他打开办公桌抽屉对说我这儿碰巧有些克他命,我会很高兴给你提供一个安全的临床环境,可以保证你会体验到濒死体验,同时还不会出现任何难看的副作用。

但他没有。他当时是在伦敦的宾馆等候搭机飞往新西兰。他在那儿没有办公室,所以我们就在宾馆的酒吧里见了面。他个子很高,为人很温和,还带了个同样又高又温和的俄罗斯女人。

酒吧很喧闹,我们扯着嗓子喊了半个小时,那个俄罗斯女人就在一旁专注地看着我们。我想象我服了克他命后眼睛四处乱转,四肢奇怪地乱颤,而她还是这样专注地看着我。这使我已经不想在简森医生的陪伴下服用迷乱药了。

另外一种不服用药物而自愿体验死亡的形式是佛教冥想(Buddhist meditation)。生活于公元 4 世纪的极乐世界佛教徒们(Pure Land Buddhists)相信通过某种非常极端的冥想形式,人们很有可能会体验到与死神擦肩而过的人所经历的那种好似到达天堂的境界。这些佛教徒是研究濒死体验先驱。在这种冥想中,小和尚的职责之一就是坐在垂死的老和尚床前草草记录下老和尚在临终时所看到的极乐世界。到了公元 11 世纪,记录下的对极乐世界的描述超过 100 个,其中包括很多死去又复活了的人对极乐世界的描述。有一位名叫善道(Shan Tao)的和尚对极乐世界非常感兴趣。他经常在布道中对极乐世界进行长时间的生动描述。也许过于生动,大阪大学教授卡尔·贝克尔(Carl Becker)在《复苏:濒死体验研究期刊》(*Anabiosis: The Journal for Near-Death Studies*)上的一篇文章中写道,在倾听过善道布道的人中至少有一个人被极乐世界所吸引,为了尽快到达那里,在布道会的第二天就自杀身亡了。

如果你也希望预览一下死后生活,这里是“不断行走冥想练习”的方法:“画圈行走 90 天……在这 3 个月时间内,不得停下,不得躺下,就是放下手指也不行(需履行自然功能时除外)。”

在开始前,我得提醒你,极乐世界佛教徒和克他命使用者经常会体验到地狱而并非天堂。真正有过濒死体验的人也是如此。阿特瓦特(P. M. H. Atwater)研究员曾对 700 位有过濒死体验的人士进行过采访,他报告说有 105 人认为他们的濒死经历非常难受。但是只有一位研究者曾经听到过人们将濒死经历描述成到地狱走了一遭。心脏病专家莫瑞斯·罗林斯(Maurice Rawlings)叙述了十几个人对于濒死体验的描述,他们不断听到尖叫声和呻吟声,并亲眼目睹了人兽合一的怪物残忍地折磨人类的场景。罗林斯的第二本书受到了濒死体验研究界的注意。这本书鼓吹笃信基督教可以避免体验到地狱情节,而那些将濒死体验描述得异常惨烈的人都是非基督徒。

除了罗林斯,你几乎不会从其他人那里得到有关类似听见或看见地域中场景的报告①。你应该很高兴知道阿特瓦特从未听说过对于一个异常灼热地点的描述。阿特瓦特和格雷逊都总结说,愉悦和难受的濒死体验间最大的区别是态度。在隧道尽头的光线可以被认为是温暖而诱人的,也可以被认为是神秘而恐怖的。一个人们"都在潜心钻研手工"的世界可能被有的人认为是天堂,像我这样的人就可能认为它是地狱。同样万里无云的广阔天空在有的人看来美丽无比,而在有的人看来却寂寞无聊。我曾经采访过一个地质学家,他曾在南极洲空旷的、风霜侵蚀的冰面上寻找陨石。雪在风的劲吹下不断形成齐膝高的白色漩涡。他时常就南极之旅向公众发表演讲或播放幻灯片。大部分人都告诉他,他们很难想象在一个如此寒冷荒芜的地方待上几个月。一天夜里,他收拾幻灯片时,一位安静的老妇人走过来对他说:"你去了天堂。"

格雷逊将这种经历称作"悲伤的濒死体验",并就此写过数篇论文。我问他研究者们是否曾试图寻找拥有地狱似的濒死体验和这种经验体验者卑鄙堕落的性格特征之间的关联。你知道,我只是好奇而已。格雷逊的回答打消了我的疑虑:"有些讨厌的人对濒死体验的描述是幸福快乐的。"他向我讲述了一位黑手党中间人的故事。这个人被子弹打中胸膛后没人理睬,只能在那里等死。他躺在地上,伤口不停地流血,此时他经历了"一个美丽的旅程,他感觉到了上帝和绝对之爱的存在。"格雷逊对濒死体验研究的重点之一是研究这种经历对体验者生活的影响(通常都是非常积极的)。比如说刚才提到的中间人,他活过来后离开了黑手党,现在是犯罪男童顾问。"他选择离开原来的生活,"格雷逊说,"我曾和他的前女友聊过,她向我抱怨说:'洛奇(Rocky)现在已经不追求钱这样的物质享受了。'"

我不知道韦斯能不能听得到,不过他肯定看不到。他的脸连着身子都被蓝色

① 也就是说,在濒死体验研究期刊上你很难看到。你只能在正统基督教派刊物上看到类似的文章。我曾在1990年2月刊的宗教卫星电视(TBN)的时事通讯上读到过一篇文章。这篇文章讲述的是一群科学家在西伯利亚钻孔时突然戳穿了一个中空的空间,里面温度超过2000°,并不断传来尖叫声。我和一位在TBN时事通讯部门工作的女士聊过。她对于无法提供2003年前的过期刊物而向我道歉,并含混地解释说:"我们一般都把过期刊物用碎纸机处理了。"

的手术服盖住了。如果他能看到，那他一定是被幽了一默。房间中所有人都穿着体积超大的铅质苏格兰裙，还带着铅质围兜来保护他们的甲状腺和生殖器官不受实时 X 射线的伤害。外科医生正在用这种射线将一条传感线穿过韦斯①的心脏。这条传感线会和自动减颤器主体连接在一起，而自动减颤器会被缝合进心肌内部的一个口袋中，位置大概就在一般衬衫口袋的上方。

现在到了将韦斯送上濒死旅程的时间了。自动减颤器公司的一名技术员摆弄着一个小型电脑，它将远程操控植入到韦斯体内的装置。电脑屏幕的一角标着这家公司的标志，让人看了很不安，一道齿形闪电劈在一颗心脏上。技术员宣布："我们已经准备好实施电击了。"电流究竟是会诱发心脏颤动，还是使颤动停止取决于电流强度和心脏的负荷程度，"所以电击可能会杀了他，也可能会救了她。"技术员说得云淡风轻。

这次，他们的目标当然是前者(只是暂时杀了他)。"我们开始了，"技术员说，"现在激活电流……现在诱发颤动。"电流使韦斯的胸肌剧烈收缩，将他的整个身体猛地推离桌子，就好像下面有人狠踢了他一脚。技术员像是在进行任务控制一样急切地说："出现了 VF 反应。"VF 代表 ventricular fibrillation(心室纤维颤动)。心电图监视器显示此时韦斯的心脏正在无力地颤动。此时此刻他脑中出现了什么？他是否看见了亮光？是否正在快速穿越隧道？还是正在参加了一个手工缝花学习班？不论他在哪里，这都是一次简短的拜访。3 秒钟后，减颤器已经准备好用电流使心脏重新恢复跳动。"装置正在充电……装置正在探测……"技术员说着。只听砰的一声，他活过来了。

20 分钟后，韦斯被推入恢复病房。从技术上讲，能够被推入恢复病房的人不可能死过。死亡从其概念上讲是一张单程车票。因此我们是怎么知道濒死体验不是垂死的标志，而是死亡的标志呢？如果几分钟后亮光暗淡下来，那种心旷神怡的感觉逐渐消失——你死了，那会如何呢？我们不知道，格雷逊说："这可能就像你去过巴黎机场就认为自己游览了法国。"

格雷逊有着无法估量的耐性，对于没有定论的资料和超自然的不确定情况有着长久的忍耐性。我问他在内心中是怎么想的。人格真的在死后会继续存在吗？经过多年的研究，他一定有自己的想法："如果我们找出证据证明了我们死后会继

---

① 现在我必须说明，韦斯并不是夏洛特维尔郡的一名自动减颤器内置病人，他实际上来自旧金山，离我住的城市很近。由于人体试验伦理委员会不允许我进入手术室，所以我给旧金山加州大学(UCSF)医学中心打了电话，他们很爽快地同意让我观摩一个植入手术。对此我要向读者们致歉，同时要向 UCSF 医学中心(载《美国新闻与世界报道》(*U. S. News & World Report*)2004 年评出的美国最好医院中排名第六)表示感谢。我还要向不省人事的韦斯表示感谢，他后来写信给我，为他"没能更加礼貌友善"向我道歉。

续存在，我不会对此感到吃惊。同样的，如果我们能证明我们不会永生，我也不会感到吃惊。”

我问了拉迈尔(van Lommel)同样的问题，得到了相同的答案。他在回信中写道：“我十分确信这不是什么幻觉，也不是无聊的闲谈。我确信意识在大脑无法正常运作时能够独立于肉体而存在，而且可能伴有无感官感知。”

拉迈尔还将他最新写成的论文草稿发给了我。他在这篇论文中论述了这种情况能够成立的理论。他用无线电或电视传输做类比。所有这些频道，这些塞满了信息的不同的电磁场时时存在着。如果我们已经在看 Bravo 电视台，我们就不能看 HBO 电视台，但是这并不意味着 HBO 不存在。“我们可否将大脑比作电视，它接受着电磁波，并将其转化为声音和图像。在类似于临床死亡状态中，当大脑失去了正常功能，记忆和意识依旧存在，但是接受电磁波的能力消失了，因为大脑与电磁波的连接被切断了。”他接下来的论述与格里·那鸿无异，从量子力学到相空间(phase-space)和实空间(real-space)，再到非定域性(nonlocality)和概率场(fields of probability)，还出现了什么神经元微管(neuronal microtubule)。我可不能再往下看了。

我无法评估这种系统阐述，因为我没有量子物理学背景。几个月前，我曾和卓科索大学(Drexel University)物理学家兰恩·范格德(Len Finegold)通信。我提到了以量子力学为基础的意识理论。你本来在信里听不到某人的叹息声，但我听到了。他是这样回答的：“你要小心啊，有很多人认为如果我们无法解释某种现象，那就用量子力学来解释。”

所以我在等待屋顶上的那些家伙的消息。一旦有人在格雷逊电脑屏幕上看到了图像，你就可以把我算作一个灵魂存在理论的信徒。

后　记

去年,我曾读到一篇文章,里面说一个人对超自然现象的态度受家人和朋友的影响最大。你和讲述鬼故事的人关系越亲密,你就越容易相信故事中的鬼是真实存在的,而不是浣熊或颞叶痉挛引起的幻觉。研究员、骗局揭露者或在电视上表演的通灵者不会对你的信仰构成任何影响,除非他们中的一员是你的妈妈或好友。你的信仰形成于你的亲身经历和亲朋好友的经历,然后再通过研究员、骗局揭露者和通灵者来校验你的信仰。

现在你已经读完了整本书,我想我现在应该基本可以被你划为朋友了,或者至少是一个你认识的人。而且你现在一定想知道此时此刻我所相信的是什么。我花了一年时间到处采访那些证据搜集者,现在的我是否相信了一些一年前我完全不相信的东西。是的,这一年的经历让我相信了布鲁斯·格雷逊(Bruce Greyson)所相信的东西。我曾问过他是否认为濒死体验为死后生命的存在提供了证据。他回答说,他只是相信濒死体验证明了一定存在着某种我们用现有知识所无法解释的现象。我相信,并非我们在生活中所遇到的所有事情都能够被巧妙而令人信服地放进精美有序的科学家具中,也就是说科学无法为一切存在都提供合理的解释。当然,大部分的东西是可以的——包括大多数被人们归为命运的东西,鬼魂、超感觉知觉(ESP)、木星上升(Jupiter rising)等等——但并非全部。除了现在已经有的(比如说转世,死人通过灵媒与活人沟通)奇异现象,我相信有可能还有更多奇异东西存在,虽然并不是很多,但肯定比我一年前所相信的要多。

我很可能混淆了知识和信仰。当我说我相信某事,我的意思是我*知道*这件事。但也许信仰这档子事儿更加微妙,它是一种倾向,而不是一种知识。在不知道的情况下就相信某些事情,这可能吗?有很多人会告诉你他们知道上帝是存在的,就像他们同样知道地球是圆的,天空是蓝的,但还有很多人,也许是大多数信仰上帝的人不会这样说。他们虽不知道,但却相信。我记得有一次和我的朋友蒂姆在厨房里聊起有机牛奶。我以我一贯啰嗦、较真的方式解释我为什么还没有被说服每夸脱多付半块美金来买有机牛奶。蒂姆是喝有机牛奶的。他听我解释了好一阵子,然后耸了耸肩说:"这其实只是一个决定而已。"换句话说,你不用去搜集并阅读每一篇发表出来的有关抗生素和奶牛发育荷尔蒙的论文,权衡喝牛奶的利弊之后再决定是否应该购买有机牛奶。你不需要证据，你需要的只是一点倾向。

也许我应该相信死后生命的存在，相信有一种意识在空气中快速地移动着，就好像辛普森家族（*Simpsons*）归来一样。我之所以应该相信这些，仅仅是因为相信比不相信更有趣，也更有希望。所谓的那些揭露骗局者也许是对的，但如果你和他们一起去墓地就一点意思都没有。所以管他呢，我相信鬼魂存在。

感谢语

人们常常设想作家们在他们所选择写作的那些领域里都是专家。也许大多数作家是这样的，也许我是唯一一个在开始写作前对所写作的领域几乎一无所知的作家。我确实如此，而且我的无知使我在我所采访的对象的生活中非常不受欢迎。我总是问些天真的，出发点不正确的问题，而且总是在不该笑的时候咯咯地笑。我缠着他们问东问西问了很久，可能够理解的东西却少之又少。以下名字按照被我激怒程度由深到浅的顺序排列：克提·拉瓦特(Kirti Rawat)、布鲁斯·格雷逊(Bruce Greyson)、格里·那鸿(Gerry Nahum)、加里·施瓦兹(Gary Schwartz)、迈克尔·普新格(Michael Persinger)、朱莉·贝斯切尔(Julie Beischel)、维克·坦迪(Vic Tandy)、艾莉森·杜柏(Allison Dubois)、格兰特·斯培瑞(Grant Sperry)、和卡尔·简森(Karl Jansen)。请你们接受我的感谢，感谢你们的耐心和宽容，同时也请你们接受我的歉意，请原谅我知识的匮乏和思维定式中的盲点。

以下各位为我提供了各种各样的智慧和不可思议的事实素材，我要为此向诸位深鞠一躬。他们是：尤尔根·阿拉特曼(Jurgen Altmann)、彼德·科普兰德(Peter Copeland)、马可·法尔科尼(Marco Falconi)、尤尔根·格拉夫(Jurgen Graaff)、小路易斯·霍兰德尔(Lew Hollander, Jr.)、南·奈特(Nan Knight)、格雷格·兰恩(Greg Laing)、安妮·勒维格(Anne LeVeque)、巴斯奎尔·马吉阁下(Pasquale Macchi)、佩姬·珀尔(Peggy Pearl)、蒂恩·瑞丁(Dean Radin)、埃瑞克·拉夫辛(Eric Ravussin)、科琳(Colleen TK)、朱莉·卢梭(Julie Rousseau)、迈克尔·萨博姆(Michael Sabom)、沛姆·凡·拉迈尔(Pim van Lommel)和瓦莱丽·维特(Valerie Wheat)。我还要向金姆·黄(Kim Wong)、苏珊·格里兹勒(Susan Grizzle)、韦斯·朗恩(Wes Lang)致意，是你们让我走进了手术室，走出了逻辑困境；我还要向 Grotto 的所有人致意；向旧金山公众图书馆馆际借阅处的工作人员致意，他们总是能够创造奇迹。

我必须专门拿出一段来感谢里斯特(Lester)、鲁比吉恩(Ruby Jean)、劳埃德·布莱克卫尔德(Lloyd Blackwelder)，因为他们不仅给予我帮助和信任，而且真正地接纳了我。如果可以的话，我一定会亲自烤一个柿子派给你们邮过去。

我还要感谢杰伊·曼戴尔(Jay Mandel)，我的经纪人。对此我有些忐忑，因为除了经纪人这顶帽子外，我还擅自做主给他带了许多顶其他的帽子：读者、导师、支持者、职业顾问。杰伊，是你使这一切顺理成章。同样好脾气的吉尔·比尔拉思克(Jill Bialosky)也给了我不可或缺的指导。她是一名天生的作家和编辑。是你们两个人把我带上了一个奇异的旅程，我对此感到深深的、万分的感激。

一本书是集体努力的结果，这本书和上本书一样从比尔·拉辛(Bill Rusin)和其他诺顿出版社(Norton)的销售人员黛尔德雷·欧德维尔(Deirdre O'Dwyer)、艾琳·赛尼斯克(Erin Sinesky)和杰米·基南(Jamie Keenan)的才智中获益匪浅。杰米设计的封面总是令我兴奋不已。

最后，我要感谢我的丈夫艾德，任何矫情的话都可以用在他身上，但却都是远远不够的。

译者感言

我是玛丽·罗奇的粉丝。她在《读者文摘》(Reader Digest)上的专栏常令我捧腹大笑,她的机智和幽默令我深深折服。所以当我拿到本书的原稿时,便迫不及待地想知道玛丽这次要传达的是什么信息,并为自己有机会将她的信息传递给中国的读者而感到骄傲。

玛丽在写作之前没有预设任何立场,而是将大量的史实和整个探索过程完整地展示在读者面前让大家自己做出判断。在翻译过程中,我觉得自己好像也打着背包和玛丽一起探求真相,并紧紧跟随着她的思维,对她所表现出的一切情绪都感同身受。

书中涉及了很多科学理论和信仰。大量的资料查阅和查证令我受益匪浅。我感到自己不仅是译者,同时也是读者,是学生。衷心希望各位读者能够喜欢本书,并从中有所收获。当然,书中还有很多不足之处,欢迎大家提出宝贵的意见。

本书从翻译到出版凝结了很多人的心血。为此,我要向他们致以深深的谢意。首先我要感谢上海科技教育出版社的谭燕、于虹、陶然编辑,她们给了我巨大的信任和充分的表达空间,正是她们的辛勤工作才使本书得以最终出版。我还要感谢我亲爱的朋友们。周蕴仪是我的危机处理专家,每当我遇到难题,总能在她那里找到答案,无论在翻译过程中还是在现实的生活中。王敏、陈闽、刘燕、我的好姐妹们始终支持着我,她们了解并疼惜我的辛苦,而且对我的能力深信不疑。当然还要感谢杨魏巍、刘雪婷和远在美国的侯阳,他们是我多年的好友,在我查阅资料的过程中给了我很多帮助。

最后,我要感谢我的家人。他们永远坚定且无条件地相信我,并以我为骄傲。对此我无以为报,只有更加努力。

谭　琪

2006 年 11 月 17 日于北外